国家自然科学基金地区科学基金项目"跨公司信息效率的影响机制与经济后果"
（项目编号：72363018）

2019 年度人社部高层次留学人才回国资助项目
"企业创新、知识产权金融和资产定价研究"

江西省科技厅管理科学项目
"知识产权质押融资，保险和证券化等知识产权金融工作研究"
（项目编号：20192BAA208018）

ZHI SHI CHANQUAN
JINRONG GONGZUO YANJIU
Lilun yu Shijian

知识产权
金融工作研究
—— 理论与实践

曾凯霖　◎著

中国财经出版传媒集团
经济科学出版社
Economic Science Press
·北京·

图书在版编目（CIP）数据

知识产权金融工作研究：理论与实践/曾凯霖著
. --北京：经济科学出版社，2024.1
ISBN 978 - 7 - 5218 - 5485 - 5

Ⅰ.①知…　Ⅱ.①曾…　Ⅲ.①知识产权 - 金融工作 -
研究 - 中国　Ⅳ.①D923.404

中国国家版本馆 CIP 数据核字（2024）第 004498 号

责任编辑：周国强
责任校对：刘　昕
责任印制：张佳裕

知识产权金融工作研究
——理论与实践
ZHISHI CHANQUAN JINRONG GONGZUO YANJIU
——LILUN YU SHIJIAN
曾凯霖　著

经济科学出版社出版、发行　新华书店经销
社址：北京市海淀区阜成路甲 28 号　邮编：100142
总编部电话：010 - 88191217　发行部电话：010 - 88191522
网址：www. esp. com. cn
电子邮箱：esp@ esp. com. cn
天猫网店：经济科学出版社旗舰店
网址：http://jjkxcbs. tmall. com
固安华明印业有限公司印装
710 × 1000　16 开　16.25 印张　280000 字
2024 年 1 月第 1 版　2024 年 1 月第 1 次印刷
ISBN 978 - 7 - 5218 - 5485 - 5　定价：86.00 元
（图书出现印装问题，本社负责调换。电话：010 - 88191545）
（版权所有　侵权必究　打击盗版　举报热线：010 - 88191661
QQ：2242791300　营销中心电话：010 - 88191537
电子邮箱：dbts@esp. com. cn）

前　　言

为促进知识产权的创造、转化和运用，国务院于 2008 年、2014 年和 2021 年先后三次发布了知识产权战略纲要和行动计划，明确支持金融机构提供知识产权质押、知识产权基金、知识产权保险、知识产权信托和证券化等金融服务，鼓励市场主体开展知识产权交易、知识产权出资等增值服务。金融作为知识产权服务的重要环节，能够发挥其在资源配置中的决定性作用，通过对高质量知识产权的激励，焕发企业和科研机构创新活力，为经济高质量发展赋能。

我国知识产权金融工作起步于 20 世纪末，先后经历了起步、快速发展和巩固提升三个阶段。在起步阶段（1996～2007 年），知识产权金融业务以知识产权质押融资为主，这一时期的知识产权质押融资服务模式具有准入门槛高、融资质押率低、混合质押现象普遍等特点，在缺乏有效的市场、法制环境和政策引导的情况下，金融机构开展知识产权金融服务的主观能动性明显不足。在 2008 年国务院印发《国家知识产权战略纲要》后，国家知识产权局以知识产权质押融资为起点，先后于 2009 年 1 月、2009 年 9 月、2010 年 7 月推出了三批知识产权质押融资试点单位，通过试点引导各地对知识产权质押融资工作机制进行大胆探索，一批可推广、可复制的典型知识产权质押融资服务模式得以形成，标志着我国知识产权金融工作步入快速发展阶段（2008～2013 年）。在这一阶段，我国不仅实现了知识产权质押融资业务规模的快速增长，知识产权保险、知识产权信托业务也开始了早期的探索。2014 年开始我国知识产权金融工作进入了巩固提升阶段，知识产权质押融资、知识产权保险等业务得到进一步推广，同时知识产权证券化开启了破冰之旅，一批重点知识产权运营基金得以设立，多层级的知识产权运营与交易平台开始涌现，已形成以知识产权质押融资为中心，知识产权保险、知识产权证券化为两翼，知识产权基金、知识产权融资租赁、知识产权交易协同发展的良好局面。

在长达二十多年的持续推动和发展过程中，我国知识产权金融工作实现了从无到有的跨越式发展，取得了阶段性的成就，形成了一批典型的经验做法和高效的业务模式，但也暴露出了一些问题和不足，具体为以下几点。首先，市场信息不对称问题制约知识产权金融工作的开展。知识产权价值评估的复杂性和价值的不确定性是信息不对称问题的主要根源，我国知识产权的评估标准、方法和指标要素缺乏统一的标准，评估结果因评估专家的主观意见而变，评估结果差异大，可信度不足，降低了金融机构开展知识产权金融工作的积极性。其次，现有的一些法律规定已明显滞后于知识产权金融业务的发展，也存在着法律规定与部门规章不一致的情形，难以解决在开展知识产权金融业务中通常会涉及的权属纠纷、知识产权许可与转移、金融交易关系等多领域交叉重叠问题。在知识产权金融工作实践中，由于缺乏针对某项业务的专门规定，相关部门通常采用出台指导意见和临时通知的方式对知识产权金融业务的开展进行指引，这更加凸显了统领性法律法规在知识产权金融发展中的重要性。最后，知识产权金融工作的服务和要素保障能力不强，主要表现在第三方中介机构的服务水平不高、知识产权保护强度不够、知识产权交易市场不活跃、知识产权大数据运用不足、知识产权金融人才培养定位不清晰等几个方面。

笔者根据知识产权金融工作的主要内容，以时间为脉络对我国知识产权金融工作现状及存在的问题进行梳理和分析，通过理论研究和案例分析等方法，借鉴国外知识产权金融工作的经验做法，从工作机制与业务流程、服务模式、保障体系等视角提出了我国推动知识产权金融工作的具体路径和政策建议。

目　　录

第 1 章

知识产权金融工作概述

1.1　开展知识产权金融
##　　　工作的背景和意义

1.1.1　开展知识产权金融工作是贯彻落实国家知识产权战略的必然选择

我国为促进知识产权的创造、转化和运用，先后三次发布了知识产权战略纲要和行动计划。2008 年，国务院印发了《国家知识产权战略纲要》，肯定了科技和文化取得的进步以及知识在经济社会发展中的重要作用，并提出要综合运用金融、投资、财政等手段营造有利于知识产权创造和运用的市场环境，这一纲领性文件由 33 家中央单位共同制定，彰显了知识产权金融工作的重要性，也是各地开展知识产权金融试点工作的重要推手。纲要实施 6 年后，为进一步提升知识产权管理和服务水平，国家知识产权局会同国家发展改革委、科技部、司法部、财政部等有关单位共同制定了《深入实施国家知识产权战略行动计划（2014—2020年）》，并由国务院于2014年印发。行动计划首次将知识产权金融工作纳入知识产权服务，提出要鼓励金融机构开展知识产权金融产品创新，支持金融机构提供知识产权质押、知识产权基金、知识产权保险、知识产权信托和证券化等金融服务。2021年，国务院印发了《知识产权强国建设纲要（2021—2035年）》，明确支持开展知识产权交易、投融资等增值服务，鼓励开展各类知识产权混合质押和保险，探索知识产权融资模式创新。

2020年初，杭州市知识产权局出台知识产权金融政策，推动金融机构利用知识产权金融服务帮助企业克服新冠疫情带来的负向影响。2022年5月，济南市委、市政府召开新闻发布会，表示济南市将以知识产权金融工具来突破创新型企业的融资"瓶颈"。在政策扶持方面，济南市制定《济南市建设知识产权强市示范城市专项资金管理办法》，对济南企业知识产权质押融资产生的贷款利息、保险、评估、担保费给予资助，确保让企业的"知产"真正衍生为"资产"，实现知识产权金融普惠创新。在资金扶持方面，发挥济南市知识产权运营基金作用，用于投资济南市知识产权密集型企业，重点投资四大主导产业集群领域具有国际国内知识产权领先优势的精品项目，引"金融活水"为创新型企业高精尖知识产权研发"精准灌溉"。此外，济南市加大知识产权工作宣传和服务力度，强化"政企银保服"联动，按计划定期开展知识产权质押融资"入园惠企"活动，不断推动质押融资、保险、基金与知识产权的深度融合，用特色产品服务济南产业企业，架起企业和金融机构之间沟通桥梁。

总之，从2008年以来，我国渐进式地推出了一系列支持知识产权金融工作的政策和措施（见表1.1），国家对知识产权金融的认识由浅入深。从夯实发展基础、大力发展到全面提升，再到有序发展，既体现了知识产权金融工作的重要性，又体现了知识产权金融工作的时代脉络。

表1.1　　　　　　　　　知识产权相关政策文件

年份	政策文件	相关内容
2008	《国家知识产权战略纲要》	鼓励金融机构支持知识产权创造
2014	《深入实施国家知识产权战略行动计划（2014—2020年）》	鼓励商业银行支持"智力"中小企业融资

续表

年份	政策文件	相关内容
2015	《关于进一步推动知识产权金融服务工作的意见》	强化知识产权质押融资服务水平，提高金融支持知识产权转化能力
2017	《"十三五"国家知识产权保护和运用规划》	建设世界水平的知识产权强国
2019	《中共中央国务院关于营造更好发展环境支持民营企业改革发展的意见》	健全知识产权侵权惩罚性赔偿制度
2021	《知识产权强国建设纲要（2021—2035年)》	支持开展知识产权交易、投融资等增值服务

1.1.2 开展知识产权金融工作是经济转型发展的内在要求

实施创新驱动发展战略，加强科技创新，建设创新型国家是当前形势下我国经济社会发展的必由之路。从国内看，创新驱动是经济社会发展到一定阶段后的内在要求。改革开放40多年来，我国经历了高速稳定的经济发展，综合国力和科技实力在全球的排名大幅跃升，但同时我国经济社会发展也出现了区域之间不平衡、产业结构不协调、资源型工业不可持续等问题。近十几年来，我国土地价格持续攀升，人口老龄化、少子化现象突出，用工成本持续上涨，环境成本压力与日俱增，传统制造业在我国的生存压力越来越大。在美国呼吁制造业回流的背景下，我国一些制造业企业却面临不得不流向越南、泰国等国的困境，产业链自主可控受到影响。我国现代化涉及十几亿人，走全靠要素驱动的老路难以为继，只有及时转入创新驱动发展的轨道，将科技创新潜力更好地释放出来才能缓解人口、土地、资源和能源的压力。

从国际看，改革开放这40多年，起初我们依靠我国大量低成本劳动力带来的人口红利，利用资源优势经历了一段时期的经济高速增长；在中后期，以数量特征为主的人口红利逐渐消失，资源不可持续问题愈发凸显，关键技术"卡脖子"的问题突出，难以实现产业链完整和自主可控，从而我国在经济发展中更加注重通过高素质人才的引进和培养实现技术的追赶和超越，在重点科技领域和关键科技领域加大资金支持和智力投入，通过自主创新实现经济由粗犷式增长向创新引领下高质量发展转型。

2022年1月12日，国务院印发的"十四五"数字经济发展规划明确提出要以数字技术与各领域融合应用为导向，推动企业跨界创新。数字产业的发展离不开数字技术的创新和运用，高端芯片、操作系统、人工智能关键算法、传感器、量子计算与通信、神经芯片、DNA存储等关键领域技术的突破更离不开资本的支持。

党的二十大报告指出，高价值知识产权的创造是实现经济高质量发展的新动能，知识产权创造、运用、保护、管理和服务水平是建设创新型国家的重要保障，而金融作为知识产权服务的重要环节，能够发挥其在资源配置中的决定性作用，通过对高质量知识产权的激励，焕发企业和科研机构创新活力，为经济社会高质量发展赋能。有学者研究发现，改革开放初期我国专利数量和经济增长并无明显的相关性，而在改革开放后期，两者之间呈现了显著的正向关联，高质量知识产权的创造对现代经济增长的支撑作用更加明显。① 然而，在经历了知识产权创造的高速增长阶段后，我国知识产权的增长率却出现了下降，高质量知识产权的增长率的下降尤为明显，亟须通过金融服务提升"知本"转为"资本"的可能性，激发科技人才对知识产权创造的热情。

从总体上看，一个地区的知识产权创造能力与该地区的知识产权金融成熟度既相互制约，又相互促进。一个地区的知识产权金融市场越发达，知识产权金融产品越丰富，则该地区的科技人才创新研发的积极性就越高，知识产权的数量与质量越有保障；反之，欠发达的知识产权金融市场和匮乏的知识产权金融产品则抑制了科技人才的创新和创造能力，导致知识产权的创造和转化动能不足，不利于该地经济创新发展。

1.1.3 开展知识产权金融工作是中小企业获取发展资金的重要保障

中小企业是我国数量最大、最活跃的市场主体，占比接近90%。天眼查大数据显示，2016～2020年的新注册企业中，中小微企业占比近60%，是吸纳就业的"主力军"，是中国经济的"底盘"。然而，银行等金融机构提供的

---

① 胡冰洋. 大力发展知识产权金融　推动经济高质量创新发展［J］. 宏观经济管理，2021，447（1）：73 – 77，90.

传统融资服务需要大量的固定资产和不动产作为抵押，而中小企业虽然数量庞大，但规模偏小，经营场所通常采用租赁的方式，缺乏能用于抵质押且被金融机构认可的"有效"资产。此外，中小企业经营与业务拓展依赖于宏观经济环境，受市场需求与技术变革的影响大，尤其是科技型中小企业通常以关键技术与人力资源为核心资本，存在研发投入大、周期长、研发产出不确定性大等特性，由此导致的企业与金融机构之间的信息不对称，使得传统的金融服务难以触及科技型中小企业。

而知识产权质押、知识产权融资租赁、知识产权信托等知识产权金融服务的优势在于可以将无形的知识产权"知产"替代有形的固定资产，以知识产权为标的物，辅以担保、保险等外部增信措施即可从金融机构获得经营所需资金，不仅缓解了中小企业融资约束，还通过拓宽融资渠道有效地降低了中小企业融资成本[1]，为企业创新提供了资金保障，激活了我国科技创新活力。

1.2 我国知识产权金融工作的现状

1996 年 9 月 19 日，国家知识产权局根据《中华人民共和国担保法》制定并发布了《专利权质押合同登记管理暂行办法》，该办法的颁布标志着我国知识产权金融工作开启了破冰之旅。然而在知识产权质押融资推行的初期，社会各界普遍对知识产权质押融资服务的可持续性缺乏信心。从数据来看，办法颁布后的 10 年间，在我国近 150 万件授权专利中，仅有不到 700 件专利办理了专利质押登记备案，占比不到万分之五，融资额仅 40 多亿元，融资事件不足 300 笔。[2] 在缺乏有效的市场、法制环境和政策引导的条件下，知识产权质押融资并未取得预期的效果。

究其原因，银行、保险、担保等金融机构认为，知识产权质押融资工作缺乏法律法规等相关制度保障，知识产权价值的无形性决定了其价值的不确

---

[1] 在很长的一段时间，中小企业融资依赖于内部资本积累和民间借贷，后者的融资成本显著高于持牌金融机构提供的融资服务成本。

[2] 范建永，丁坚，胡钊. 横空出世：知识产权金融与改革开放 40 年［J］. 科技促进发展，2019，15（1）：45–53.

定性，且知识产权在不良发生后的处置上相比固定资产更具有挑战性，在缺乏有效市场环境的情况下大规模推行知识产权无疑会给金融系统带来巨大的信用风险。[①] 然而，政府相关部门、高校学者与研究机构专家却认为，知识产权质押融资关系到国家创新发展的进程，是国家经济转型发展的需要，金融机构亟须锐意改革，大胆创新探索，政府相关部门应该围绕知识产权质押融资流程各个环节出台相应的法律法规和扶持政策，在试点的带动下形成可复制推广的知识产权质押融资工作模式。有学者认为，应从担保物权法律体系、知识产权（许可、转让、质押）登记手续、知识产权交易市场、知识产权价值评估体系等方面建立健全知识产权质押融资所需的制度与市场环境。

在这一时期，知识产权质押融资服务模式具有其鲜明的特点。第一，准入门槛高，银行等金融机构为了降低知识产权质押融资带来的信用风险，对企业经营现金流、盈利能力和负债水平有着非常严苛的规定，众多的中小企业被拒之门外。第二，融资质押率低，相对比房产等固定资产高达70%的质押率，专利的授信额度仅为评估价值的20%左右，明显低于固定资产质押率。第三，混合质押现象普遍，大多数银行在办理知识产权质押融资业务时通常要求企业提供房产等固定资产或股权等其他风险资产作为补充质押。

2008年，在国务院发布《国家知识产权战略纲要》后，国家知识产权局以知识产权质押融资为起点，先后推出了三批知识产权质押融资试点单位，旨在通过试点引导各地在知识产权质押融资工作机制、知识产权质押融资风险分担机制、知识产权质押融资服务平台等方面进行大胆探索，以形成若干可推广、可复制的典型知识产权质押融资服务模式。其中，2009年1月启动的第一批试点单位包括了北京海淀区、吉林长春市、江西南昌市、湖南湘潭市、广东佛山市南海区、宁夏回族自治区；2009年9月启动的第二批试点单位包括四川成都市、广东广州市、广东东莞市、江苏无锡市、浙江温州市、湖北宜昌市；2010年7月批复的第三批试点单位包括上海市浦东新区、天津市、湖北省武汉市、江苏省镇江市。在各地试点过程中，涌现了知识产权质押保证保险、知识产权质押贴息、知识产权质押担保、知识产权质前评估、

---

① 2006年9月，国家知识产权局与中国人民银行在湖南湘潭共同举办了首届全国知识产权质押融资研讨会，来自政府部门、银行、保险、担保等各界人士近200人，针对知识产权质押融资工作中遇到的问题展开研讨。

知识产权质后交易与处置服务等一系列服务手段创新。从数据上看，2008 ~ 2013 年，专利质押合同数量从 221 笔跃升至 2013 年的 5497 笔，年均复合增速高达 90%[①]，在三批试点的推动下，我国知识产权质押融资规模发生了质的变化，知识产权评估市场、知识产权交易市场等知识产权金融中介市场快速发展，涌现了以北京为代表的市场化主导下的直接融资模式、以上海为代表的政府主导下的间接融资模式和以武汉为代表的"政府推荐 + 市场参与"的混合融资模式。

在北京模式下，政府仅发挥引导作用，通过政策和资金扶持、承担协调和服务功能调动以银行为主体的市场力量，创新推出了"展业通""小巨人""文创版权担保贷款"等科技金融产品，其中北京银行和交通银行北京分行充当了北京知识产权质押融资试点的创新主体。北京模式中，由银行和市场中介机构承担知识产权质押风险，是三种模式中最为接近市场化模式的尝试，为我国后期探索市场化的知识产权质押融资提供了宝贵的经验借鉴。

在上海模式下，政府则发挥了主导作用，并承担了主要的风险。具体做法上，由浦东新区每年安排 2000 万元设立知识产权质押融资风险补偿专项资金池，为政府设立的担保机构——浦东生产力促进中心提供担保资金，企业将其所有的知识产权质押给浦东生产力促进中心提供反担保，而浦东知识产权局则提供知识产权质押登记服务，并联合市场化评估机构对知识产权进行价值评估。[②] 在上海模式下，政府不仅提供担保服务，还提供了贴息支持和知识产权价值评估等中介服务，银行主要充当了提供资金的角色，承担有限的风险，在三种模式中市场化程度最低。在我国欠发达地区，知识产权中介机构数量少，服务水平低，企业发展水平有限，其所拥有的知识产权质量不高，市场化推广知识产权质押融资难度大，而上海模式则为欠发达地区推广知识产权质押融资提供了方法和路径借鉴。

武汉经济发展水平高于我国平均水平，但与上海、北京相比仍存在一定的差距，知识产权服务和中介市场服务水平不高，因此武汉综合考虑了北京模式和上海模式的优点，推出了"直接融资"和"间接融资"相结合的"混

---

① 根据国家知识产权局网站披露数据整理。

② 范建永，丁坚，胡钊 . 横空出世：知识产权金融与改革开放 40 年［J］. 科技促进发展，2019，15（1）：45 – 53.

合融资"模式。在武汉模式下，武汉知识产权局负责对企业知识产权质押融资申请进行立项、审核和评估，并委托资产评估机构、律师事务所等中介机构对申报企业及其所质押的知识产权进行贷前调查，财政部门则提供资金对审核通过的贷款项目进行贴息支持，以降低企业融资成本。武汉科技担保公司①提供融资担保服务，武汉知识产权交易所等交易机构负责知识产权贷后处置工作。同时，武汉模式也鼓励企业采取直接融资的方式向银行申请知识产权质押融资贷款，但由于银行缺乏相关业务经验、知识产权评估机构服务能力不足等原因，知识产权质押直接融资并未大规模开展。

在三批次的知识产权质押融资试点的推动下，我国知识产权质押融资工作步入了新的发展阶段，政府相关部门不断完善知识产权质押融资机制和市场环境，为项目的开展提供担保资金和财政贴息、搭建公共服务平台，使得我国知识产权质押融资在融资金额和产品种类上均实现了重大突破。

随着知识产权质押融资工作的推进，我国出现了首个由知识产权运营机构主导并参与风险处置的知识产权质押融资产品"智融宝"。2016 年底，为破解北京市科技企业融资难题，北京知识产权运营管理有限公司联合政府、银行机构、担保、保险、知识产权评估与运营管理机构，搭建中关村知识产权质押融资综合服务生态圈，为"三有"（有产品、有专利、有收入）科技企业提供最长达 2 年期、最高 5000 万元额度、综合成本最低可达 2% 的融资服务，并为受理企业提供投贷联动与 IP 运营等增值服务。截至 2023 年 6 月，智融宝已发放贷款项目 266 个，涉及融资金额超 10 亿元，质押的知识产权 1600 余项。② 在"智融宝"的示范引领下，我国先后涌现了一批具有市场影响力的知识产权质押融资产品。如中国建设银行"科技专利贷""科技云贷"，中国农业银行"专利 e 贷"，九江银行"智享贷"，中山农商银行"知识产权贷"等。

继知识产权质押后，知识产权融资租赁也在北京试点成功，中关村科技租赁股份有限公司和北京文化科技租赁有限公司分别于 2012 年、2014 年成立，并通过"售后回租"形式率先在国内开展了知识产权融资租赁业务。如，2015 年 4 月，北京华夏乐章公司通过将《纳斯尔丁·阿凡提》和《冰川

---

① 已于 2020 年更名为武汉科技融资担保有限公司。
② 中关村知识产权运营公共服务平台，https://www.bjiponline.com/home/index.html.

奇缘》出售给文科租赁并签订回租协议的形式成功获得融资 500 万元；中关村科技租赁则是采用"知识产权二次许可"模式，将被许可的知识产权以再许可的方式返租给融资企业，为后期其他租赁公司开展知识产权融资租赁业务提供了样板。① 2016～2017 年，江苏长电科技股份有限公司与芯鑫融资租赁（天津）有限责任公司合作，签订了两次专利售后回租协议，长电科技分别以 58 项专利、28 项专利为基础资产，通过"售后回租"方式分别获得融资 3.8 亿元和 4 亿元，有效拓宽了我国上市公司知识产权融资渠道。②

我国知识产权信托业务最早可追溯至 2000 年武汉市国际信托投资公司开展的专利信托项目，然而由于专利权人与专利受让方之间信息不对称、信托机构缺乏科学技术开发、管理与运用的经验等原因，该专利信托项目最终未能成功落地。10 余年后，在中关村管委会的指导下，中粮信托有限责任公司与中国技术交易所、第三方专业投资顾问机构和担保机构合作，共同发起了"自主创新知识产权融资集合资金信托计划"。2011 年 4 月，该计划第一期成功落地，为阿尔西制冷工程技术（北京）有限公司、北京至清时光环保工程技术有限公司、北京宝贵石艺科技有限公司、标旗世纪信息技术（北京）有限公司提供了流动资金贷款 2000 万元，为后期知识产权信托业务的开展提供了样板。2018 年 11 月，安徽国元信托有限责任公司采用委托人在信托期满按照约定的价格无条件回购全部知识产权收益权的方式为三家合肥国家高新技术产业开发区内企业筹集资金 2000 万元。2020 年 6 月，百瑞信托有限责任公司作为受托人设立了知识产权"创意壹号"信托产品，该产品面向河南省符合政策要求、持有高价值知识产权的企业，通过信托产品募集资金为企业提供低利率的贷款支持，帮助具有发展前景的科创企业提高科技成果转化效率。2022 年 10 月，交银国际信托联合交通银行湖北省分行及上海市通力律师事务所，采用类似的信托模式，设立了武汉中枢密脑科学技术知识产权服务信托。

除了为科技型企业提供新的融资渠道，信托机构还尝试为社会投资人对知识产权进行风险投资提供服务。2014 年，阿里巴巴和百度分别采用"保

---

① 谢黎伟. 知识产权融资租赁的现实困境与发展路径 [J]. 大连海事大学学报（社会科学版），2022, 21 (6)：38 - 46.

② 长电科技股份有限公司对外公开披露信息。

险+信托+文化产业""消费权益+信托+文化产业"的模式，向广大互联网消费者推出了"娱乐宝""百发有戏"互联网知识产权信托产品。

随着知识产权租赁、知识产权信托业务的开展，探索开展知识产权证券化业务也被提上议事日程。早在2015年，国务院先后印发了《关于深化体制机制改革加快实施创新驱动发展战略的若干意见》《关于新形势下加快知识产权强国建设的若干意见》等多项政策文件，明确支持金融机构探索开展知识产权证券化业务。然而，在2017年国务院出台《关于印发国家技术转移体系建设方案的通知》，正式提出要开展知识产权证券化融资试点后，我国知识产权证券化首单业务"第一创业-文科租赁一期资产支持专项计划"才正式落地，实现了我国知识产权证券化零的突破。2017年8月，以文化租赁为原始权益人的全国首单储架系列知识产权ABS在深交所获批，储架规模30亿元；2020年1月，储架系列知识产权ABS首期产品在深交所成功发行。CNABS数据显示，截至2022年5月，我国以知识产权及其附属权益作为基础资产发行的资产证券化业务共计72笔，发行总额合计191亿元人民币。

1.3 我国知识产权金融工作存在的问题

1.3.1 知识产权金融相关法律法规不健全

为了支持知识产权金融工作的开展，我国相继出台了相应的行政法规和部门规章，各地方政府也先后出台了配套规章制度，有效促进了知识产权向金融资本的转化。在制度性法律方面，我国仍依赖于《民法典》《公司法》《担保法》《商业银行法》《证券法》《保险法》等现行法律规定为开展知识产权金融工作提供指引和保障。例如，2013年新《公司法》删除了非货币出资金额不得高于注册资本70%的规定，出资人可以完全以知识产权出资设立股份有限公司。

然而，现有的一些法律规定已明显滞后于知识产权金融业务的发展，也存在有法律规定与部门规章不一致的情形，难以解决在开展知识产权金融业务中通常会涉及的权属纠纷、知识产权许可与转移、金融交易关系等多领域交叉重叠问题。如，《民法典》第七百四十四条对融资租赁合同进行了界定，但并未对租赁物的性质进行清晰的限定，既未明确知识产权等无形资产作为租赁物的适格性，也未否定知识产权作为租赁物的适格性；而原中国银行保险监督管理委员会出台的《融资租赁公司监督管理暂行办法》对融资租赁交易的租赁物原则上界定为固定资产，部门规章与法律制度在知识产权作为融资租赁标的物的适格性上存在不一致的情形。

在知识产权金融工作实践中，由于缺乏针对某项业务的专门规定，相关部门通常采用出台指导意见和临时通知的方法对知识产权金融业务的开展进行指引，这更加凸显了统领性法律法规在知识产权金融发展中的重要性。

1.3.2 企业与金融机构之间的信息不对称问题制约金融工作开展

首先，以银行为代表的金融机构难以用传统的信贷技术对企业用于融资的知识产权进行价值、风险等方面的评估，金融机构普遍接受的抵质押品包括股权、房地产、存货、应收账款、土地、林权、厂房等有价凭证或实物资产，无形资产的价值较为模糊，通常不在合格抵押品之列。

其次，企业作为知识产权所有方，对银行在知识产权融资业务方面的具体要求和业务流程了解不充分，往往以科学价值和未来转化价值为基础对无形资产进行评估，导致其对无形资产预期收益普遍存在过高的估计。

最后，第三方中介机构的服务水平亟待提高。人民银行网站数据显示，2022 年末，我国金融机构总资产近 420 万亿元，实现同比增长 9.9%。其中，银行业机构总资产约 380 万亿元，同比增长 10%；证券业机构总资产 13.11 万亿元，同比增长 6.6%；保险业机构总资产为 27.15 万亿元，同比增长 9.1%。此外，2019～2021 年，我国金融机构总资产同比增速分别为 8.6%、10.7%、8.1%。与我国金融业规模逐年稳步增长的趋势相比，能够提供高质量服务的资产评估、信用担保、信用评级机构仍相对匮乏，尤其是在知识产权金融领域存在中介机构数量少、收费高、服务水平参差不齐、中介机构地域分布不均的现象。以我国知识产权交易市场建设为例，截至 2022 年我国共设立了 16 个知识产权运营公共服务平台，为了服务地方知识产权转化，各地也相继批复成立了一批区域性知识产权交易场所，并组建了"全国知识产权交易场所联盟"。然而，我国知识产权交易平台与机构普遍缺乏在技术领域的合作经验，提供的交易服务更多地停留在知识产权挂牌展示与交易撮合环节，知识产权需求侧的挂牌展示项目相对较少，交易量不足，总体服务质量不高，难以通过市场交易促进知识产权的转移和流通。

在金融机构提供知识产权金融服务过程中，往往由于企业信息披露不完善、财务信息披露质量不高、企业真实经营信息难获取等因素，金融机构缺乏知识产权价值评估所需的研发成本、利润率、销售增长等关键数据，导致金融机构对知识产权价值的评估存在不确定性，一定程度上降低了金融机构开展知识产权金融服务的主观能动性。此外，知识产权评估方法包括市场法、成本法、收益法和实物期权法等，但关于哪一种评估方法更为科学仍没有定论，且评估过程往往涉及专家打分等主观判断，无形资产价值评估结果波动大，增加了金融机构信贷审批难度。

1.3.3 无形资产转让难和处置难导致金融机构惜贷现象严重

抵质押资产的转让和处置对金融机构而言十分重要，容易转让和处置，价值贬损率低的资产能有效降低违约损失率（loss given default，LGD），因此金融机构普遍更倾向于选择价值相对稳定、流动性强、处置变现容易的实物资产，如建筑物、土地使用权、生产设备、交易性原材料及产品、交通运输工具，而相对排斥专利、商标、版权、地理标识等无形资产。长期以来银行等金融机构更愿意选择具有充足实物抵押资产的企业开展信贷业务，而在开展以知识产权等无形资产为抵押的金融服务时更为谨慎，通常在产品创新的基础上开展试点探索，业务规模小。原因在于后者难以在较短时期内找到交易对手或受让方，同时后者在价值上更易受技术与市场环境的影响，价值波动幅度远超前者。

此外，我国区域性知识产权交易机构成立较晚且规模小，交易方式均以挂牌（撮合）交易为主，主要的知识产权交易机构有中国技术交易所、上海知识产权交易中心、北京知识产权交易中心、广西知识产权交易中心、广州知识产权交易中心等。以上海知识产权交易中心为例，上海知识产权交易中心于 2017 年 1 月 13 日在上海漕河泾新兴技术开发区正式揭牌成立，成立至今已有 5 年。但从其网站披露的数据来看，截至 2022 年 1 月，累计专利交易仅为 17 笔，累计成交额不到 1 亿元。广西知识产权交易中心网站披露的信息显示，截至 2022 年 3 月，其累计知识产权挂牌总数 16463 件，累计知识产权交易总额仅为 9600 余万元。我国民间自发成立的知识产权交易机构虽起步较早、数量多且分布广，但由于经营规范性差、信息透明度低、市场监管力量不足等原因，真实的知识产权交易量不高，且存在一定的风险隐患。因此，我国知识产权交易仍不活跃，从挂牌转让到成功交易的等待时间较长，交易价格由交易双方约定，难以体现其真正的市场价值。在此背景下，由于知识产权金融在发生信用违约时质押资产保全和处置风险高的原因，金融机构在开展知识产权金融业务时通常要求担保、保险等机构提供额外的信用增级，同时在面向中小企业开展知识产权金融业务时更为谨慎。

| 第2章 |

知识产权金融相关法律法规

知识产权制度是知识产权金融发展的保障，知识产权法典等上位法规与微观准则、操作规程的规制，为知识产权金融工作的开展保驾护航。我国的知识产权制度起步较晚，从1978年中央有动议开始，历经数年的艰辛历程，全国人民代表大会常务委员会分别于1982年8月23日、1984年3月12日、1990年9月7日通过《商标法》《专利法》和《著作权法》，奠定了我国知识产权金融工作的基础，但这几部单行法难以对知识产权金融工作中所涉及的业务操作进行规范，知识产权金融的合法性尚有不足。1995年6月30日，第八届全国人民代表大会常务委员会第十四次会议通过了《担保法》，明确"依法可以转让的商标专用权、专利权和著作权中的财产权可以质押"。1996年9月，国家知识产权局颁布了《专利权质押合同登记管理暂行办法》，这标志着知识产权金融业务在满足合法性后，业务操作规程得以确立，我国的知识产权金融工作开始正式运转。2007年3月16日，第十届全国人民代表大会第五次会议通过《物权法》，进一步明确了"可以转让的注册商标专用权、专利权、著作权等知识产权中的财产权可以出质"，重申了知识产权金融业务的合法性。

知识产权价值评估是知识产权金融的先决条件，也是知识产权金融价值实现的基本路径。虽然有法规政策作为开展市场评估行为的合法性依据，但由于知识产权的无形资产特性，评估难一直是制约金融机构开展知识产权金融业务的瓶颈性难题。2001 年，中国资产评估协会发布了第一项资产评估准则：《无形资产评估准则》；随后逐步完善了由 1 项资产评估基本准则，1 项资产评估职业道德准则和 25 项资产评估执业准则组成的资产评估准则体系。2006 年 4 月，财政部、国家知识产权局发布《关于加强知识产权资产评估管理工作若干问题的通知》，为知识产权资产评估的规范化发展指明了方向。在知识产权评估操作规程方面，目前已经基本完备，重要的规范性文件包括《资产评估准则——无形资产》《专利资产评估指导意见》《著作权资产评估指导意见》《商标资产评估指导意见》《文化企业无形资产评估指导意见》《知识产权资产评估指南》等。这些文件在执业能力、操作要求、评估方法、披露要求等方面，对知识产权资产评估给予充分的规范性指导和技术性支撑。

2008 年 6 月 5 日，国务院发布《国家知识产权战略纲要》，知识产权上升为国家战略，我国知识产权事业进入了快速发展期。纲要明确提出要促进自主创新成果的知识产权化、商品化、产业化，引导企业采取知识产权转让、许可、质押等方式实现知识产权的市场价值。在政府的大力推动和引导下，以"知识产权交易市场、知识产权金融工作机制、知识产权中介服务"为核心的知识产权金融生态得以建立，并日臻完善。

2.1 知识产权质押

自 2008 年国家知识产权局开始在全国范围试点知识产权质押融资业务以来，知识产权质押融资服务范围不断扩大，融资金额实现了快速增长。2021 年，为进一步扩大知识产权质押融资服务对中小企业的覆盖面，国家知识产权局会同中国银保监会、国家发展改革委联合印发《知识产权质押融资入园惠企行动方案（2021—2023 年）》。2021 年，全国专利商标质押融资金额达到 3098 亿元，融资项目达 1.7 万项，惠及企业 1.5 万家，同比增长均为 42%左右。其中 1000 万元以下的普惠性贷款惠及企业 1.1 万家，占惠企总数的

71.8%，充分显示知识产权质押融资服务中小微企业的普惠特点。

知识产权质押是指债务人或第三人将拥有的知识产权担保其债务的履行，当债务人不履行债务的情况下，债权人具有将拍卖或者变卖该知识产权所得的价款优先受偿的知识产权担保行为。因此，知识产权质押融资实质上是一种担保行为，受担保相关法律法规的约束。

1996年6月30日，《中华人民共和国担保法》（简称《担保法》）获第八届全国人民代表大会常务委员会第十四次会议通过，并于1995年10月1日起实施。《担保法》第七十五条规定，依法可以转让的商标专用权、专利权、著作权中的财产权可以质押，明确了知识产权可以作为一种财产权用于质押，并规定知识产权质押需向其管理部门（知识产权局）办理出质登记。《担保法》及其司法解释还对出质人的义务进行了规范。知识产权出质后，出质人在没有获得质权人同意的前提下，不得将质押的知识产权转让或者许可他人使用。在经过质权人同意后将知识产权转让或许可他人使用所得的转让费、许可费应当优先用于清偿债务或者向约定的第三方提存。

《担保法》及其司法解释是开展知识产权金融的法律依据，在具体的业务操作上，国家知识产权局、财政部、工业和信息化部、原银保监会等部门出台了相关的政策，建立了一套相对完善的知识产权质押融资工作机制，并对知识产权质押融资风险管理、知识产权质押融资评估管理、知识产权流转的管理等方面提出了具体要求。

以专利质押融资为例，2010年10月1日，国家知识产权局签发了第五十六号文件，《专利权质押登记办法》（以下简称"新办法"）正式施行，同时废止了1996年9月19日发布的《专利权质押合同登记管理暂行办法》（以下简称"旧办法"）。新办法总条款数由24条缩减为22条，简化了专利质押流程，加强了对质权人权利的保障，同时行政服务更加高效便捷，并不再收取登记费。

旧办法中第二十二条明确，申请专利质押合同登记的，当事人应当按规定缴纳登记费。新办法中已删除该项表述，专利质押合同登记免收登记费。新版质押登记办法中，质押登记审查时间大大缩减，新办法第十一条规定，国家知识产权局自收到专利权质押登记申请文件之日起7个工作日内进行审查并决定是否予以登记，而旧办法中行政审查时间为15日，行政服务的时效性得以大幅提升。新办法加强了对质权人利益的保护，如在专利质押期间，出质人未提交质权人同意转让或者许可实施该专利权的证明材料的，国家知识产权局不予办理专利权转让登记手续或者专利实施合同备案手续，大大降低了出质人将质押专利私下转让或者许可给质权人带来的损失风险。此外，如质权人同意出质人转让或者许可他人实施出质的专利权的，出质人所得的转让费、许可费应当向质权人提前清偿债务或者提存，进一步强化了质权人对专利衍生现金流的要求权。在专利质押过程中，专利权人因故意或者疏忽未对已质押专利权续交年费的，国家知识产权局将向专利权人发出缴费通知书的同时通知质权人。

国家知识产权局尚未对商标、版权、地理标志、集成电路布图设计等其他知识产权出台专门的质押登记管理办法。

2010 年，财政部、工业和信息化部、银行业监督管理委员会、国家知识产权局、国家工商行政管理总局、国家版权局共同发布了《关于加强知识产权质押融资与评估管理支持中小企业发展的通知》。其中，对知识产权评估和知识产权质押融资的后期管理提出了要求。比如，原则上要求知识产权评估机构是经财政部门批准设立的具有知识产权评估专业胜任能力的资产评估机构，要求各部门加快推进知识产权交易市场建设，促进知识产权流转。

2013 年，中国银监会、国家知识产权局、国家工商行政管理总局、国家版权局共同出台了《关于商业银行知识产权质押贷款业务的指导意见》，提出了商业银行知识产权质押贷款业务的细化指导意见。在知识产权质押标的的调查方面，明确要求用于质押的知识产权应当合法、完整、有效且权属清晰，依法可转让，且不得违反国家保密法规和国有资产管理规定。在期限上，要求用于质押的知识产权剩余有效期限或保护期要长于贷款期限，专利和著作权的剩余有效期限或保护期一般不少于 5 年，贷款期限以短期为主。在质押贷款条件上，允许商业银行根据出质人的具体情况，采取知识产权单一担保或组合担保。在知识产权质押评估和贷后管理上，要求商业银行依托具有政府相关部门颁发的从业资格的知识产权评估机构完成知识产权评估工作，并根据贷款存续期内知识产权价值的变化定期或不定期开展动态评估。在质押物处置上，明确商业银行可以通过协议折价、拍卖、许可使用等方式实现质权，并依合同约定从所得价款中优先受偿。

2.2　知识产权融资租赁

传统融资租赁业务的长期发展为我国开展知识产权融资租赁业务提供了业务基础，与此同时知识产权融资租赁在我国发展具有现实需求和政策支持，但现行的制度环境并没有为知识产权融资租赁业务的开展提供明朗的发展空间，时常面临着"政策支持、规章排斥、法律模糊"的尴尬①，在实践中交易双方均面临一定的法律风险，影响交易参与人的积极性，也对相关政策实施的效果形成了明显的拖累。

知识产权融资租赁参与交易的主体一般为具有文化、科技背景的融资租赁公司与文化科技公司，交易对象不仅涉及典型的知识产权（如专利、商标、著作权），还涉及未成形的知识产权（如转播权、网络传播权）。常见的融资主体有影视制作公司与中小科技企业，通常影视制作公司先将版权出售给融资租赁公司获得影视制作资金，后者获得版权所有权后将版权以"售后回租"的方式向影视制作公司出租，并收取租金，从而很好地解决了影视制作公司前期投入大、后期回款慢的问题。对科技企业而言，专利等研发成果的转化和落地需要大量的资金、设备、技术和人力的支持，科技型企业往往先将专利转让给融资租赁公司获取转化所需资金，后者获得专利所有权后采取"售后回租"的方式向科技企业出租，科技企业用产品销售回款资金支付租金，从而很好地解决了中小科技企业无形资产比重大，抵质押融资难的困境。以上实例表明，知识产权融资租赁有大量的现实需求，其对推动经济创新发展有深远的意义。

在转向创新发展的要求下，中央政策和地方政府发文积极推动知识产权融资租赁，为企业创新发展提供资金支持。2015 年 8 月 31 日，国务院出台了《国务院办公厅关于加快融资租赁业发展的指导意见》，提出要大力支持融资租赁的业务模式创新，拓宽知识产权密集型企业主体的投融资渠道，从融资租赁视角为"资本"与"知本"的结合提供了指引。2015 年 9 月 13 日，

---

① 刘汉霞. 我国知识产权融资租赁的现实困惑与法律规制 [J]. 知识产权，2017，198（8）：70 - 77.

商务部和北京市政府联合印发《北京市服务业扩大开放综合试点实施方案》，首次提出试点著作权、专利权、商标权等无形文化资产的融资租赁。2016 年4 月，广州市人民政府发布《关于广州市构建现代金融服务体系三年行动计划》提出"推动文化融资担保、文化融资租赁"等集聚发展。2016 年 9 月，山西省政府印发《关于新形势下推进知识产权强省建设的实施意见》明确"知识产权可入股、分红、质押、租赁"。同时，福建省、青海省、内蒙古自治区、天津市等先后出台了有关知识产权融资租赁或无形资产融资租赁的鼓励和支持政策。由此可见，知识产权融资租赁交易活动得到了中央和地方政府的大力支持。

另外，涉及知识产权融资租赁的部门规章则明显滞后，部门规章对知识产权融资租赁的态度与政府出台的政策支持形成了鲜明的对比。如商务部2012 年 8 月发布的《内资融资租赁企业管理办法（征求意见稿）》规定租赁物"为可自由流通的非消耗物。法律禁止流通或者限制流通物不应作为融资租赁交易的标的物"。2013 年 9 月颁布的《融资租赁企业监督管理办法》规定融资租赁交易的标的物"必须符合权属清晰、真实存在且能够产生收益的租赁物"。而知识产权作为一种无形资产符合权属清晰以及产生收益这两点要求，但是否满足"真实存在"的要求则存在一定的争议。回溯 2005 年商务部发布的《外商投资租赁业管理办法》第 6 条的规定，虽然涉及了无形资产，但其要求无形资产必须附属于有形资产且价值不得超过有形资产的 1/2。实际上是否定了无形资产独立作为租赁物存在的可能性。再如，2014 年银监会颁布的《金融租赁公司管理办法》第 4 条规定融资租赁交易的交易物为固定资产，而根据会计法的规定，固定资产是具有实物形态的非消耗物，不具有实物形态，以隐形形式体现的专利权、商标权等无形资产不属于固定资产的范围。故这一规定将知识产权排斥在融资租赁标的物之外。另外，商务部、国家税务总局 2004 年下发的《关于从事融资租赁业务有关问题的通知》第 3条列举了试点企业从事融资租赁的租赁物的范围包括"各种先进或适用的生产、通信、医疗、环保、科研等设备，工程机械及交通运输工具（包括飞机、轮船、汽车等）"，也没有明确知识产权作为融资租赁物的合法性。

面对政策支持与法规限制的矛盾，我国关于融资租赁的现行法律规定模糊，不能满足知识产权融资租赁发展的制度需求。目前，我国有关融资租赁主要法律依据是《民法典》和 2014 年最高人民法院颁布的《关于审理融资租赁合同纠纷案件适用法律问题的解释》（以下简称《司法解释》），二者均未对知识产权是否可为融资租赁标的物作出明确规定。如《民法典》第十五章规定了融资租赁合同的主要条款及形式，但未规定融资租赁合同的标的物范围。《司法解释》规定要"结合标的物的性质、价值、租金的构成以及当事人的合同权利和义务，对是否构成融资租赁法律关系作出认定"，但仍未明确知识产权作为融资租赁标的物的适格性。根据"法无禁止即合法"的基本原理，实践中已有大量知识产权作为融资租赁交易对象的案例，但在司法实践中也有将知识产权融资租赁关系判定为借贷关系的情形。回溯我国在2006年11月公布的《融资租赁法（草案）》，其将融资租赁交易的标的限定为机器设备等非消耗性动产，明确排除了知识产权类无形资产作为融资租赁交易客体的适格性。虽然该法最终并未正式发布，但反映了早期立法决策者并未明确考虑将知识产权纳入融资租赁客体。

交易标的的适格性、法律权属的确认、相关利益方的合法权益保障等是知识产权融资租赁制度亟须解决的问题。以专利权为例，融资租赁公司从许可方获得专利所有权后，可能面临专利被判无效、专利侵犯第三方专利权利需承担侵权责任等问题；而许可方可能面临专利转让后技术泄露、专利失去价值的窘境。从融资租赁的长期发展趋势来看，随着融资租赁业务模式的不断演化和拓展，将知识产权纳入融资租赁交易标的物的范围已成必然，但为了减少知识产权融资租赁实务中因法律规定的模糊和漏洞引起的纠纷和交易方利益损失，笔者认为我国应在未来的《融资租赁法》中予以分类规定，明确规定知识产权作为融资租赁交易对象的适格性，同时完善知识产权融资租赁司法解释等配套制度。

2.3　知识产权证券化

随着知识产权融资租赁、知识产权质押贷款、知识产权许可、知识产权保理业务的推广，以知识产权租金收益、许可收益、债权收益为基础资产发行的资产支持专项计划于2015年破冰，从2018年开始放量增长，基础资产由期初的软件著作权、电影电视剧本著作权向专利权延伸，所涉及的范围越来越广。

　　我国在推行资产证券化的过程中，大多借鉴美国的成功案例，结合我国国情，继而开发出适用于我国市场环境的资产证券化交易模式。然而，美国的资产证券化相关法律制度与我国当前的法律制度环境存在较大差异，导致我国目前通过知识产权证券化实现资金募集的主体较少，已开展的知识产权证券化业务仍存在一定的法律风险。首先，中美两国的立法模式不同，美国作为英美法系国家的代表，其立法模式为分散式立法。不仅有 1933 年制定的《证券法》和 1934 年制定的《证券交易法》等基础性法律，各州制定的证券法、美国证券交易委员会颁布的各式监管规则以及会计准则、税务制度中也对资产证券化的各个环节进行了特别规定。在成熟的市场环境和完善的市场监管规则下，美国的知识产权证券化环境相对宽松。我国为大陆法系国家，除立法模式不同外，在知识产权资产证券化的规制制度上仍存在空缺。在 2020 年 3 月 1 日施行的新《中华人民共和国证券法》（简称《证券法》）中，我国首次将"资产支持证券"纳入《证券法》的规范原则，但该条款仅仅起到宣誓的作用，需要通过国务院依照《证券法》的原则进行规则细化。在我国"立法先行"的立法模式下，如果没有针对知识产权证券化的相关法律规定予以支撑，对侵占投资者利益的违法违规行为查处便没有了法律依据，投资者的利益也难以得到保障。2005 年 4 月，为了规范信贷资产证券化试点工作，中国人民银行、银监会制定了《信贷资产证券化试点管理办法》，2005 年 9 月银监会第 38 次主席会议通过了《金融机构信贷资产证券化试点监督管理办法》并于 2005 年 12 月 1 日起施行。两项规范性的文件效力层级较低，其上位法规为《中华人民共和国中国人民银行法》《中华人民共和国银行业监督管理法》《中华人民共和国信托法》等。上述两项规范性文件均未针对知识产权资产制定相应条款，因而仅适用于基于知识产权的信贷资产。2013 年 3 月 15 日，证监会发布《证券公司资产证券化业务管理规定》，对证券公司通过设立专项计划发行资产支持证券的操作流程进行了规范。管理规定对基础资产进行了界定，明确基础资产是指符合法律法规，权属明确，可以产生独立、可预测的现金流的可特定化的财产权利或者财产。其中财产权利或者财产，可以是企业应收款、信贷资产、信托受益权、基础设施收益权等财产权利，商业物业等不动产财产，以及中国证监会认可的其他财产或财产权利。知识产权本身往往无法产生独立、可预测的现金流，比如专利的实施需要固定资产配套投资，且未来可产生的现金流具有较大的不确定性。因此知识产权本身并不属于管理规定所描述的基础资产，在实践操作中也往往只有通过知识产权融资租赁的方式、知识产权许可方式或者知识产权质押融资的方式，将由知识产权衍生的租金、许可费或者信贷收入作为基础资产发起资产支持专项计划。

2.4 知识产权保险

目前，我国尚未针对知识产权保险进行单独立法，立法主要目的是推动其边际成本效益的提升，也就是在最小投入的基础上达到最大的收益，从美国以及其他发达国家来看，也没有针对知识产权保险而单独立法的案例。然而，一些学者认为，应在知识产权相关立法范畴下纳入不同类型知识产权保险的相关条款，以确保知识产权保险受到法律的保障和监督，促进知识产权保险的健康发展。比如，在我国《中华人民共和国专利法》中完善专利保险的相关立法，在《中华人民共和国商标法》中完善商标保险的相关立法，在《中华人民共和国著作权法》中完善著作权保险的相关立法。在已有的知识产权法律条文中添加相应的知识产权保险相关立法，虽然可以全面地对某一类型的知识产权保险进行法律层面的约束和规范，但不能快速应对知识产权不断演化带来的模糊性和多样性的挑战。①

另有学者提出②，无论从保险保障权益类型还是从保险标的属性，知识产权保险均符合我国《中华人民共和国保险法》（以下简称《保险法》）的规定与要求，所以在《保险法》范畴下纳入知识产权保险立法更为科学和规范。比如，知识产权保险与普通标的一样具有财产上消极期待方面的利益，专利执行保险、商标专用权保险等险种符合财产保险中的保险利益条件；侵犯专利权责任保险、著作权交易保证保险等知识产权侵权责任保险属于责任保险的一种，符合我国《保险法》中责任保险相关的规定与要求；专利许可信用保险、专利质押融资保证保险属于信用保险的一种，符合我国《保险

---

① 陶然. 论企业视角下知识产权保险法律制度的构建 ［J］. 法制与经济，2019，462（9）：25－26.

② 韩颖梅. 我国知识产权保险法律制度研究 ［J］. 法制与经济，2019，454（1）：32－34.

法》中信用保险相关的规定与要求。

但是知识产权保险所拥有的非营利性、不完全自愿性以及政策性等特点与《保险法》规定的保险应当具有的自愿性、营利性、商业性等特点是相背离的，与保险的本质有冲突，出于这一点考虑，将知识产权保险纳入《保险法》并不完全合适。因此，有学者认为不仅要在知识产权相关立法中增设关于保险的条文，也应当在保险立法中添加知识产权保险相关内容，从两方面对知识产权保险进行监管和保护。同时，也有学者提出要根据知识产权的自身特性制定专门的知识产权保险法，笔者认为可以学习和参考国外实行多年的知识产权保险经验，根据我国经济发展实际情况，在借鉴的基础上制定出适用于我国国情的"知识产权保险法"。

第 3 章

知识产权价值评估

　　王子焉等[①]通过现有对专利定价方法的文献进行统计将专利价值评估方法分为三大类：经济学方法、综合评价法、其他新兴方法。在实际应用中最常见的是经济学方法。经济学方法包括成本法、市场法、收益法、实物期权法。

　　李小荣、刘晴[②]收集了 163 份上市公司资产评估报告，对基于经济学的无形资产的评估方法进行统计。数据显示使用的评估方法有市场法、成本法、收益法，其中收益法使用最多，市场法使用最少，仅有 2 例。

3.1　成　本　法

3.1.1　成本法介绍

　　成本法即重置成本法，即计算知识产权的重

---

　　① 王子焉，刘文涛，倪渊，等．专利价值评估研究综述［J］.科技管理研究，2019，39（16）：181－190.

　　② 李小荣，刘晴．文化企业知识产权评估方法研究［J］.中国资产评估，2017（3）：21－27.

置成本再减去知识产权已经发生的贬值（即该知识产权已使用年限在其使用总年限中的比例）对知识产权进行定价的方法。知识产权的重置成本是指按照当前的市场状况重新购进或者研发此项知识产权所需要花费的成本。成本法的基本公式为：

$$知识产权评估价值 = 专利重置成本 \times (1 - 贬值率)$$

成本法具有历史成本容易获取的优点，其主要测算依据是知识产权创造所涉及的合理研发投入、合理劳动力投入等数据。但在具体实施过程中，普遍存在研发支出材料缺失，研发支出和工时难以分割的情形，无法精确地测量某项知识产权的研发成本。此外，对于技术类无形资产来说，发明创造中包含了大量难以量化和精确测量的智力投入，此类源自创意的研发成果的价值难以与研发投入相对应，普遍存在成果价值远远高于其研发成本或者远远低于其研发成本的情形，用成本法评估自研的知识产权价值与其真实价值存在较大偏差。

3.1.2 成本法案例

A 公司 2017 年准备质押自研专利 X，该专利于 2012 年开始研发，历时三年，于 2014 年研发成功，使用年限为 8 年。通过统计得到 A 公司的原始研发成本如表 3.1 所示。

表 3.1 　　　　　　　　　专利原始成本表　　　　　　　　单位：万元

序号	项目	投入年份			合计
		2012	2013	2014	
1	研制成本	188.2	213.5	227.8	629.5
1.1	直接成本	50.2	66.5	78.8	195.5
1.1.1	材料费	40	52	63	155
1.1.2	专用设备费	6.2	8	8.1	22.3
1.1.3	资料费	0.2	0.3	0.1	0.6
1.1.4	管理费	1.5	3	4	8.5
1.1.5	折旧费	2.3	3.2	3.6	9.1

续表

序号	项目	投入年份			合计
		2012	2013	2014	
1.2	间接成本	138	147	149	434
1.2.1	技术人员薪酬	138	147	149	434
2	交易成本	10.4	12.4	15.8	38.6
2.1	技术服务费	10	12.1	12.8	34.9
2.2	交易税金			2.8	2.8
2.3	其他费用	0.4	0.3	0.2	0.9
3	合计	198.6	225.9	243.6	668.1

1. 统计专利研发原始成本

专利的原始成本分为研制成本和交易成本两大类，其中研制成本所占比例较大，包含了材料费、设备费、资料费等直接成本和技术人员薪酬等间接成本。交易成本是指专利申请、授权相关的服务费用，在专利原始成本中的比例较小。

2. 调整原始成本

在得到原始成本之后需根据物价因素调整原始成本，公司调整后的各投入年份的原始成本均有一定幅度的上升，如表 3.2 所示。

表 3.2　　　　　　　　　　专利调整成本表　　　　　　　　单位：万元

序号	项目	投入年份			合计
		2012	2013	2014	
1	研制成本	202.8	225.2	237.8	665.8
1.1	直接成本	57.8	73.2	85.8	216.8
1.1.1	材料费	45	57	68	170
1.1.2	专用设备费	7.2	8.3	8.4	23.9
1.1.3	资料费	0.3	0.4	0.2	0.9

续表

序号	项目	投入年份			合计
		2012	2013	2014	
1.1.4	管理费	2	3.5	5	10.5
1.1.5	折旧费	3.3	4	4.2	11.5
1.2	间接成本	145	152	152	449
1.2.1	技术人员薪酬	145	152	152	449
2	交易成本	10.4	12.9	16	39.3
2.1	技术服务费	10	12.5	13	35.5
2.2	交易税金			2.8	2.8
2.3	其他费用	0.4	0.4	0.2	1
3	合计	213.2	238.1	253.8	705.1

3. 计算合理利润率

合理利润率数据使用科研设计企业平均收益率，科研设计企业平均收益率从企业绩效评价标准值中查询可得（见表 3.3）。

表 3.3   **各年科研设计企业平均收益率**   单位：%

年份	平均资本收益率
2019	8.9000
2018	8.7000
2017	8.7000
2016	7.3000
2015	9.6000
2014	11.0000
2013	11.4000
2012	13.2000
2011	15.2000
2010	14.0000

资料来源：《企业绩效评价标准值》。

4. 计算重置成本

根据步骤 3 的合理利润率数据，在考虑物价因素调整后的原始成本基础上进一步考虑合理利润率的影响，得到最终的重置成本，如表 3.4 所示。

表 3.4　　　　　　　　　　重置成本计算表

项目	2012 年	2013 年	2014 年	合计
调整后原始成本（万元）	213.2	238.1	253.8	705.1
合理利润率（%）	13.20	11.40	11	
重置成本（万元）	241.34	265.24	281.72	788.30

将投入各年份（2012～2014 年）的重置成本求和计算得出该项专利经合理利润率调整后的重置成本为 788.30 万元。

5. 计算专利贬值率

该专利于 2014 年研发成功，当前评估时间为 2017 年，按 8 年使用期并采用线性折旧法将该专利价值在使用年限内平均摊销，可计算出该专利在 2017 年的贬值率：

$$贬值率 = \frac{专利已使用年限}{专利总年限}$$

将专利已使用年限（3 年）和专利总年限（8 年）代入贬值率计算公式可得该专利的贬值率为 37.5%。按成本法计算的专利最终评估价值为：

$$专利评估价值 = 专利重置成本 \times (1 - 贬值率)$$

将专利重置成本 788.30 万元、贬值率 37.5% 代入上式计算得出该专利的评估价值为 492.69 万元。

3.2　市　场　法

3.2.1　市场法介绍

市场法是以现行市场价格为标准，借用参照物的市场价格，再通过调整得到知识产权评估价值的方法。市场法通过市场中类似的知识产权的交易价格并根据被评估知识产权的特征计算出因素调整系数，最后通过参照物的市场价格乘以因素调整系数进行调整得到知识产权的评估价格。市场法基本公式为：

$$专利评估价值 = 可比案例交易价格 \times 因素调整系数$$

市场评估法考查的是专利在市场中处置变现时的价值，相对成本法与收益法更容易满足债权人的诉求，但是运用市场法需要满足一些基础条件。首先，与待评估专利相似的资产应有一个充分活跃的交易市场，能够合理地反映相似资产的公允价值；其次，交易市场的容量足够大，在这个交易市场中能够找到与评估对象类似的可比交易资产。

3.2.2 市场法案例

甲公司 A 专利需要评估价值，市场上有同类专利 B 交易价格为 1000 万元，经专家评估认定该类型专利价值由技术、法律和市场因素决定，其权重分别为 40%、30% 和 30%，专家通过评估得到技术、法律和市场的差异系数如表 3.5 所示。

表 3.5 　　　　　　　　　　　　**差异系数**

指标	差异系数
技术	0.82
法律	1.12
市场	0.90

因素差异系数指的是 A 专利在技术、法律和市场三个维度与同类专利 B 价值的差异程度，因素差异系数大于 1，则表示在该因素上 A 专利较 B 专利具有更高的价值。反之，若因素差异系数小于 1，则表示该因素上 A 专利的价值不如 B 专利的价值。按照表 3.5 所示，对各因素差异系数进行加权求和可得出 A 专利的综合差异系数为：

综合差异系数 $=0.82 \times 40\% + 1.12 \times 30\% + 0.9 \times 30\% = 0.93$

在用市场法进行专利价值评估时，往往将因素调整系数设定为综合差异系数，因此有：

专利评估价值 = 可比案例交易价格 × 综合差异系数

由此可得，甲公司 A 专利的评估价值为 1000 万元乘以综合差异系数 0.93，即 930 万元。

3.3 收 益 法

3.3.1 收益法介绍

收益法是通过将知识产权未来预期收益进行折现计算评估知识产权的净现值，以净现值作为知识产权评估价值的方法。收益法的基本公式为：

$$V = \sum_{t=1}^{N} \frac{F_t}{(1+i)^t} \times \alpha$$

其中，V 为知识产权评估价值，F_t 为知识产权在第 t 期的预期收益额，i 为折现率，N 为收益期限，α 为技术分成率，用于测算预期收益中归属于技术贡献的比例。收益法的应用难点在于能否准确地预测知识产权未来收益率，对折现率和技术分成率的估计是否合理等，参数的微小变化往往会对知识产权的价值产生较大的影响，降低知识产权评估价值的可信度。

3.3.2 折现率的计算

在收益法中对于折现率的计算有两种模型：风险累加模型与加权平均资本成本模型。风险累加模型的基本公式为：

折现率 = 无风险报酬率 + 风险报酬率

在风险累加模型中，折现率 i 等于无风险报酬率 R_f 加上风险报酬率 K_r，而风险报酬率一般通过资本资产定价模型（CAPM）来估计，因此折现率可以表示为：

$$i = R_f + \beta (R_m - R_f)$$

其中，R_f 为无风险收益率，R_m 为市场风险报酬率，β 为风险系数，表示知识产权开发机构相对市场的风险程度。

在加权平均资本成本模型下，先使用下式得到加权平均资本成本（WACC）。

$$WACC = (E/V) \times [R_f + \beta (R_m - R_f)] + (D/V) \times (1 - T) \times R_d$$

其中，E 为公司总股本，D 为公司债务总和，V 为公司的总资产，$V = E + D$，T 为所得税税率，R_d 为公司发行债券的期望报酬率。

计算出加权平均资本成本后代入下式，倒算出无形资产的报酬率，即知识产权的折现率。

$$WACC = W_c \times R_c + W_f \times R_f + W_i \times R_i$$

其中，W_c 为营运资金占全部资金的比例，W_f 为固定资产占全部资产的比例，W_i 为无形资产占全部资产的比例，R_c 为营运资金的期望报酬率，R_f 为固定资产的期望报酬率，R_i 为无形资产的报酬率。

3.3.3 技术分成率的计算

技术分成率的计算通常通过专家打分法或者相关企业比较分析法确定。专家打分法是在已有的行业技术分成率数据的基础上，使用专家打分法对持有专利的企业进行评估得到调整系数。行业技术分成率数据通常是用联合国工业发展组织对各行业的技术贸易合同的提成率进行的调查统计，在专家打分法中以联合国工业发展组织的技术贸易合同提成率为基础进行调整。

相关企业比较分析法是通过计算相关企业的参考分成率，再经过调整得到技术分成率的方法，其基本公式为：

$$技术分成率 = 样本企业参考分成率 \times \frac{EBITDA/销售收入}{样本企业平均 EBITDA/样本企业平均销售收入}$$

在上述计算公式中，税息折旧及摊销前利润率对企业的技术分成率有正向的影响，即企业在同一销售规模下的盈利能力越强，则认为该企业的技术贡献率越高。

3.3.4 收益法案例

A 公司 2014 年准备质押自研专利 X。收益期限为 8 年，专利已使用 3 年，第一年至第三年专利 X 相关产品的营业收入分别为 800 万元、900 万元、1000 万元，变动成本第一年至第三年分别为 210 万元、250 万元、280 万元。固定成本 100 万元。五年期的国债平均到期收益率为 3.15%，专家评估风险报酬率为 10%。

本例采用收益法对专利 X 的价值进行评估，根据 3.3.1 节所引入的模型，未来现金流的预测对专利价值评估而言至关重要。首先，我们根据第一年至第三年 X 相关产品的营业收入对 X 专利剩余 5 年（2015～2019 年）的预期营业收入进行预测。假定未来 5 年营业收入的增速与前三年一致，则其营业收入平均增长率为：

$$营业收入平均增长率 = \sqrt[3-1]{1000/800} - 1 \approx 11.80\%$$

假定固定成本在未来 5 年保持不变，则本例只需对未来 5 年的变动成本率进行预测。此处，采用前三年的平均变动成本率作为未来 5 年的变动成本率的预测值，即：

$$平均变动成本率 = \frac{210 + 250 + 280}{800 + 900 + 1000} = 27.41\%$$

在获得营业收入增长率和变动成本率后，即可对 X 专利相关产品未来 5 年的现金流量进行预测，如表 3.6 所示。

表 3.6		现金流预测		单位：万元	
项目	2015 年	2016 年	2017 年	2018 年	2019 年
营业收入	1118.03	1250.00	1397.54	1562.50	1746.93
变动成本	306.42	342.59	383.03	428.24	478.79
固定成本	100.00	100.00	100.00	100.00	100.00
现金流	711.61	807.41	914.51	1034.26	1168.14

根据 3.3.1 节给出的收益法评估模型，我们采用风险累加模型对折现率 i

进行预测，即折现率等于无风险报酬率加上风险报酬率。

$$i = R_f + \beta(R_m - R_f)$$

此处采用 5 年期的国债平均到期收益率 3.15% 给无风险报酬率 R_f 赋值，根据专家的评估结果，风险报酬率为 10%，则折现率为：

折现率 = 10% + 3.15% = 13.15%

假定技术分成率为 20%，则可计算出专利 X 相关产品未来 5 年预期现金流的净现值，如表 3.7 所示。专利的评估价值即为：

$$V = \sum_{t=1}^{N} \frac{F_t}{(1+i)^t} \times \alpha = 630.33 \text{（万元）}$$

表 3.7 净现值计算

项目	第一年	第二年	第三年	第四年	第五年	合计
收益（万元）	711.61	807.41	914.51	1034.26	1168.14	——
分成率（%）	20.00	20.00	20.00	20.00	20.00	——
折现率（%）	13.15	13.15	13.15	13.15	13.15	——
净现值（万元）	125.78	126.12	126.26	126.20	125.97	630.33

3.4 实物期权法

期权法是建立在购入期权的人有在未来以协定价格买入或者卖出标的资产的权利的基础上的。企业购入或研发知识产权后，可以选择是否投资生产，何时终止投资。这说明企业一旦获得了知识产权便获得了一种选择的权利，也意味着知识产权的价值应计算其选择权的价值，所以知识产权价值评估可以适用实物期权法。

3.4.1 实物期权法介绍

布莱克 – 舒尔斯模型（Black-Scholes model）简称 B-S 模型，适用于欧式期权的评估，被广泛用于知识产权价值评估。一般而言，持有知识产权类似于持有一份看涨期权，允许持有人在一定期限内对知识产权进行开发利用。
看涨期权的 B-S 模型定价公式为：

$$C(S,\ T) = SN(d_1) - Xe^{-rT}N(d_2)$$

$$d_1 = \frac{\ln\left(\dfrac{S}{X}\right) + \left(r + \dfrac{\sigma^2}{2}\right)T}{\sigma\ \sqrt{T}}$$

$$d_2 = d_1 - \sigma\ \sqrt{T}$$

其中，C 为欧式看涨期权价格，S 为标的资产的市场价格，在知识产权
评估时相对应的是知识产权的评估价格或交易价格，X 为标的资产的执行价
格，此处指获知识产权的研发成本或重置成本，r 为无风险利率，σ 为标的资
产价格波动率。$N(x)$ 为标准正态分布累计概率分布函数。

B-S 定价模型在期权定价中被广泛使用，但其只适用于欧式期权，不适
用于在到期日内任意时刻均可行权的美式期权，而二叉树模型对于欧式期权
和美式期权均可适用。

二叉树期权定价模型又称为二项式模型，二叉树模型可以进行单步计算，
也可以进行更复杂的多步计算，此处仅介绍常见的一步和两步二叉树期权定
价模型。

一步二叉树假定标的资产价格 S_0 在到期日上涨至价格 S_0u，或者下跌至
价格 S_0d，在实际应用中，上涨幅度 $u = e^{\sigma\sqrt{T}}$，下跌幅度 $d = e^{-\sigma\sqrt{T}}$，σ 为标的
资产价格波动率。f_u 和 f_d 分别表示标的资产上涨时和下跌时对应的期权收益
（见图 3.1）。

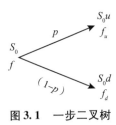

图 3.1　一步二叉树

一步二叉树的定价公式为：

$$f = e^{-rT}\left[pf_u + (1-p)f_d\right]$$

其中，p 和 $1-p$ 分别为风险中性世界中标的资产价格上涨和下跌的概率，其计算公式为：

$$p = \frac{e^{r\Delta t} - d}{u - d}$$

其中，Δt 为每步步长，在一步二叉树模型中每步步长即为到期时间。

两步二叉树期权定价模型与一步二叉树定价模型类似，在二叉树的每一步，股票价格或者上涨到初始价格的 u 倍，或者下跌到初始价格的 d 倍，每步上的 u 和 d 保持不变，而期权价值显示在二叉树上标的资产价格的下方。比如，在标的资产价格上涨（下跌）两次后，期权价值为 $f_{uu}(f_{dd})$，而股票价格上涨和下跌各一次后，期权价值为 f_{ud}（见图 3.2）。此处，因为每步上的 u 和 d 保持不变，因此 $S_0ud = S_0du$，进而可得出 $f_{ud} = f_{du}$。

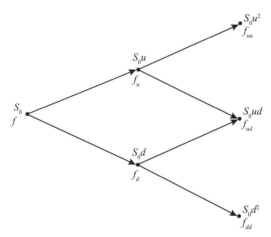

图 3.2　两步二叉树

欧式期权的两步二叉树定价公式为：

$$f = e^{-2r\Delta t}\left[p^2 f_{uu} + 2p(1-p)f_{ud} + (1-p)^2 f_{dd} \right]$$

其中，f 为期权价值，Δt 为每步步长（以年为单位），p 为标的资产价格在一期中上升的概率，f_{uu} 为标的资产价格在两次上升后的价格，f_{dd} 为标的资产价格在两次下降后的价格，f_{ud} 为标的资产价格在一次上升一次下降后的价格。

与欧式期权定价的流程类似，美式期权定价从树的"末梢"出发，以倒推的形式推算到树的根部（起始点）。与欧式期权不同，美式期权可以在到期前任一时刻行权，因此在树的每一个节点我们需要检验提前行使美式期权的可能性，即对比在该节点上行权的价值与该节点上欧式期权的价值，两者的较大值为美式期权在该点的价值。在树的"末梢"（底部），期权的价格等于欧式期权的价格，在底部之前的任何一个节点上期权的价格等于该节点欧式期权价值与行权价值的极大值。

3.4.2 实物期权法案例

A 公司 X 专利使用收益法评估的价值 2000 万元，A 公司的股价波动率为 30%，专利的重置成本为 200 万元（成本法），专利剩余期限为 5 年，无风险利率采用五年期的国债平均到期收益率为 3.15%。

首先，采用 B-S 模型对专利 X 进行估值，此处标的资产价格 S 为知识产权收益法评估值 2000 万元，执行价格 K 为重置成本 200 万元，期限 T 为 5 年，无风险利率 r 为 3.15%。将以上参数代入 3.4.1 节中的期权定价公式可得期权价格为 1829.16 元。

$$C(S,\ T) = SN(d_1) - Xe^{-rT}N(d_2)$$

$$d_1 = \frac{\ln\left(\dfrac{S}{X}\right) + \left(r + \dfrac{\sigma^2}{2}\right)T}{\sigma\sqrt{T}}$$

$$d_2 = d_1 - \sigma\sqrt{T}$$

其次，运用二叉树模型对专利 X 进行价值评估。其中，$u = e^{\sigma\sqrt{T}} = 1.607$，$d = e^{-\sigma\sqrt{T}} = 0.622$。

$$p = \frac{e^{r\Delta T} - d}{u - d} = \frac{e^{0.0315 \times 2.5} - 0.622}{1.607 - 0.622} = 0.4668$$

在树的"末梢"（底部），期权的价值等于期权行权收益，前一节点的期权价值则为"末梢"期权收益的期望折现值，折现因子为 $e^{-r\Delta T} = 0.924$，由此可得在顶部的期权价值如图 3.3 所示为 1829.14，与 B-S 计算所得结果一致。

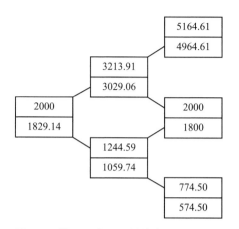

图 3.3　基于两步二叉树的专利价值评估

3.5　基于稀疏交易的专利价值评估

3.5.1　评估原理

　　本章 3.2 节介绍了一种借用参照专利的现行市场价格确定标的专利价格的评估方法，又称市场法。市场法需要存在与被评估专利相似的专利技术，并且交易市场公开透明，能够获取专利历史交易信息。市场法评估专利价值主要存在的问题是专利的创新性决定了市场上不存在或者仅有很少数量的具备可比性的专利，并且专利交易的信息较难获取，大部分专利并没有在公开市场交易的记录。

　　近年来，面对专利交易需求量的不断增加，我国专利网络交易平台也在不断完善。2020 年在第四届中国高校专利年会上，由成都知识产权交易中心发起，全国知识产权交易场所联盟正式成立，该联盟网络已覆盖 12 个省份区域技术市场，拥有 15 家交易场所成员机构。在专利交易过程中，知识产权价值评估的主观性高、置信度低，卖方随意标价的现象时有发生。针对这一现象，2022 年 5 月 31 日，全国知识产权交易市场联盟共同对全社会公开发布了"中国专利交易价格指数"。该价格指数是在专利实际成交的交易价格数据基础上，按照国家战略性新兴产业分类，再对交易涉及的专利与产业分类进行关联，从而计算交易价格平均值得到的，这为传统无形资产评估方法难以解决定价问题，为专利运营及专利交易业务开展提供了一个新的价格数据参考。

随着我国专利交易市场的不断发展，专利交易案例不断增加，但其交易规模仍无法与债券、股票、期货等成熟交易市场相比较。本节基于稀疏的专利交易价格，通过构建专利价值的评估体系，在稀疏的专利交易数据中选取一组可比交易案例来近似估计标的专利价值。通过样本内估计和样本外测试，我们发现这种基于稀疏专利交易的价值评估方法能够准确地对专利价值进行评估，而且随着知识产权交易市场的发展，专利交易数量和金额的增加将会大大提升该方法对专利价值评估的准确性。

3.5.2　评估体系

在市场法的实际应用中，往往很难找到与待评估专利高度相似，且有交易记录的专利，因此本节通过构建专利价值评估体系，用熵值法计算出各指标的权重对待评估专利进行模糊匹配，利用匹配专利组合的价格对目标专利进行价值评估。

专利价值评估体系的构建遵循系统性、科学性和可操作性的原则，从技术价值、法律价值和经济价值角度，确定了三个一级指标和八个二级指标（见表 3.8）。

表 3.8　　　　　　　　　　专利价值评估指标体系

一级指标	二级指标	标识	指标描述
技术指标 X_1	引用专利数	X_{11}	引用专利越多，专利价值越高
	被引用专利数	X_{12}	被引次数越多，专利价值越高
	IPC 数	X_{13}	IPC 数越多，适用范围越广，专利价值越高
法律指标 X_2	权利要求数	X_{21}	权利要求数越多，保护范围越广，专利价值越高
	文献页数	X_{22}	页数越多，权利支撑的强度越大，专利价值越高
	简单同族数	X_{23}	专利同族数量越多，专利越重要，专利价值越高

续表

一级指标	二级指标	标识	指标描述
经济指标 X_3	市场占有率	X_{31}	市场占有率越高，专利价值越高
	发明人数	X_{32}	发明人数越多，技术研发投入越大，专利价值越高

其中，技术指标选取主要从技术成熟度（引用专利数）、技术先进性（被引专利数）、技术应用前景与广度（国际专利分类 IPC 数）维度衡量；法律指标选取主要从保护强度（权利要求数）、权利稳定性（文献页数、简单同族数）维度衡量；经济指标主要从市场当前应用情况（市场占有率）、市场投入（发明人数量）维度衡量。

熵值法是一种客观赋权法，是指根据各项指标观测值所提供的信息的大小来确定指标权重。在信息论中，熵是对不确定性信息的一种度量。信息量越大，不确定性就越小，熵也就越小；信息量越小，不确定性就越大，熵也越大。

假设有 m 个待评估专利，n 个评价指标，原始的信息矩阵 X 为：

$$X = \begin{bmatrix} X_{11} & \cdots & X_{1n} \\ \vdots & & \vdots \\ X_{m1} & \cdots & X_{mn} \end{bmatrix}$$

对某项指标 X_j，指标值 X_{ij} 的差距越大，则该指标在综合评价中所起的作用越大；如果某项指标的指标值全部相等，则该指标在综合评价中不起作用。由于本方法中所有涉及的指标均为正向指标，因此采用正向标准化处理信息矩阵：

$$Z_{ij} = \frac{X_{ij} - \min(X_j)}{\max(X_j) - \min(X_j)}$$

其中，Z_{ij} 是标准化后信息矩阵第 i 个样本第 j 个指标的值。接着计算第 j 个指标下，第 i 个样本占该指标的权重：

$$p_{ij} = \frac{Z_{ij}}{\sum_{i=1}^{m} Z_{ij}}$$

第 j 个指标的熵值为：

$$e_j = -k \sum_{i=1}^{m} p_{ij} \ln(p_{ij})$$

其中 k 为常数，通常取值为 $k = 1/\ln(m)$，由于 $0 \leqslant p_{ij} \leqslant 1$，所以有 $0 \leqslant e_j \leqslant$ 1。第 j 个指标的有效信息值为 $d_j = 1 - e_j$。从而第 j 个指标的熵值法权重为：

$$w_j = \frac{d_j}{\sum_{j=1}^{n} d_j}$$

3.5.3 评估指标权重

根据全国产权行业信息化综合服务平台、全国知识产权交易场所联盟的专利成交量来看，目前我国专利交易正处于成长期，专利交易信息公开披露的信息较少，且部分专利因为专利技术之间存在关联，单件专利无法单独实施，这种专利的交易大都采用的是捆绑交易，难以衡量其单件专利的价格。因此，本例通过全国知识产权交易场所联盟、浙江知识产权交易中心、成都知识产权交易中心、全国产权行业信息化综合服务平台与旗下挂牌交易所北部湾产权交易所，共收集 270 个单件专利交易价格，其中 131 个专利为授权发明、117 个专利为发明申请、22 个专利为实用新型，专利样本法律状态均为有效且发生过权利转移。专利价值评估指标均从 Patsnap 专利数据库进行采集。其中，200 组专利数据作为样本组，对模型的有效性进行检验；70 组数据作为预测组，判断预测价格与实际交易价格的拟合程度。

根据 3.5.2 中介绍的熵值法权重计算公式，我们分别计算出 8 项指标的信息熵值 e、信息效用值 d，进而计算出各评估指标的权重如表 3.9 所示。

表 3.9 　　　　　　　　　基于熵权法指标权重计算结果

指标	信息熵值 e	信息效用值 d	权重
权利要求数	0.957	0.043	0.067
简单同族成员数	0.965	0.035	0.055
发明人数	0.949	0.051	0.08
引用专利数	0.947	0.053	0.084
IPC 数	0.887	0.113	0.179

续表

指标	信息熵值 e	信息效用值 d	权重
市场占有率	0.907	0.093	0.147
文献页数	0.977	0.023	0.037
被引用专利数	0.776	0.224	0.352

熵值法的权重计算结果显示，被引用专利数的权重最高，为 35.2%。被引用专利数体现的是专利技术的先进性，一项专利被后续专利频繁引用，说明该专利对后续的技术具有很强的影响力，很可能是能够引领行业未来发展方向且占据未来市场的颠覆性或开拓性发明创造，对后续技术的影响深远，是专利价值的重要体现。根据熵值法权重，通过以下公式计算样本内所有专利的价值得分，第 i 项专利的得分为该专利所有指标上的得分加权和。

$$s_i = \sum_{j=1}^{n} w_j p_{i,j}$$

通过计算得出的专利价值得分，对专利价值度进行综合评价排名，图 3.4 显示基于熵权法的专利价值度评价排名分布与实际成交价格分布的拟合曲线。

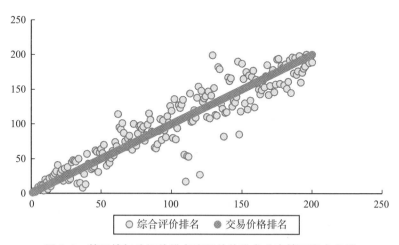

图 3.4　基于熵权法评价排名实际价格排名分布情况拟合曲线

从图 3.4 来看，基于熵权法的专利价值评价排名与实际价格排名分布拟合情况较好，对排名情况分布进行回归分析，从表 3.10 得出基于熵权法的专利价值评价排名与实际价格排名的关联度为 0.925，表示综合价格排名与实际交易价格排名呈现显著的正向相关关系；调整后的 R^2 系数为 0.855，模型拟合较好，说明通过熵权法衡量的专利价值具有一定的可靠性，但随着样本选择的不同，本例所确定的权重会随之变化，导致后文价格预测出现波动，为了消除不同样本下权重波动所带来的不确定影响，本例将通过改变样本数据进行稳健性检验，使权重的确定更加可信。

表 3.10   **交易价格排名与综合评价排名回归分析结果表**

项目	非标准化系数		标准化系数	t	p	VIF	R^2	调整 R^2	F
	B	标准误	Beta						
常数	7.513	3.125	—	2.404	0.017 **	—	0.856	0.855	F = 1177.68
综合评价排名	0.925	0.027	0.925	34.317	0.000 ***	1.000			

注：*** 、** 分别代表 1%、5% 的显著性水平。

熵值法指标权重计算结果是后文基于专利真实交易价格数据预测目标专利价格的重要依据，对专利价值的评估具有重大影响。而在上文中，本例采用随机选取的 200 组专利样本数据用以确定各项专利指标的权重，因而该权重因选取样本的不同而发生变化。假如专利指标权重因样本的变化而出现显著差异，权重结构发生明显变化，则将给后文的专利价值评估带来不确定性，从而降低专利价值评估的稳定性和可信度。

因此，为了检验上文中熵值法指标权重计算结果的稳定性，此处对 270 组专利样本数据进行不重复随机抽样，每次从 270 组样本数据中抽取 200 组不同样本数据，并按照 3.5.2 节中的公式进行各指标权重的计算，共计重复随机抽取 1000 次，记录每次抽样下的指标权重。表 3.11 为 1000 次样本抽样下各专利指标权重的描述性统计。

表 3.11 各指标权重描述性统计

变量	样本量	最大值	最小值	平均值	标准差	25% 分位数	中位数	75% 分位数
被引用专利数量	1000	0.425	0.255	0.335	0.021	0.320	0.334	0.349
市场占有率	1000	0.201	0.112	0.152	0.012	0.144	0.152	0.161
IPC 分类号数量	1000	0.24	0.138	0.187	0.017	0.175	0.186	0.198
权利要求数量	1000	0.118	0.051	0.076	0.009	0.070	0.075	0.082
引用专利数量	1000	0.125	0.051	0.078	0.011	0.071	0.078	0.086
发明人数量	1000	0.113	0.049	0.075	0.01	0.068	0.075	0.082
简单同族成员数量	1000	0.089	0.009	0.046	0.012	0.037	0.046	0.055
文献页数	1000	0.087	0.027	0.05	0.011	0.042	0.049	0.058

从表 3.11 可知,各指标权重的平均值与其中位数值非常接近,且 25% 分位数和 75% 分位数均未显著偏离平均值和中位数,标准差也显著低于平均值。因此,样本选取对各指标权重的影响可忽略不计,不会对后文的专利价值评估产生显著的影响。

表 3.12 对 1000 次随机抽样下各指标权重均值与表 3.9 所确定的指标权重进行线性回归分析,结果显示拟合程度达到了 99.2%,再次说明本研究所确定的指标权重具有很高的稳定性,不会随样本数据的改变而发生异常波动。稳定的专利指标权重为后文的专利价值评估提供了有力的支撑。

表 3.12 指标平均值权重与确定权重线性回归结果

项目	非标准化系数		标准化系数	t	p	VIF	R^2	调整 R^2	F
	B	标准误	Beta						
常数	−0.005	0.006	—	−0.902	0.402	—	0.992	0.99	F = 709.064
平均值权重	1.046	0.039	0.996	26.628	0.000 ***	1.000			

注: *** 代表 1% 显著性水平。

3.5.4 评估应用

在前文中，本例基于熵权法从理论的角度建立了比较系统合理的专利价值评估指标体系，并计算出各指标的权重，但仍只计算到其专利的综合价值度，实质体现的是专利综合价值的概率分布情况，不能精准表达专利的市场价值或实际运营价值。为了精确预测专利价格，本书将样本组按照其综合指标值排名依次分成 20 等份，并依据样本专利市场成交真实价格计算各等分区间专利真实交易价格平均值；针对预测组专利，笔者以上文确定的指标权重计算其综合指标值，然后根据该综合指标值在样本组中进行匹配，将匹配等份的平均真实交易价格作为该预测组专利的评估价格，并检验其拟合程度。若预测组专利的综合指标值超出样本组所有专利的综合指标值，则该预测组专利被匹配为第 20 等份若预测组专利的综合指标值低于样本组所有专利的综合指标值，则该预测组专利被匹配为第 1 等份。具体计算过程如下：

对每一个待评估专利 i，先确认其在第 j 个技术指标的归属等份 k_j，再从已有交易价格的专利中挑选出对应等份的专利，并计算选中专利交易价格的平均值：

$$V_{i,j}^{peer} = \frac{\sum\limits_{s=1, s \in k_j}^{n_{ij}} V_s}{n_{ij}}$$

在上式中，$V_{i,j}^{peer}$ 为待评估专利 i 在第 j 个指标上的可比专利平均交易价格，n_{ij} 为待评估专利 i 在第 j 个技术指标上挑出的可比专利数量，V_s 为可比专利交易价格。因此待评估专利 i 的评估价格为其在所有指标上的可比专利平均交易价格的加权平均：

$$V_i = \sum_{j=1}^{n} w_j V_{i,j}^{peer} = \sum_{j=1}^{n} w_j \frac{\sum\limits_{s=1, s \in k_j}^{n_{ij}} V_s}{n_{ij}}$$

为了预测目标专利的交易价格，本书基于指标体系权重的确定，对 70 组目标专利数据进行标准化处理后，代入上述公式，得出了 70 组目标专利的预测交易价格，并将预测交易价格与专利的实际成交价格拟合成一维的线性曲线，回归结果见表 3.13。

表 3.13   线性回归分析结果

项目	非标准化系数		标准化系数	t	p	VIF	R²	调整 R²	F
	B	标准误	Beta						
常数	−42868.745	10546.984	—	−4.065	0.000 ***	—	0.798	0.795	F = 267.837
预测价格	0.832	0.051	0.893	16.363	0.000 ***	1.000			

注：*** 代表 1% 的显著性水平。

从 F 检验的结果分析可以得到，显著性 p 值在 1% 的水平下显著，模型存在显著正向线性关系，VIF 全部小于 10，因此模型也没有多重共线性问题，模型公式如下：$y = -42868.745 + 0.832X$，预测价格对实际价格的关联度达到 83.2%。从图 3.5 预测价格与实际价格拟合效果图也能看出，预测价格与实际交易情况基本相符，说明运用专利评估指标综合权重匹配法预测目标专利交易价格有效。

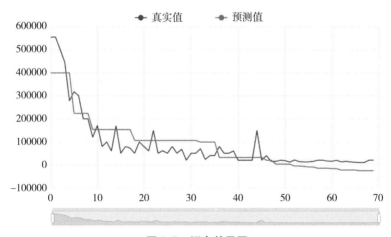

图 3.5　拟合效果图

在上述的专利价格预测中，样本的选取具有随机性，不同的样本会导致样本组和预测组专利发生变化，同时指标权重和每个综合指标值对应的专利价格平均值也将发生变化，这将对专利价值预测的稳定性产生影响。为了检验模型在不同样本下价格预测的稳定性和有效性，作者在270组样本数据中，随机不重复抽样200组为样本组，剩余70组数据组成预测组，共计重复随机抽样1000次；在每次抽样后，重新计算指标权重和专利综合指标值，并依照上文介绍的专利价格预测方法，将样本组按照其综合指标值分成20等份①，然后计算每个等份下样本组的平均真实交易价格。针对每个预测组专利，作者首先计算其综合指标值，然后根据该综合指标值在样本组中进行匹配，将匹配等份的平均真实交易价格作为该预测组专利的评估价格。为了更好地观察1000次抽样下的预测效果，作者将预测组的实际成交价格作为因变量，预测价格为自变量进行线性回归分析，并记录下每次回归分析的系数和拟合度用于统计分析，结果见表3.14。

表3.14　　　　　　　　　　　描述性统计分析

项目	样本量	最大值	最小值	平均值	标准差	25%分位数	中位数	75%分位数
Beta	1000	2.686	0.358	1.03	0.372	0.749	0.931	1.259
t	1000	43.028	4.466	13.773	5.394	9.436	12.309	17.494
p	1000	0.000 ***	0.000 ***	0.000 ***	0.000 ***	0.000 ***	0.000 ***	0.000 ***
调整 R^2	1000	0.964	0.215	0.681	0.146	0.561	0.686	0.816

注：*** 代表1%的显著性水平。

在改变样本数据后，预测价格对实际成交价格的平均回归系数为1.03，在1%水平下显著。回归系数的25%分位数和75%分位数分别为0.749和1.259，均未大幅偏离回归系数中位数。这说明通过模型预测的专利价格与实际价格情况基本相符，基于市场稀疏交易价格构建的专利价值评估模型具有很高的准确率和很好的稳定性。

---

① 本例尝试将样本组分成10等份和30等份，对预测组专利价值进行计算，并将实际成交价格对预测价格进行回归分析，其回归系数和拟合度 R^2 在定性上与分成20等份的情形非常相似。

| 第 4 章 |
知识产权质押融资

4.1 知识产权质押融资现状

4.1.1 国外发展现状

知识产权质押融资在国外的发展比国内起步更早，主要得益于发达国家在科技创新能力、知识产权保护强度、金融市场发展水平的相对优势。而在不同国家，由于在知识产权创造与保护、金融市场成熟度、政治制度与政府治理模式的差异，又衍生出市场主导模式、政府主导模式、政府和市场双轮驱动模式不同类型的知识产权质押融资模式。

美国的知识产权质押融资服务起源于质押融资过程中的增信担保机制。在发展的初期，知识产权作为抵质押物并未获得美国质押融资市场的认可，而更常见的是将其作为补充质押以达到信用增级的目的。随着美国金融市场制度的逐步完善，金融中介机构的不断丰富，金融服务水平的持续提升，尤其是私募股权基金的蓬勃发展对美国科技创新激励作用的显现，激发了金融市场开展知识产权质押融资工作的热情。美国作为知识产权大国在专利等知识产权质量的优势也为其开展知识产权质押融资提供了优渥的基础条件。美国政府在开展知识产权质押融资服务过程中主要聚焦制度环境建设，除在面向中小企业开展知识产权金融服务时由美国中小企业局（Small Business Administration，SBA）提供信用担保外，其余的知识产权质押金融业务均依赖于市场主体，美国政府并不直接介入具体业务。① 在美国，可用于质押的知识产权范围十分广泛，不仅包括了常见的专利、商标和著作权等无形资产，也接纳集成电路布图设计、植物新品种、地理标志等其他无形资产作为抵质押物。对于尚未取得的知识产权，美国采用的浮动质押制度约定将知识产权因在未来发生变化而带来的收益及其他权益自动纳入质押范围，既免去了再次登记带来的不便，还使得未来即将取得的知识产权和知识产权未来衍生收益也可作为合格的质押物。在知识产权质押融资服务流程方面，美国市场采取国际通行的登记对抗主义进行知识产权质押登记，即知识产权质押融资双方当事人在签订质押融资合同时，法律承认知识产权物权的变动在当事人之间产生效力，当需要对第三方产生效力时才需要到美国专利及商标局（USPTO）进行登记，大大简化了知识产权质押融资登记手续。②

而韩国则采取与美国截然不同的知识产权质押融资服务模式。韩国在知识产权创造与保护、金融市场服务水平上逊色于美国，因此政府在知识产权质押融资过程中起主导作用。其主要做法是通过国家成立的科学技术研究和交易服务机构提供知识产权质押融资准入、知识产权评估与交易管理服务。贷款申请企业、金融机构及中介服务机构需要获得准入资质方可申请或参与知识产权质押融资业务。在风险管理上，韩国成立专门的信用担保基金，为金融机构开展知识产权质押融资提供风险担保和代偿服务。

日本是最早开展知识产权质押融资工作的国家之一，其开展的知识产权质押融资服务可追溯至 1995 年，随后出台的《知识产权战略大纲》《知识产权推进计划》等知识产权扶持政策进一步推动了日本知识产权质押融资业务

---

① 蓝天. 知识产权质押融资模式的国际借鉴与启示 [J]. 中国农村金融, 2019, 470 (16): 89 - 91.

② 原晓惠. 中美知识产权质押融资实践比较分析及启示 [J]. 国际金融, 2020, 471 (9): 52 - 60.

的发展。在业务模式上，日本采用的是"市场 + 政府"双轮驱动的架构①，即政府设立担保机构与保险基金，为金融机构开展知识产权质押融资服务提供风险缓释，金融机构通过市场化的方式对申请企业进行审核评估，并承担部分不良贷款损失。

德国采取的多方风险分担模式与日本"市场 + 政府"双轮驱动模式有相似之处。其中，政府承担了大部分信用风险，由担保机构对较大比例的剩余风险进行缓释，商业银行承担的风险比例最小。此种模式的好处在于，既通过政府承担大部分风险激励商业银行与中介机构参与知识产权质押融资业务，又通过风险的分担要求参与各方严格做好风控管理，降低信用风险水平。而其缺点则是过度依赖财政资金扶持，给财政部门带来筹资压力。

4.1.2 国内发展现状

我国知识产权质押融资工作相对于美国、日本、德国等发达国家而言，起步晚，仍处于从发展早期向成熟期的过渡阶段。1995 年，我国实施的《中华人民共和国担保法》首次提出依法可转让的商标专用权、商标权、著作权中的财产权可用于质押。2007 年通过的《中华人民共和国物权法》，规定可以转让的注册商标专用权、专利权、著作权等知识产权中的财产权可进行质押。而《专利权质押合同登记管理暂行办法》的发布则为开展知识产权质押融资业务提供了流程指引。虽然有相关法律政策的支持，但真实参与知识产权质押融资的企业极少，由于缺乏有效的市场环境，知识产权质押融资工作初期发展缓慢。

2006 ~ 2008 年是我国知识产权质押金融工作提质增速前的孕育期。中国人民银行、国家知识产权局、各地政府及金融机构先后联合举办了多次知识产权质押融资研讨会，对 1996 年以来我国知识产权质押融资工作经验进行了总结，讨论和分析了其中存在的问题和不足，并提出应从担保物权法律体系、知识产权（许可、转让、质押）登记手续、知识产权交易市场、知识产权价值评估体系等方面建立健全知识产权质押融资所需的制度与市场环境，通过

① 初海英. 科技型中小企业知识产权质押融资问题探究［J］. 财会通讯，2018，772（8）：9 - 12，129.

试点带动形成可复制、可推广的模式。

2009 年，在国务院发布《国家知识产权战略纲要》后，国家知识产权局先后推出了三批知识产权质押融资试点单位，旨在通过试点引导各地在知识产权融资工作机制与服务架构、融资风险分担机制、资金成本补贴机制等方面进行大胆探索，形成若干可推广可复制的典型模式。三批试点共有 16 个城市（地区）参与到知识产权质押融资试点中，其中，2009 年 1 月启动的第一批试点单位包括了北京海淀区、吉林长春市、江西南昌市、湖南湘潭市、广东佛山市南海区、宁夏回族自治区；2009 年 9 月启动的第二批试点单位包括四川成都市、广东广州市、广东东莞市、江苏无锡市、浙江温州市、湖北宜昌市；2010 年 7 月批复的第三批试点单位包括上海市浦东新区、天津市、湖北省武汉市、江苏省镇江市。三批试点涉及银行 20 余家，保险、担保、知识产权交易等中介机构 30 余家。从数据上看，2008 ~ 2013 年，专利质押合同数量从 221 笔跃升至 2013 年的 5497 笔，年均复合增速高达 90%①，在三批试点的推动下，我国知识产权评估市场、知识产权交易市场等知识产权金融中介市场快速发展，涌现了以北京为代表的市场化主导下的直接融资模式，以上海为代表的政府主导下的间接融资模式，以武汉为代表的"政府推荐 + 市场参与"的混合融资模式。

自 2013 年开始，我国知识产权质押融资发展开始提速，特别是在 2016 年国务院颁布知识产权规划，鼓励有条件的地区建立知识产权保险奖补机制之后，各试点地区纷纷设立重点产业知识产权运营基金和知识产权质押融资风险补偿基金，进一步推动了质押融资的发展。② 国家知识产权局数据显示，2020 年我国专利商标质押总额首破 2000 亿元，达到了 2180 亿元，较上年增长 43.9%。2016 ~ 2020 年，我国专利商标质押金额实现超 25% 的年均复合增速。③

如图 4.1 和图 4.2 所示，我国专利质押融资额从 2007 年的 9.01 亿元到 2018 年的 885 亿元，专利商标质押总额从 2015 年的 903 亿元增长到 2020 年的 2180 亿元，年均增速达到 19.3%，体现了我国专利与商标质押融资取得

---

①③ 根据国家知识产权局网站披露数据整理。

② 孙习亮，任明. 专利技术质押融资模式案例探析［J］. 财会通讯，2021，866（6）：147 - 150.

的进步。"十三五"期间,知识产权质押融资额快速增加、不断创历史新高。同时,我国在质押方式、质押范围、融资模式方面做出了尝试与创新。2019年12月,全国首单专利、商标、著作权"三合一"混合质押融资业务在广东东莞市正式签约生效,标志着我国质押方式从单一走向混合;2019年,中国银保监会、国家知识产权局、国家版权局在加强知识产权质押融资的通知中,明确鼓励金融机构探索地理标志、植物新品种、集成电路布图设计等其他知识产权作为知识产权质押物的可行性,积极探索现有的专利、商标、著作权等之外的质押物,扩大质押范围;融资模式从最初的以政府担保为主导,到2015年国家鼓励通过保险公司、担保公司等市场化担保的形式为中小型科技企业提供知识产权质押融资,到同年12月建立风险补偿基金,实现了融资模式的创新与多元化。

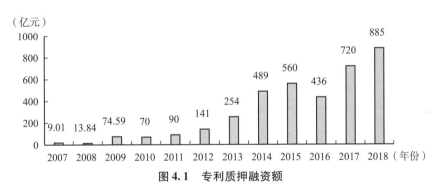

图 4.1 专利质押融资额

资料来源:根据国家知识产权局网站披露数据整理。

图 4.2 专利和商标质押融资额

资料来源:根据国家知识产权局网站披露数据整理。

在长达十几年的持续推动和发展过程中，我国知识产权质押融资业务实现了跨越式的发展，取得了阶段性的成就，形成了一批典型的经验做法。然而，我国知识产权质押融资工作仍任重道远，离完全市场化的知识产权质押融资服务仍有不小的差距，具体表现在以下几个方面。其一，我国现阶段知识产权质押融资业务过度依赖于财政资金补贴与信用增级机构提供的风险补偿，在无财政资金补贴下，由于担保、保险、风险补偿基金、知识产权评估等中介机构的介入带来的中间成本推高了实体企业的融资成本，很大程度上减弱了资金需求方对知识产权质押融资业务的积极性。其二，金融机构对知识产权的鉴定与判断能力不强，大部分金融机构依赖于第三方信用担保机构为知识产权质押融资业务提供风险补偿，自身对知识产权价值与风险无法作出科学判断，技术领域的风控能力不足，导致"产品响亮，业务哑火"的现象时有出现，金融机构开展知识产权质押融资业务的动力受限。其三，知识产权中介服务质量不高是开展知识产权质押融资服务的重要瓶颈，主要表现为知识产权评估难和处置难。一方面，知识产权评估过度依赖专家主观判断，尚无广受市场认可的科学评估方法、评估规范与评估流程，导致知识产权评估价值因人而异，因机构而异，因参数而异，评估结果范围区间过大，可信度低；另一方面，在发生信用违约的情形下，知识产权作为抵债资产在保全和处置上难度大，知识产权交易市场流动性差导致知识产权处置变现难，知识产权价值波动大对不良贷款的转让价格有负面的影响，造成金融机构本金回收率不高进一步降低了银行开展知识产权质押融资的积极性。其四，知识产权保护强度不够不利于知识产权质押融资业务的开展。我国现阶段知识产权总量增长迅速，但在知识产权质量上仍与美国等西方发达国家有一定的差距。一些企业为满足"高新技术企业""专精特新企业"认定条件，通过转让、交易等各种渠道获取廉价、低质量的知识产权，拉升了市场对低质量知识产权的供给，一定程度上扰乱了知识产权市场秩序；"专利流氓"等现象对知识产权的价值也产生了一定的负面影响，进而降低了金融机构开展知识产权质押融资业务的意愿。

4.2 知识产权质押融资的流程

知识产权质押融资流程可按照时间顺序分为贷前、贷中和贷后三个阶段。贷前阶段是指贷款申请材料准备及基础资料核查阶段;贷中阶段指金融机构对贷款申请材料的审核、授信及质押合同和贷款合同签订的时间段;贷后阶段是指金融机构向贷款人拨付资金后的监督、管理以及信用违约后的质押资产处置阶段。具体质押融资流程如图 4.3 所示。

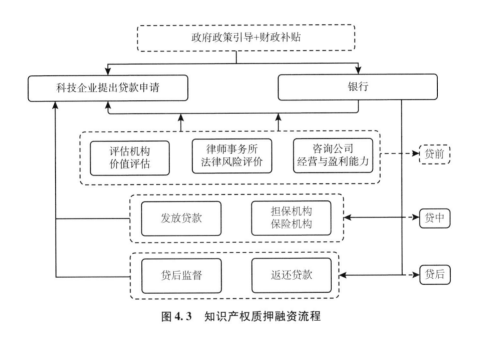

图 4.3 知识产权质押融资流程

4.2.1 质押贷款前

质押贷款前的工作主要是准备知识产权质押贷款申请所需要的各项文件和基础材料,并请第三方中介机构开展尽职调查,出具调查报告。具体流程包括:贷款人准备贷款申请所需的基础材料,再由知识产权价值评估机构、律师事务所等中介机构对贷款企业提供的知识产权进行价值评估和风险评价,并发表第三方独立意见。具体可分为以下三个步骤：

1. 贷款人向银行提交知识产权质押贷款申请材料

企业在申请知识产权质押贷款时，需填写贷款申请书，并准备好知识产权权属证明及相关检索信息、公司注册登记证明、近期财务报告、资产评估报告、营业执照副本等材料，向银行提出贷款申请。金融机构根据企业提供的申请材料，根据贷款主体准入标准和质押物准入标准，对贷款申请人进行初步筛选。一般而言，贷款申请人需具备良好的履约能力，经营情况良好且盈利能力强；在质押物方面，发明专利、实用新型专利组合，商标和著作权通常被认定为合格的质押物予以准入，而外观专利、地理标志则一般不予准入。

2. 由专业评估机构对企业知识产权价值进行评估

一般而言，企业更倾向于从技术和市场的角度对知识产权价值进行估值，而缺乏对知识产权潜在的风险及商业前景的关注；金融机构则更加关注知识产权价值实现的可能性及其必备条件，十分关注知识产权的法律风险，而对知识产权本身的技术水平和创新程度并不太重视。因此，企业和金融机构自身对知识产权的价值往往存在分歧，企业容易高估知识产权价值，而金融机构则往往低估了知识产权价值。在此情形下，当事人通常请具有资质且双方认可的第三方资产评估机构从技术维度、法律维度、市场维度和商业维度对知识产权进行价值评估，为后期贷款金额的确定提供依据。

3. 律师事务所对企业的知识产权权属、侵权等进行核查

知识产权作为无形资产，其管理和核查难度更大，一般需聘请律师事务所对其合法性和有效性开展调查，以确定拟质押知识产权的法律风险。调查内容主要包括知识产权的权属是否清晰，有效性及有效期限情况，是否涉及侵权纠纷及其处理结果，以及知识产权质押贷款业务发生所在地知识产权保护程度及知识产权交易市场发展水平等。

4.2.2 质押贷款中

质押贷款中的工作主要是贷款审批授信、质押登记及合同签订。具体流

程包括：金融机构对申请人提交的材料进行审核评估，并结合资产评估机构、律师事务所出具的独立意见对贷款申请进行审批；如贷款申请获得批准，在双方就贷款金额、利率及还款期限等条款达成一致后签署贷款合同和质押合同，如有第三方增信机构介入，则需签订增信合同；在贷款合同生效后，金融机构向贷款人拨付资金并同时进行知识产权质押登记。具体步骤如下：

1. 银行对企业提交的资料评估结果进行审核

金融机构根据贷款申请主体经营及信用情况，结合质押知识产权法律风险情况，对贷款申请进行审批，如贷款申请获得批准，则进一步对贷款金额及贷款利率进行明确。在确定贷款金额时，通常根据第三方评估机构给出的评估价值，再综合考虑知识产权法律风险及其权利在贷款期限内可能发生的不利变化，设定合意的质押率，通常在 50% 左右，低于不动产等实物资产的质押率。贷款利率的确定需根据贷款企业本身的信用情况，在金融机构的存量贷款及衍生业务对金融机构利润的贡献，是否属于小微企业，信用违约后质押资产的处置难度等，综合评定贷款利率。

2. 贷款获得批准后，签订质押合同和贷款合同

在贷款申请人与金融机构就贷款金额、贷款利率、贷款期限、质押物范围达成一致后，双方签订知识产权质押合同和借款合同，如有第三方担保机构提供担保或者保险公司提供知识产权质押保险，则需额外签订担保合同或保险合同。知识产权质押合同是知识产权质押登记的依据。

3. 贷款发放与知识产权质押登记

在借款合同生效后，金融机构根据合同约定将资金拨付给贷款申请企业，并依据已签订的知识产权质押登记合同，双方持相关证件到知识产权登记机构履行质押登记手续，专利权质押登记时间一般不超过 7 个工作日。

4.2.3 质押贷款后

质押贷款后的主要工作是贷后的风险管理及发生信用违约时的风险处置。首先，金融机构应对贷款金额的使用进行跟踪和监督，确保贷款资金按照借款合同约定的用途进行合理使用，杜绝资金被转移或使用不当的情形；其次，金融机构通常每季度需对贷款申请主体的资产和负债情况、经营情况以及知识产权权利变化情况进行查询，如发现贷款风险，则需采取增加抵质押物或提前还款等管理措施，以达到化解贷款风险的目的；最后，如贷款企业在借款合同到期时不能偿还本息，则需对知识产权进行保全和处置，以弥补贷款损失。

4.3　知识产权质押融资的风险

现有研究表明，知识产权质押融资风险既来自质押知识产权本身（尹夏楠等，2016[①]；章洁倩，2013[②]；南星恒等，2019[③]），又与知识产权质押融资业务流程息息相关，其风险涉及的主体包括贷款企业、银行、律师事务所、资产评估机构、担保公司、保险公司、风险补偿基金甚至于财政部门等。笔者从质押物风险、融资服务风险、利益相关主体风险三个维度建立分析框架，将知识产权质押融资风险分成评估风险、法律风险、质押融资信用风险、处置风险和商业化运用风险五个类型，具体内容如下。

4.3.1　知识产权价值评估风险

首先，从知识产权价值评估的理论与实践来看，知识产权价值评估缺乏一套统一的、市场认可的评估方法和评估标准。以专利评估为例，专利价值与其商业化转化所需的技术、设备、人才、资金、市场密切相关，任何一种因素的变化都将对专利的价值产生重大影响。专利的价值还与其权属风险紧密关联，实践中因专利侵权既有被裁定专利无效的，也有判罚停止侵权行为，

① 尹夏楠，鲍新中，朱莲美. 基于融资主体视角的知识产权质押融资风险评价研究 [J]. 科技管理研究，2016，36（12）：125 - 129.
② 章洁倩. 科技型中小企业知识产权质押融资风险管理：基于银行角度 [J]. 科学管理研究，2013，31（2）：98 - 101.
③ 南星恒，田静. 知识产权质押融资风险分散路径 [J]. 科技管理研究，2020，40（4）：206 - 211.

并赔偿权利人损失的，不同类型法院判决对专利价值的影响截然相反。其次，我国专利交易市场的发展水平不高，各地政府设立的知识产权交易场所交易量不多，民间知识产权交易场所经营不规范，违规交易风险高，而各地试点的知识产权运营机构交易信息披露机制不完善，信息不透明，与我国相对成熟的证券与期货交易场所相比，知识产权市场化的价格形成机制尚未建立，无法为知识产权价值评估提供有效的参考信息。

在实践中，知识产权质押融资当事人依赖于第三方资产评估机构对质押知识产权的价值进行评估。我国财政部于 2017 年 11 月发布了《关于做好资产评估机构备案管理工作的通知》，明确地方财政部门要做好资产评估机构及其分支机构的备案工作，评估机构备案制正式实施。2016 年 7 月 2 日经第十二届全国人民代表大会常务委员会第二十一次会议通过的《中华人民共和国资产评估法》第四章对评估程序进行了规定，明确评估人员应当根据评估业务具体情况，对评估对象开展现场调查，收集权属证明、财务会计信息和其他资料，并进行核查验证、分析整理，一般应当选择两种以上评估方法，经综合分析后形成评估结论。资产评估法还要求评估机构对评估报告进行内部审核。虽然国家从立法上对评估机构与评估程序进行了规定，然而对评估的程序并未出台细则和指导意见，评估机构根据其对法规的理解进行自我规范，评估质量难以得到保证。在知识产权评估业务实际操作中，一些资产评估机构并未履行现场调查程序、使用不合理的评估假设，对评估企业的生产经营条件、营业收入与成本的可预测性并未开展分析工作，评估结果依赖评估人主观臆断，且对评估报告的内部审核缺失，评估结论存在瑕疵，可信度低。

此外，贷款申请企业与银行在判断知识产权价值时由于动机不同存在无法避免的矛盾，企业更多地考虑该知识产权的研发成本与技术价值，金融机构则更加关注知识产权法律风险及商业与市场风险，企业对知识产权价值的预期一般高于金融机构的预期。而知识产权评估机构在面对此类"冲突"时，考虑到与金融机构的长期合作关系[①]，通常选择站在金融机构的立场对知识产权进行评估。这样的立场还可以带来两个好处：一是在未来知识产权价值因政策、技术与市场变化发生贬损时，能够降低评估风险；二是在知识

---

① 一般而言，资产评估机构与中小企业的合作并不是持续性的。

产权质押融资中，一些金融机构要求知识产权评估机构承担一定的风险损失，谨慎的评估立场能够降低知识产权评估机构的风险承担。

4.3.2 知识产权法律风险

知识产权的发明人及权利人通常涉及多个主体，在贷款申请人与银行签订知识产权质押合同时，若未征得其他权利人的同意，则容易引起利益纠纷，诱发权属风险。例如，一些科技型中小企业由于自身研发人才的不足，通常选择与高校合作研发，对研发形成的专利享有共同产权，若企业在申请知识产权质押贷款时未征得共同权利人的书面同意，则将对质押合同的法律效力产生显著的影响。此外，在开展知识产权质押融资业务时，银行还面临企业将知识产权向第三方质押、授权许可的情形。如企业在申请质押贷款时已将知识产权质押给第三方，则金融机构作为债权人将丧失对该知识产权的优先受偿权，而对第三方的许可使用可能对未来知识产权的价值造成一定的影响，增加了金融机构的违约损失率。除了以上情形，还可能存在企业知识产权被恶意侵权的情形，若企业因证据不充分等原因在侵权纠纷中败诉，无法责令对方停止侵权行为，则知识产权的价值将因侵权行为而贬损，造成质押价值明显减少，甚至低于债权价值的风险。在实践中，知识产权质押业务发生地的知识产权保护水平与知识产权质押的法律风险密切相关，提升知识产权保护水平能够有效地降低知识产权带来的法律风险，更有利于金融机构开展知识产权质押融资业务。

知识产权法律风险不仅与金融机构有关，律师事务所在对知识产权的权属风险、有效性与侵权纠纷进行核查时，也需出具独立的意见并承担核查不实的风险。若企业对知识产权的相关风险有所隐瞒且律师事务所未查明核实，则后者将承担由此带来的经济损失。

4.3.3 知识产权质押融资信用风险

知识产权质押融资的信用风险来源于贷款申请企业、金融机构、信用增级机构等多个方面。贷款申请企业因外部经济环境或自身经营不善导致的盈利能力恶化，以至于不能按期、足额偿还贷款是知识产权质押融资信用风险的主要来源。知识产权质押融资申请主体通常为科技型中小企业，其盈利能力相对食品、饮料等日用消费企业受经济周期的影响更大，当经济紧缩时，贷款申请企业需求下滑导致盈利情况恶化，增加了贷款不能如期偿还的概率；科技型中小企业还具有研发强度大、产出不确定性高的特点，一旦企业大量的前期研发投入与产出失衡，或关键研发项目失败，企业经营的可持续性将遭受致命的打击，导致其无法偿还债务。

除了贷款企业自身的因素，金融机构与信用增级机构也对知识产权质押融资的信用风险有一定的影响。例如，金融机构业务人员对相关技术领域不熟悉，业务流程不规范等因素会增加知识产权质押融资业务的信用风险。担保公司与保险公司等信用增级机构在知识产权领域的业务能力也将一定程度与知识产权质押融资业务的信用风险密切相关，如果信用增级机构仅依赖于反担保措施，对贷款申请主体及知识产权无鉴定能力，则会增加融资业务的信用风险。

4.3.4 知识产权处置风险

知识产权的价值一定程度上取决于其市场化转化能力，对相关技术、人才、资金、设备和原料有很高的要求，而银行等金融机构的业务能力局限于提供金融服务，对技术领域的开发与应用并不熟悉，在知识产权管理上并不十分专业，因此在出现信用违约情形时，通常选择委托第三方对知识产权进行处置。

若选择知识产权交易机构或知识产权运营机构对知识产权进行处置，则需要额外承担知识产权转让费、税费、登记费等成本。[①] 而且，我国当前的知识产权交易市场并不发达，不少地区仍然没有设立规范的知识产权交易场所，已开设的交易场所成交量普遍不大，知识产权供给和需求失衡，供给侧的交易需求量大，而需求侧的交易需求小，供需的失衡导致从挂牌到成交所需时间长、成交率低，更加不利于金融机构对质押知识产权的处置。

此外，对于房屋、土地、股权、交通工具等质押财产的处置，银行通常以公开招标的方式引入第三方资产管理公司，通过将相关资产打包出售的形

---

① 张珂. 论中小企业专利权质押融资法律风险的防范［J］. 企业经济，2014（9）：184－188.

式进行处理。而我国现有的资产管理公司对知识产权等无形资产管理并不熟悉，在知识产权处置上相比银行并无优势，因此加剧了银行对知识产权的处置风险。

4.3.5　知识产权商业化运用风险

贷款申请企业在运用知识产权进行生产和运营时，可能因侵权纠纷产生商业风险，进而影响企业到期还款能力。以专利运用为例，一些企业只注重在某个设备或某条生产线上申请专利保护，而忽视了专利的全方位布局，容易被其他竞争者规避，从而导致该专利的价值受到负面影响。此外，企业在运用知识产权进行生产时，还可能因忽视了对从供应商所采购零部件的知识产权管理，由此诱发的侵权风险将影响企业自有知识产权的商业化运用。例如，供应商通过购买原材料，按照企业的要求进行零部件的配套生产，而由于生产成本与运输成本等原因，企业通常会更换零部件配套生产企业，并将原供应商的技术无偿提供给后替换的供应商，而没有尽到对原供应商知识产权的保护责任，由此给企业带来了知识产权侵权责任风险。

4.4　知识产权质押融资的典型模式介绍

4.4.1　国外知识产权质押贷款典型融资模式

1. 美国：市场主导模式

美国是市场经济的倡导者和实践者，其金融市场与知识产权交易市场由资本主导，服务模式的盈利可持续性是优胜劣汰的主要标准，因而在开展知识产权质押融资工作中以市场主导模式为主。此外，美国对知识产权的法律保护由来已久。早在 1789 年，美国《宪法》就对著作家和发明人对其知识产权在一定期限内的专有权进行了明确。此后，美国又制定了《专利法》《版权法》《商标法》等法律，进一步对知识产权保护进行了强化。在此基础上，在美国知识产权质押融资市场形成了政府支持下的市场化模式和完全竞争下的市场化模式，具体介绍如下。

（1）政府支持下的市场化模式（SBA 模式）。据统计，美国目前拥有中小企业 2000 多万家，在美国全部企业数量的占比超过 95%，且对美国经济和就业的贡献突出：提供的就业岗位占私营部门的 50% 以上，产值约占美国 GDP 的 50%，同时还是科技创新的重要力量，大型公司的技术创新很大部分通过向小企业购买获得。为了支持中小企业的发展，美国于 1953 年成立了专门为小企业提供服务的官方机构，即美国小企业管理局（SBA）。

SBA 主要通过提供政府信用担保直接对中小企业进行信用增级，其次通过向担保机构提供再担保服务分摊担保机构信用风险（如图 4.4 所示）。除此之外，SBA 还通过其组建的小企业投资公司（SBIC）按照风险投资的方式开展投贷联动，以"投资＋信贷"双轮驱动的方式为科技型中小企业提供资金支持。不仅如此，SBA 还下设咨询服务公司，为科技型中小企业提供生产经营、管理决策、技术、人力资源等方面的咨询和培训服务，以提高科技型中小企业的存活率，从源头上降低了 SBA 为企业提供担保带来的信用风险。SBA 模式的精髓在于不仅是简单地为科技型企业提供获取贷款所需的信用增级，同时还通过全方位的支持和服务，为科技型中小企业发展营造优渥的经

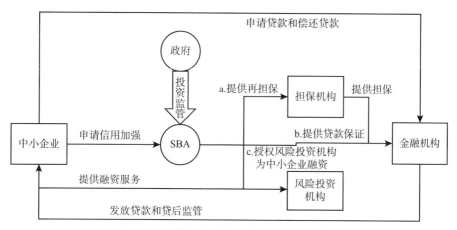

图 4.4　政府引导下的市场化（SBA）模式

营环境，形成"投入"与"产出"之间的良性循环，增强了 SBA 模式的可持续性。①

（2）完全竞争市场化模式（CIPPP 模式）。知识产权等无形资产成为合格抵押品和可融资资产的前提是其在市场的流通和变现能力，美国马赛克抵押品资产管理公司（Mosaic Collateral Asset Management，M-CAM）采用知识产权回购承诺机制（certified intellectual property purchasing price），将知识产权转变为监管可接受的无形资产抵押品，从而在银行和科技型企业搭建起连通知识产权和信用的桥梁。② M-CAM 公司还基于其对知识产权和创新大数据的人工智能分析结果，创建了创新 Alpha 美国指数（Innovation α US Index）、创新 Alpha 全球指数（Innovation α Global Index），为投资者提供独具特色的创新投资策略。

在具体操作中（如图 4.5 所示），M-CAM 公司需要对科技型企业提供的知识产权进行第三方尽职调查，并按照其评价标准对知识产权进行综合评估。对审核通过的知识产权，M-CAM 公司为以该知识产权进行贷款申请的企业提供信用担保，在企业未能按时偿还贷款时履行知识产权回购的承诺。通过知识产权回购承诺机制，M-CAM 公司将知识产权等无形资产转化为与不动产相媲美的可抵押品，解决了贷款申请企业与银行之间存在的信息不对称问题，提高了银行开展知识产权质押融资服务的意愿。与 SBA 模式不同，M-CAM 公司采用市场化的方式，利用其在知识产权评估与鉴别的能力，将符合其标准的知识产权进行信用增强，M-CAM 公司本身并不为贷款申请企业提供额外的增值服务。

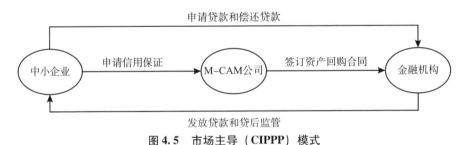

图 4.5　市场主导（CIPPP）模式

① 李林启，史佳妹. 知识产权质押融资风险补偿机制域外经验与启示［J］. 管理工程师，2020，25（5）：36－42.

② 宋光辉，田立民. 科技型中小企业知识产权质押融资模式的国内外比较研究［J］. 金融发展研究，2016（2）：50－56.

　　我国知识产权质押融资模式中的"基金 + 银行 + 担保 + 评估"的模式在一定程度上结合了 SBA 和 M-CAM 两种模式的优点,政府设立风险补偿基金为银行开展知识产权质押贷款提供风险补偿,同时评估机构利用其在知识产权领域的专业特长,在知识产权准入上把关,并承诺分担部分信用风险。在服务模式上,SBA 为中小企业提供融资和咨询等全方位的服务,我国在实践中将中小企业一般性服务和融资服务进行分开管理,与 SBA 模式有所不同。

　　2. 日本:半市场化模式

　　日本采用两级信用分担知识产权质押融资模式为科技型中小企业提供融资服务。在该模式中,政府设立两级信用担保体系与银行等市场化金融机构共同分担风险(如图 4.6 所示),因此该模式属于半市场化模式。日本所采用的两级信用分担体系源自其在 20 世纪 50 年代颁布的《小企业信用保险法》《中小企业信用保证协会法》《中小企业信用保险公库法》及其在 1960 年通过的《中小企业基本法》,该体系由政府设立的信用保证协会为科技型中小企业申请知识产权质押贷款提供信用担保,通常担保比例为 70% 左右,剩余30% 的信用风险由银行承担。信用保证协会一般为地方性担保组织,其资金一部分来自地方政府、民间组织、企业和金融机构捐赠,其余部分从信用保险公库和地方财政以低息借入,其资金来源的性质决定了信用保协会以非营利性为目的,其担保费率低,且不能超过法定的基本费率上限。

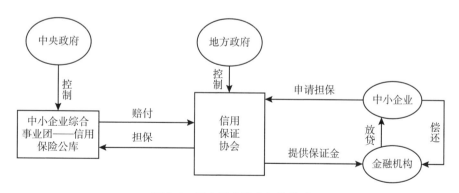

图 4.6　日本政府半市场化模式

　　小企业信用保险公库由中央财政出资设立,为地方信用保证协会提供再担保服务，其功能与我国实践中采用的风险资金池模式类似，一旦出现清偿风险，则由信用保险公库赔付信用保险协会 70% 左右的保险金，信用保险协会只需要承担剩余的 30% 左右的连带保证责任。由中央和地方两级政府建立的信用担保体系与银行共同分担科技型中小企业知识产权质押贷款的信用风险，既发挥了以银行为主的市场资源配置作用，又体现了政府的引导和风险保障作用。

3. 韩国：政府主导型模式

与美国和日本采用的模式不同，韩国的知识产权质押融资完全是由政府主导的（如图 4.7 所示）。为了解决银行在开展知识产权质押融资业务时面临的知识产权价值评估难和知识产权贷后处置难的问题，韩国政府以韩国产业资源部下属的韩国技术交易所（KTTC）为知识产权质押融资公共服务平台，通过 KTTC 对金融机构、担保机构和贷款申请企业进行核准，并将企业质押的知识产权纳入交易所管理，负责对知识产权进行处置。在知识产权价值评估上，韩国政府指定位于首尔市的韩国科学技术研究院对知识产权进行评估。该研究院成立于 1966 年，主要负责开发创新性和原创性技术，熟悉韩

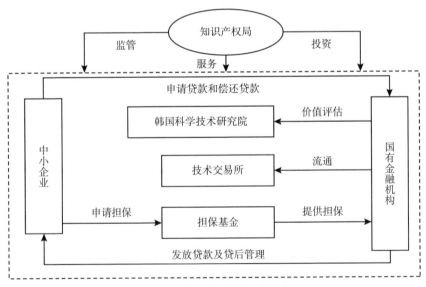

图 4.7 韩国政府主导型模式

国前沿产业领域关键技术，对韩国企业所有的知识产权评估更为科学合理。此外，韩国政府还成立了科技担保基金，为申请知识产权质押融资的企业提供信用担保，有效地分担了银行在知识产权质押融资服务中承担的信用风险。

4. 德国：多级风险分摊模式

与日本采用的半市场化方式类似，德国建立了"联邦政府担保＋州政府担保＋担保银行"三级风险分摊体系。其中，担保银行是德国为了解决中小企业融资难的问题在十六个州设立的法人担保机构。在贷款申请流程上，一般先由企业以知识产权为质押向商业银行提交贷款申请，如果企业达不到商业银行授信审批条件，则由银行代企业向担保银行提交担保申请，审核通过后由担保银行承担80%的信用风险。在担保银行承担的信用风险中，由联邦政府承担48%，州政府承担32%，担保银行承担20%。实际上，担保银行最终承担的风险只是贷款金额的16%。

德国模式既充分发挥了商业银行和担保银行的市场资源配置作用，又通过两级政府的财政支持放大了市场资金的杠杆作用。此外，德国联邦政府和州政府并不收取任何的担保费用，有效地降低了企业的融资成本。

4.4.2 国内知识产权质押贷款融资模式

1. 根据知识产权质押的对象不同分类

知识产权质押融资主要包括直接质押融资、间接质押融资和混合质押融资方式。直接质押融资是企业将知识产权直接出质给以银行为主导方组成的合作机构，由合作机构通过市场化的方式进行贷款申请审核，并共同承担风险损失的质押融资模式；间接质押融资是企业将知识产权出质给担保公司、保险公司等第三方机构，由第三方机构作为主导方对申请知识产权质押贷款的企业及其知识产权进行审核和评估，并承担绝大部分信用风险，银行作为贷款资金提供方处于被动地位；混合质押融资是指由担保公司、评估公司等第三方机构与银行共同承担信用风险，各自对知识产权质押贷款申请企业的进行审核，并以股权、应收账款等其他无形资产作为辅助质押品的知识产权质押融资模式。

（1）直接质押融资模式。直接质押融资模式（如图4.8所示）是指科技型企业以市场化的方式直接以知识产权作为质押物从金融机构获取贷款的融资方式。在该模式下，银行为市场创新的主体，担保机构、保险机构、评估机构、交易平台、律师事务所等中介机构为合作机构共同参与，共担风险。在流程上，先由科技型企业向银行提出贷款申请，后由银行委托第三方评估机构和律师事务所对贷款企业进行贷前评估调查和知识产权价值评估，由评估机构承担知识产权价值高估的风险，律师事务所承担由隐藏的知识产权法律纠纷带来的损失。如企业自身条件达不到银行授信审批条件时，贷款申请企业还需向担保机构提出担保申请。该模式下，一旦发生坏账损失，则由银行和合作中介机构共同承担贷款本金和利息损失，因此合作机构对贷款申请企业的经营情况和还款能力有较高的要求，小微企业由于规模较小，成长确定性低常被排除在外。

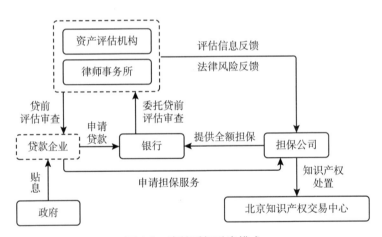

图4.8　直接质押融资模式

北京市通过提供政府贴息，引入北京知识产权交易中心搭建知识产权质押贷款政府公共服务平台，引导金融机构积极参与提供知识产权质押融资服务，是该模式的首批践行者。在政府的引导下，交通银行北京分行针对专利权和商标权质押推出了"展业通"，针对著作权质押推出了"文化创意产业版权担保贷款"。随后，交通银行深圳分行和江苏省分行纷纷效仿，分别推出了"科创先锋贷"和"科创金融贷"产品。交通银行通过建立专业团队、专属产品、专项政策、专门风控"四专"机制创新科技企业金融服务模式，带来了积极的社会示范效应。北京银行则针对具有知识产权的小微企业，创新推出了知识产权质押贷款专属产品——"智权贷"，并在实践中先后多次对该产品办法进行了修订；针对文化创意类企业，以版权为核心质押物推出"创意贷"；针对软件类企业推出"软件贷"，针对前沿科技企业推出"前沿科技贷"，与"智权贷"有机结合，互为补充。截至 2019 年，北京银行知识产权质押融资产品"智权贷"累计发放贷款近 60 亿元，共计 900 余笔。北京银行中关村分行还与国家知识产权局专利局审协北京中心开展合作，借鉴美国 SBA 模式，通过知识产权孵化、投贷联动等措施为科技型企业提供增值服务。

（2）间接质押融资模式。间接质押融资模式（如图 4.9 所示）是一种依赖于担保公司等第三方中介机构开展的质押融资业务，在我国常见以政府主导设立的担保公司设定准入标准，对客户进行选择和知识产权价值认定，并承担本由银行负责的知识产权评估、质押办理、质押处理与变现等手续，常以一家担保机构和多家银行合作的"1 + N"形式开展业务。该模式典型的代表有上海浦东新区科技融资担保间接质押融资模式，又称为"上海模式"。上海浦东科技融资担保有限公司是一家专业为科技型中小微企业提供融资担保及相关咨询服务的国有融资担保机构。该公司由上海国资委下属的上海科技创业投资有限公司（上海科创投集团）和浦东国资委下属的上海浦东科创集团有限公司共同出资组建，其前身为浦东科委下属的浦东生产力促进中心的科技融资担保平台。在该模式下，浦东知识产权中心为知识产权质押业务办理质押登记，并指导成立浦东知识产权融资促进会，对科技企业提供的知识产权出具推荐意见。浦东新区每年安排 2000 万元设立知识产权质押融资风险补偿专项资金池，为浦东科技融资担保有限公司提供担保金，并由上海市担保中心提供再担保以分担浦东科技融资担保公司承担的信用风险。①

在流程上，由浦东科技融资担保公司担保客户经理与风控经理负责完成知识产权质押融资项目的调查报告，在报审会审批通过后由浦东科技融资担保公司根据自身评判标准对客户知识产权进行价值认定，并向合作银行出具

---

① 张诚. 我国知识产权质押融资的主要模式及启示 [J]. 时代金融，2017 (17)：34 - 35, 41.

担保意向函，明确担保额度。在项目获银行快速审批通过后，由浦东科技担保公司负责办理知识产权质押手续，并通知银行放款。

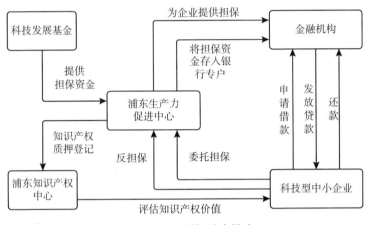

图 4.9　间接质押融资模式

浦东科技担保公司是该融资模式的核心和中枢，客户对象的选择与准入标准均由浦东科技担保公司制定。由于不需要第三方评估机构的介入，贷款手续简便、标准化程度高。在政府贴息的支持下，企业融资利率并没有因引入第三方担保机构而发生显著上升的现象。2021 年，浦东科技担保公司与上海 20 余家银行合作推出了"知识产权快易贷"产品，当年落地知识产权融资业务 22 笔，为企业解决了融资需求 8000 万元。[①] 在该模式下，政府及其下设机构承担了绝大部分的信用风险，对银行机构知识产权质押融资业务的专业能力要求不高，适用于知识产权市场不发达、中介服务水平不高、银行知识产权金融业务能力欠缺的地区开展知识产权质押融资探索。

（3）混合质押融资模式。一般情况下，直接质押融资模式依赖于当地经济与金融发展水平，间接质押融资模式则取决于当地知识产权中介服务水平，而在经济与金融发展水平有限、知识产权中介服务水平达不到质押融资工作要求的地区，则通常采取混合质押融资模式。混合质押融资模式（如图 4.10所示）是直接质押融资与间接质押融资两种模式的组合，既鼓励银行以市场

---

① 上海市知识产权局，等．2021 年上海知识产权质押融资工作十大典型案例［R］．2022.

化的方式直接开展知识产权质押融资，同时引导市场中介机构与政府下设的担保公司合作开展间接知识产权质押融资。

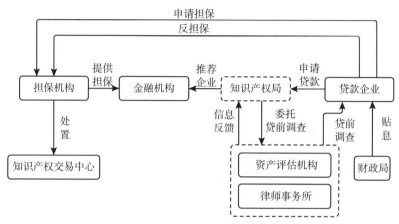

图 4.10　混合质押融资模式

该模式的典型代表为武汉市知识产权局与财政部门合力推出的"服务型政府＋多维合作"混合融资模式（简称"武汉模式"）。在武汉模式下，武汉知识产权局、财政部门、市场化中介机构发挥三方合作的优势，武汉知识产权局负责对企业知识产权质押融资申请进行立项、审核和评估，财政部门提供资金对审核通过的贷款项目进行贴息支持，第三方中介机构提供配套中介服务。其中，资产评估机构、律师事务所等中介机构受武汉知识产权局的委托对申报企业及其所质押的知识产权进行贷前调查，武汉知识产权交易中心负责知识产权的贷后处置工作，武汉科技担保公司提供知识产权质押融资担保服务。2021 年，武汉市专利质押次数达 837 次，质押金额达 16.43 亿元，同比增长 29.37％；商标质押次数达 376 次，质押金额达 3.47 亿元，同比增长 126.80％，有效盘活了企业无形资产，促进了知识产权资本化和商品化，为经济发展注入了新动能。①

---

　　①　武汉市市场监督管理局．"服务型政府＋多维模式"跑出质押融资加速度［EB/OL］．https：//baijiahao. baidu. com/s？id＝1756916919990435721&wfr＝spider&for＝pc，2023－02－05.

2. 根据风险缓释机构划分

彭绘羽等（2020）[①] 从风险缓释机构的角度，对国内市场现有的质押融资模式进行分类，并列举了不同类别下具有代表性的质押融资产品。笔者认为，按照风险缓释机构的类型与数量，可将质押融资分为单一风险缓释模式与集合风险缓释模式，具体类型介绍如下。

（1）单一风险缓释模式。单一风险缓释模式是指由单一机构为知识产权质押融资提供代偿服务的融资方式，该模式通过风险缓释降低了银行等贷款机构的信用风险，提高了金融机构开展知识产权质押融资业务的积极性。风险缓释机构有担保公司和保险公司两种类型。担保公司与贷款申请企业签订《委托保证合同》，与金融机构签订《保证合同》，为贷款企业按期还款提供责任保证并收取担保费。一般情况下，担保公司还要求贷款企业相关利益方与其签订无限连带责任保证承诺书，以此反担保措施降低担保公司向贷款企业的求偿风险。

担保风险缓释模式也成为上市公司融资渠道之一。2023 年 6 月，上交所科创板上市公司统联精密发布公告称，该公司以其名下有权处分的一项专利作为质押物，向深圳市高新投小贷公司申请 5000 万元融资授信额度，用于补充公司日常运营所需流动资金。深圳高新投融资担保有限公司为该公司申请上述授信额度提供连带责任保证担保，同时公司控股股东、实控人杨虎及其配偶对高新投融资担保为该公司上述融资提供的担保进行反担保。

同时，上海、杭州等地探索通过保险公司提供的知识产权质押融资保证保险为企业申请知识产权质押融资提供增信服务，由贷款企业向保险机构购买知识产权质押融资保证保险，一旦出现企业违约情形，保险公司则按照约定比例承担坏账风险并负责处置质押的知识产权，有效地推动了科技型中小企业获得银行贷款资金支持。如，2023 年初，杭州联合银行萧山支行与中国人保合作，向一家从事液压控制设备和系统研发的科技企业发放了 100 万元的杭州市首笔知识产权质押融资保证保险贷款。

担保与保险机构通过风险分担的形式缓释了银行等贷款机构在开展知识

---

① 彭绘羽，胡伟，刘思其，等. 我国知识产权质押融资模式及案例浅析［J］. 中国发明与专利，2020，17（8）：79-86.

产权质押融资业务中产生的信用风险，促进了知识产权质押融资业务的发展，但一定程度上因担保费用和保险费用增加了企业的融资成本。因而在一些试点地区，政府财政部门通过提供担保费和保险费补贴的形式，降低企业的资金成本，但也在一定程度上增加了地方财政资金压力。

（2）风险补偿资金池模式。知识产权质押融资风险补偿资金池又称知识产权质押融资风险补偿基金，一般由中央和地方财政共同出资设立，以地方财政为主要出资方，用于补偿银行在开展知识产权质押融资业务时发生的部分风险损失，以此鼓励和引导银行业金融机构加大对科技型企业的信贷支持力度。风险补偿基金通常要求合作银行按照约定，提供不低于风险补偿基金10 倍额度的贷款资金，并对贷款利率设定上限，在确保对科技型企业信贷支持力度的同时有效控制其融资成本。在风险分担比例上，风险补偿基金一般承担不低于 50% 的贷款本金损失，剩余部分由银行承担。在实践中，风险补偿基金通常在各合作银行开设基金专户，并存入风险补偿资金，对合作银行的贷款损失补偿以专户中风险补偿资金余额为限。

在贷款流程上，纳入风险补偿基金的贷款项目一般采用"双审核"制度，即先由贷款申请企业向基金管理人提交申报材料，在基金管理人核实通过后纳入风险补偿基金贷款企业库，后通过基金管理人推荐和企业自主选择结合的方式确定合作银行，银行内部贷款审批通过后与企业、基金管理人签订三方合作协议。2022 年 3 月，中国银行广东省分行联合广州知识产权交易中心推出了"中银广知贷"融资服务方案，由政府风险补偿基金提供风险分担，依托交易价格破解估值难题，为科创企业技术创新与成果转化提供资金支持。

（3）风险补偿基金 + 担保模式。在知识产权间接质押融资业务方式下，企业将知识产权出质给担保机构而非银行，由专业的担保机构为企业融资提供担保，企业以知识产权作为反担保来获得银行融资服务。在此情形下，若经担保公司担保的知识产权质押融资项目发生损失，则先由担保公司向银行代偿，后由担保公司向风险补偿基金提出申请，基金按照约定的比例补偿担保公司的部分本金损失，剩余损失由担保公司自行承担。2022 年 12 月，广州开发区知识产权局、黄埔区版权局联合印发了《广州市黄埔区广州开发区知识产权（专利、商标、版权）质押融资风险补偿资金池管理和运营工作方案》，明确了对已纳入广州市知识产权质押融资风险补偿基金的担保质押融资项目，风险补偿基金在担保公司先行代偿后向其补偿25%的本金损失。此外，天津市采用"基金＋银行＋担保＋评估"的合作模式，将评估机构纳入知识产权质押融资服务体系，若企业无法如期偿还贷款，则由评估机构按照担保机构代偿额的一定比例（10%～30%）补偿担保公司，并承诺对知识产权进行回购与处置变现，进一步降低了由知识产权误定价导致的担保公司代偿风险。

（4）风险补偿基金＋保险模式。除担保服务外，知识产权质押融资保证保险也是知识产权质押融资经常采用的融资增信方式，保险公司围绕企业融资需求提供保险担保服务，合作银行凭借保险机构出具的保单对企业发放贷款，一旦发生贷款损失，保险公司按照保险合同约定比例承担坏账风险。引入保险担保服务减轻了风险补偿基金的代偿压力，间接提高了财政资金撬动银行资金的杠杆，经过多年的探索与实践，逐渐形成了"基金＋银行＋保险"和"基金＋银行＋保险＋评估"两种成熟模式。在"基金＋银行＋保险"模式中，由风险补偿基金、银行和保险机构共同分担风险，如上海市奉贤区采取风险补偿基金、保险公司、银行各方按照30∶60∶10的比例进行风险分担。"基金＋银行＋保险＋评估"模式将评估机构纳入风险分担体系，不仅降低了风险补偿基金的风险承担水平，还有利于形成对评估机构的约束机制，加强评估机构对知识产权评估环节的把控，进一步降低了质押融资风险。如，中山市财政出资3000万元，与中央财政出资的1000万元配套，设立了中山市科技企业知识产权质押融资贷款风险补偿资金，并采用"基金＋银行＋保险＋评估"的模式，将补偿资金的风险分担比例降至26%，保险机构和评估机构共同承担20%的风险损失，既降低了政府财政资金风险，释放了更多的信贷资金，同时又强化了知识产权评估环节的风险控制，缓解了银行与保险机构面对知识产权质押融资时专业度不够的问题。[①]

4.4.3　国内知识产权质押贷款融资典型案例

1. "地理标志"质押赋能乡村振兴[②]

部分小微"三农"企业有贷款需求但缺乏有效担保资产和能力、自有商

---

①《中山市科技企业知识产权质押融资贷款风险补偿办法（征求意见稿）》。
② 上海市知识产权局，等.2021年上海知识产权质押融资工作十大典型案例［R］.2022.

标但品牌影响力不够，因而导致融资困难。"地理标志"质押赋能商标价值的金融服务创新是银行紧密结合知识产权和乡村振兴两大战略，推进"知产＋三农＋金融"稳步发展的一次新的探索。

2021 年 9 月，"南汇水蜜桃"成为上海市唯一一个入选首批国家地理标志产品保护示范区的地理标志。上海农商银行得知该消息的第一时间就联想到了相关合作社的融资需求，并计划以此为试点，开启"地理标志"在金融领域的"新功能"。

与本地大多数合作社一样，上海 X 果蔬专业合作社自成立初期就与上海农商银行建立了合作关系。经过 15 年的发展，已有一定口碑的 X 希望借着好势头扩大市场，但苦于资金有限，向上海农商银行提出了增加授信需求。前期沟通中，上海农商银行始终毫无抓手，但在商讨中发现合作社是地理标志"南汇水蜜桃"的种植、销售主要单位之一，且自有注册商标。但实际上，在早期探索中，该行就已意识到"地理标志"不同于一般商标，其权属基本为研究所、协会等特殊法人，质押困难；且因其不可分割的地理属性，难以处置；加之权属人不具营利性质、无须贷款，真正需要融资的中小微合作社或者该农业协会内成员自有农产品商标价值则又很有限。

根据这样的特点，上海农商行确认企业是知识产权局（或农委）认可的"地理标志"相关产品生产、种植、养殖、销售方，采用了以"地理标志"赋能合作社自有商标价值的方式，将"南汇水蜜桃"品牌价值赋能至自有商标有权使用人处，以 X 自有注册商标完成质押登记后，为企业发放了贷款。这样既发挥了"地理标志"的品牌价值，也避免了其权属人不能质押、不需质押的问题。获得贷款后，合作社经营人也不禁感叹："南汇水蜜桃"做出了口碑，种植户也跟着受益了！

在该模式下，借款申请企业在获得相关"地理标志"主管部门颁发的生产、种植、养殖等资质的前提下，无须具备"地理标志"所有权，便可以"地理标志"价值为基础，以自有商标为质押，向银行机构申请贷款。评估公司将基于相关"地理标志"价值和企业实际使用地理标志的产出情况，评估企业自有商标，挖掘出企业和其自有商标在"地理标志"赋能下的真正市场价值，并以此办理质押登记手续后向企业发放合理金额的信贷资金。

2. 专利许可收益权质押融资模式①

专利许可收益权质押融资模式是指将企业知识产权许可交易的未来收款权质押给银行,而银行在传统信贷风控原则与难以估值的"无形资产"之间找平衡点,以许可费为锚点发放贷款,以此补充科技企业经营所需流动资金。

C 环保科技在 2006 年被上海市知识产权局评为"上海市专利试点企业",次年获得上海市科技企业联合会颁发的"上海市科技企业创新奖"荣誉称号,拥有有效专利 83 项,发明专利 19 项,许多专利成果在其细分领域处于行业金字塔的领先地位。但即使这样手握核心技术的企业,通过知识产权质押获得融资依然存在很大的难度。一方面,知识产权质押直接融资模式估值随意性大、技术更新迭代快带来的减值风险、专利变现风险大,同时交易市场流动性较差;另一方面,因其涉及行业专业、精细,金融机构专职审批人员在项目审批时常常出现"看不全、看不清、看不透"的问题,无法形成标准化审批流程,且与银行传统信贷业务的风险模型难以完美契合、平衡,故而知识产权直接融资的难度非常大。

上海银行在了解客户诉求后,经过尽调走访,基于上海 C 环保科技要为 K 环保设备提供专利许可的交易背景,决定在知识产权质押融资的基础上,基于真实交易背景采用"专利许可收益权质押融资"模式,即上海 C 环保科技将该交易的未来收款权质押给银行,以此获得流动资金补充。

该模式的应用需要注意以下几个关键环节。首先,建立科学完整的评价体系,确保专利许可方与被许可方交易背景真实可靠。通过市场内细分行业的横向比较以及未来发展前景的纵向挖掘,确定许可标的在细分行业有独占地位、被许可方经营良好具备偿还能力,并对许可范围、种类、方式、期限、价格以及支付方式、资料交付、验收方式等一系列事项进行明确约定。

其次,由银行对该笔应收款进行质押登记,并将对应的入账账号一同做借方限制,对专利许可费的用途严格监管,逐笔审核客户方资金动账,原则上部分资金应定向用于归还银行贷款。随后,双方在国家知识产权局完成专利许可交易备案登记后,陆续完成专利许可费融资业务,按授信方案将融资款项发放到指定收款账户。

---

① 上海市知识产权局,等.2021 年上海知识产权质押融资工作十大典型案例 [R].2022.

最后，银行密切关注双方是否按约定条款进行合同履约，动态监控该技术在授信期内的技术迭代情况、市场变化等，来确保许可费价值的稳定性，也便于在必要时实现退出或追加融资支持等。

3. 银保联动助推知识产权质押融资①

银保联动下的知识产权质押模式是一种"银行＋保险＋知识产权"联动互补的融资新模式，明确坏账风险分担比例，保险公司、银行各承担一部分坏账损失。通过知识产权质押融资保证保险，保险公司为企业背书增信，提高知识产权质押贷款额度。

过程中，保险公司围绕企业融资需求，开展知识产权价值评估、办理知识产权质押登记、提供保险担保，合作银行凭借保险公司的保险单，对企业发放贷款，一旦出现坏账，保险公司按照比例承担坏账风险并负责处置质押的知识产权。

太平洋安信保险依托知识产权金融联盟的支撑，联合第三方专业团队，创新评估方式，挖掘知识产权的价值，综合评判企业知识产权的价值。评估过程中，围绕企业的专利及商标，从技术、法律以及经济等方面进行专业分析，同时对企业的创新能力、管理水平以及发展前景等方面，统筹进行评价，评估的价值可以直接在企业的最终授信中获得呈现。在上海奉贤区，太平洋安信保险配合区知识产权局，在试点安排 400 万元财政资金的基础上，成立区属知识产权质押融资坏账风险准备金，基金承担 30% 坏账比例，保险公司承担 60% 坏账风险责任，银行承担 10% 坏账风险责任，对于 400 万元坏账准备金全部用完的情况下，由保险公司和银行按照 9∶1 进行承担。太平洋安信保险开发专利质押融资保证保险、商标质押融资保证保险等产品，政府配套给予企业保险费和贷款利息一定比例的资助，助力政府、银行、保险以及服务机构各司其职，按照市场化分工，合力解决企业的融资难题。

针对上海融氏健康产业股份有限公司"融氏"商标质押融资坏账损失，该企业前期通过商标质押融资保险担保，获得银行近 500 万元的贷款，企业现已倒闭，保险公司前期已按条款约定，对商标质押贷款予以先行赔付给银行。保险公司依托各类渠道，开展对质押商标处置工作，有效破解

①　上海市知识产权局，等．2021 年上海知识产权质押融资工作十大典型案例［R］.2022.

"处置难"，减轻保险公司赔付压力，初步形成知识产权质押融资全流程闭环管理。

4."三环知融贷"优化知识产权质押融资小额贷款业务①

广州市历来重视知识产权服务机构培育，积极引导它们创立自身知识产权品牌，开展知识产权质押融资服务，全市专利权质押融资额从 2015 年的 1.34 亿元上升到 2019 年的 54.14 亿元，居国内城市首位，其中，主要服务机构专利权质押融资贡献率超过 50%。近年来，广州市知识产权服务机构通过分析中小微企业专利权属情况、专利价值情况、涉税信息、征信状况等数据，批量挖掘潜在客户，积极构建自身特色产品，简化专利质押贷款流程，纾解了中小微企业融资难融资贵问题，形成"短、平、快"的专利质押融资模式。广州三环专利商标代理服务公司（简称"三环公司"）的"知融贷"产品就是其中的佼佼者。三环公司是三环知识产权集团的子公司，后者始建于 1986 年，前身为中山医科大学（现为中山大学）下属的专利事务所，是中国最早成立的专利事务所之一。经过 20 多年的发展，三环公司已成长为集专利、商标代理和知识产权诉讼于一体的知识产权服务机构，是华南地区首批获得国家知识产权局批准代理涉外专利业务的事务所，同时也是华南地区最具规模与实力的知识产权法律服务机构之一。

"三环知融贷"系三环公司利用自身优势联合银行、评估公司、保险公司推出的知识产权质押融资小额贷款服务，推动创新成果专利化、商品化、产业化，引导企业在知识产权转让、许可、质押等方面实现知识产权价值。2019 年，"三环知融贷"产品完成专利质押融资总额 17.94 亿元，质押笔数 107 笔，质押专利数 255 件，受惠企业 94 家。其主要做法为以下三点：

一是利用自身优势筛选优势资源，打造高价值目标客户池。利用服务机构客户资源丰富、服务领域多样的特点，初选优质目标客户。加强与客户座谈沟通，了解目标企业基本情况，分析服务对象的专利权法律稳定性、市场价值度、涉税信息、征信状况等数据，形成公司高价值目标客户池，作为知识产权质押融资优先服务对象。

---

① 广东省市场监督管理（知识产权局）.广东知识产权质押融资及保险典型案例、政策与金融产品汇编［R］.2020.

二是整合相关服务资源，打造快速融贷产品。利用服务机构优势，建立银行、评估公司、保险公司合作机制，整合"知识产权服务机构、银行、评估机构、保险公司、担保公司"等知识产权全过程资源，逐步建立融资过程短、融资成本低、融资速度快的"短、平、快"融资模式，推出"知融贷"知识产权质押融资小额贷款产品。

三是提升服务能力，打造专利运营队伍。加强融资服务队伍建设，把金融服务能力与知识产权服务能力有机结合，提供知识产权金融综合服务。建设专利信息人才队伍，在专利信息利用、专利价值评估、市场价值判断等方面形成特色评价标准。建立双向对接机制，既帮助金融机构筛选优质目标客户，又帮助企业对接意向银行、评估机构、保险机构，提供融贷双方所需知识产权质押融资全过程服务。

"三环知融贷"融资业务的快速增长给其他地区开展知识产权质押融资业务带来了三点经验启示：

首先，有效资源挖掘是推行知识产权质押融资的前提。在融资前要充分整合服务机构的专利代理、信息分析、法律诉讼、托管服务等业务中聚集的知识产权资源，筛选行业优势企业、企业核心专利以及其他优质知识产权标的物，建立细分领域的知识产权质押融资数据库。加强与知识产权融资链条上的评估、担保、服务资源合作，争取金融机构更大的融资授信额度，提高知识产权质押成功率。建立知识产权质押融资资源储备制度，参与知识产权质押融资风险机制建设，注重知识产权质押融资风险预警，培育知识产权评估、评价和信息分析队伍，加强知识产权质押融资信息利用。

其次，科学优化流程是推动知识产权质押融资的基础。建立良好的互利合作机制，优化融资流程，进一步提高融资便利度。合理评判客户需求，优化融资产品，进一步提高专利质押率和质押成效。推动体制机制建设，利用好现有融资扶持政策，进一步降低融资成本。

最后，有效资源对接是促进知识产权质押融资的保证。建立"政银企服"合作机制，加强与知识产权各类资源的对接沟通，从制度上保障融资资源及时对接。开展知识产权质押融资政策宣讲和实务培训，帮助企业、金融机构和服务机构深入了解相关扶持政策、信贷计划、融资渠道、办理流程等信息，及时沟通各类资源信息。

5. 专利、商标、版权混合质押融资服务新模式①

东莞市某测量设备有限公司是一家专业研发生产机械测量设备及配件的高新科技企业，拥有多项专利、商标和软件著作权等知识产权。东莞市知识产权局在政策宣讲对接会中，了解到该企业缺乏有效的抵押物，但拥有多项知识产权资源的情况，积极引导企业通过知识产权混合质押融资方式，以"知本"换取"资本"，加快实现知识产权的市场价值。2019 年 12 月，全国首单专利、商标、著作权"三合一"混合质押融资业务在东莞市正式签约生效。根据该企业的经营情况和知识产权情况，建设银行东莞分行最终给予该企业 250 万元的贷款额度。2019 年，东莞市专利权质押融资登记项目共 73 项，金额 30.07 亿元，位居广东省第三；商标质押融资登记项目 3 项，金额 7080 万元，位居广东省第五。其主要做法有以下四点：

一是夯实服务基础。重新开发启用了"三融合科技（知识产权）信贷管理"系统；推出创新性全线上自动化知识产权融资专属产品——"科技云贷"，让科技企业知识产权有效转化为企业发展所需现金流。

二是深化政银合作。以建设银行东莞分行为突破点，经多次沟通，在东莞市建行成立知识产权金融业务中心，推行知识产权专员制度，在各镇街支行设立分中心并同时设立知识产权专员，将知识产权金融、小企业业务经营权下沉至全市 102 个网点，通过市场化运作，构建了覆盖全市的立体化知识产权金融服务体系。

三是加强信息管理。为提高融资成功率，东莞知识产权局联合各银行对拥有知识产权的各类科技企业进行了登记归类，对有融资需求企业的项目建立数据库，进一步增强了银行对企业信息的了解程度，并从源头上保障了项目质量。在此基础上，从项目的推荐、考察到项目入库，商业银行全程参与，全面了解企业生产经营信息，有效提高了风险控制能力。

四是创新质押模式。根据建设银行首创的"技术流"评价体系，该企业的技术流等级为 T8 级，在全省高新技术企业中排名在前 30% 以内，经多次沟通对接，建设银行东莞分行在有效控制风险的前提下，确定以知识产权混

---

① 广东省市场监督管理（知识产权局）. 广东知识产权质押融资及保险典型案例、政策与金融产品汇编［R］. 2020.

合质押为担保方式作为切入点开展贷款工作。

东莞市建行专利、商标、著作权"三合一"混合质押融资服务新模式解决了单一知识产权融资能力弱、抵押价值不足的问题，有效的缓解了中小科技企业融资难的困境；建设银行首创的"技术流"评价体系实现了对企业知识产权的科学评估，提升了银行的贷款意愿，给其他地区开展知识产权质押带来了有益的经验启示。

4.5 知识产权质押金融产品简介

4.5.1 中国建设银行"科技专利贷"与"科技云贷"①

1. "科技专利贷"

（1）产品简介："科技专利贷"是建设银行在借款人所拥有的知识产权中可以转让的财产权设定质押的基础上，为具有良好的成长性、可靠的第一还款来源的高新技术企业发放的贷款业务。

（2）贷款额度：根据知识产权评估价值及企业融资需求确定。

（3）贷款期限：一年。

（4）产品特点：手续简、流程短、效率高，在解决科技企业资金需求的同时进一步降低企业融资成本。

2. "科技云贷"

（1）产品简介："科技云贷"是建设银行以"技术流"专属评价指标体系为基础，通过对小微企业知识产权进行综合评价，采用全线上自助贷款流程办理的可循环人民币信用贷款业务。

（2）贷款对象：成立两年以上、拥有多项知识产权的高新技术企业或科

---

① 广东省市场监督管理（知识产权局）. 广东知识产权质押融资及保险典型案例、政策与金融产品汇编［R］. 2020.

技型中小企业。

（3）贷款额度：最高额度 200 万元。

（4）贷款期限：一年。

（5）产品特点：①全流程线上办理：自动申请、自动审批、自助用款、自助还款，纯信用，简单快捷。②多渠道办理：可通过建行 App、网上银行、手机银行等线上渠道申请。

4.5.2　中国农业银行"专利 e 贷"[①]

（1）产品简介："专利 e 贷"是农行依据企业持有的专利情况和企业基本经营情况，向诚实守信、经营良好的小微企业发放的短期流动资金贷款。

（2）产品功能和特点：①手续简便贷款额度由企业持有的专利情况、基本经营情况等数据信息综合核定，办理速度快，无须提供贷款资料。②信用贷款：纯信用方式，无须抵质押担保，最高不超过 100 万元。③方便快捷：完全自主操作，线上签约、提款、还款；"秒操作，秒到账"。④借贷灵活：贷款期限最长可达 1 年，随借随还，利随本清，额度可循环使用。⑤利率优惠：较市场小微企业贷款利率有一定优势。

（3）业务办理条件：①已在农业银行开立结算账户，信用情况良好。②合法经营、诚信纳税，最近一期纳税等级 B 级以上。③有固定经营场所，企业成立并经营 2 年（含）以上。④已在农业银行开通企业网上银行、企业主个人掌上银行。⑤企业应具备至少以下一种资质：第一，已纳入各地市科技型企业信贷风险补偿范围；第二，近 3 年获得过区级及以上财政奖励基金/补贴/退税；第三，近 3 年接受过风险投资资金（风险投资基金、私募股权投资机构等）；第四，省级及以上高新技术企业；第五，列入工信部专精特新"小巨人"小微企业名单；第六，借款人或企业主拥有合法所有、能够依法转让的专利权、软件著作权等知识产权（不含外观设计专利及商标）。

---

① 广东省市场监督管理（知识产权局）. 广东知识产权质押融资及保险典型案例、政策与金融产品汇编［R］. 2020.

4.5.3 九江银行"智享贷"[①]

（1）产品简介："智享贷"是在企业提供有效足值知识产权质押担保的基础上，向拥有优质知识产权的企业发放的授信，支持的授信品种包括但不限于流动资金贷款、银行承兑汇票、贸易融资、保理、信用证、保函等。

（2）准入标准：具有独立法人资格、拥有自主知识产权的企业，专利权以高新技术、科技创新型企业为主要对象，商标权、著作权适用所有符合准入要求的企业。①企业工商注册地在九江银行所辖机构服务范围。②企业成立且持续经营 3 年以上，原则上近 3 年增值税纳税申报表应纳税收入合计在 1000 万元（含）以上。③企业拥有合法、有效、完整的知识产权，产权明晰，按照国家有关规定可上市交易，有运营价值且易于变现，可以办理质押登记。④企业能提供足值有效的知识产权质押担保，所质押的知识产权为企业的核心知识产权，权属清晰、有足够的保护期。⑤企业为知识产权的合法所有者，或借款企业的实际控制人、法人代表或控股股东是知识产权直接发明人、著作人或设计者。⑥属高新技术产业或战略性新兴产业的企业优先扶持。⑦其他九江银行要求的准入条件。

（3）授信额度：最高达 1000 万元。

（4）贷款利率：按照中国人民银行公布的利率政策结合行内授信定价相关要求执行。

（5）贷款期限：不超过 1 年，且授信期限不得超过质押的知识产权有效期或保护期。

4.5.4 中山农商银行"知识产权贷"[②]

（1）产品简介："知识产权贷"是中山农商银行于 2018 年 12 月与中山市市场监督管理局（知识产权局）、中国人民财产保险股份有限公司中山市分公司、中山市云创知识产权服务有限公司四方合作推出的一款知识产权质

---

①② 广东省市场监督管理（知识产权局）. 广东知识产权质押融资及保险典型案例、政策与金融产品汇编［R］. 2020.

押融资产品——知识产权贷，旨在服务拥有一定数量知识产权的企业客户，企业只需凭借自有的发明专利和实用新型等核心专利作质押即可获得融资。

（2）产品特色：①合作：银行、政府、保险公司、知识产权服务机构等四方强强联合。②创新：以知识产权作质押，激活企业资产，提供新的融资渠道。③优惠：企业可申请最高50%贷款贴息与补助，降低融资成本。

（3）产品要素：①贷款对象：成长性良好的科技型企业。②准入条件：企业注册时间2年以上。③贷款额度：单笔额度最高500万元。④贷款期限：期限可长达3年。⑤担保方式：知识产权质押担保，可提供房产等方式增信。⑥还款方式：最高额形式，随贷随还。

（4）业务流程：知识产权贷办理流程方面手续相对简便，基本流程有：企业申请入池→提交贷款资料→三方审核→银行放款。①前期企业仅需提交申请资料申请入池，由中山市云创知识产权服务有限公司及中山农商银行对企业资质进行初步判断，对符合准入的企业将有专人配合申请入池。②经中山市市场监督管理局（知识产权局）审批入池后，企业按要求提交相应资料（企业基础资料及经营能力证明材料、可质押的知识产权证书等证明材料及中山农商银行要求的其他资料等）。③中山农商银行、中国人民财产保险股份有限公司中山市分公司、中山市云创知识产权服务有限公司三方共同对企业经营情况及经营资料进行审核，审批通过后通知企业落实担保。④企业向中山农商银行申请放款，用款结束并归还后，将有专人协助申请各项补贴。

第 5 章

知识产权保险

5.1　知识产权保险发展情况

5.1.1　知识产权保险发展背景

随着数字经济与知识经济的发展，知识产权在经济发展中的作用日渐突出，并成为企业财富的重要组成部分。核心知识产权是企业在市场经济条件下成长的关键，既是产品创新的"原动力"，也是进入市场的"敲门砖"，但由于知识产权自身在技术上容易被复制，且仿造成本低，一方面，掌握知识产权的企业，其所拥有的具有较高经济价值的知识产权极有可能在市场竞争中被他人侵权，此时该企业有可能面临提出侵权诉讼以维护知识产权利益的运营风险；另一方面，企业在运营过程中，也极有可能出于过失而存在侵犯他人知识产权的情况，此时该企业不得不面临被诉侵权乃至被判决赔偿损失的风险。无论是企业提出知识产权侵权诉讼以主动维护自身合法权益还是由于侵权而被迫参加诉讼，知识产权诉讼所产生的费用对其造成的压力都不容小觑。

知识产权诉讼的特殊性使得权利人面对侵权纠纷发生时，权利人往往放弃提起诉讼，或放弃应诉。即使企业积极应诉，以专利诉讼为例，涉及诉讼中的专家出具侵权报告的费用、律师费、担保金等费用，一般企业往往难以负担此类高额诉讼费用。如果案情复杂，可能缠讼数年，高昂的财务成本和人力成本让无法支撑的企业往往只能草草了事或宣告破产。一旦企业卷入知识产权诉讼，位于行业头部位置的大公司或许有实力应对知识产权诉讼所带来的挑战，但是对于产业供应链上的中小企业则会面临不小的压力。

因此，如何帮助企业化解知识产权管理和诉讼中的侵权和被侵权风险，减轻企业在知识产权诉讼中的诉讼负担一直是各国关注的重点。保险是市场经济条件下风险管理的基本手段，具有分散风险的功能。在知识产权诉讼中引入保险，由保险公司承担部分侵权诉讼产生的风险，从而使得企业在面临知识产权诉讼时也能最大限度地保护自身利益，这无疑为企业提供了一条化解风险、填补损失的重要途径。

5.1.2 国外知识产权保险发展情况

1. 美国知识产权保险发展现状

美国的知识产权保险制度与知识产权保险市场的发展与其近几十年的技术创新与科技进步密不可分，随着知识产权申请和授权数量的攀升，"专利流氓"① 事件时有发生，陷入知识产权纠纷的企业数量也逐渐增加，随之而来的是高昂的诉讼费用和侵权责任赔偿金。得益于完备的金融基础设施和成熟的金融市场，美国已建立起以知识产权责任保险、知识产权执行保险、知识产权抵押信用保险为支柱，覆盖专利、商标、著作权和商业秘密的知识产权保险体系。

其中，知识产权责任保险和知识产权执行保险是美国知识产权保险市场

---

① 专利流氓是指那些没有实体业务，主要通过低价向破产公司购买专利，并利用所购专利发起专利侵权诉讼以求获得经济赔偿，并以此为主要利润来源的企业。

运用最为广泛的两个品种。知识产权责任保险又被称为知识产权保险的"盾"，用于防范被保险人因被起诉侵权时所需支出的应诉费用和被判败诉所需支付的赔偿款。早在 20 世纪 90 年代，美国国际集团（AIG）就向市场推出了专利侵权责任保险，承担被保险人在应对诉讼时所需支付的律师费和诉讼费，一旦诉讼败诉，AIG 还将代替被保险人承担法院判定的赔偿责任。

知识产权执行保险则被称为知识产权保险的"矛"，用于承担被保险人因第三人侵权而发起诉讼所需支出的调查费、取证费、差旅费等诉讼费用，但不包括诉讼赔偿的费用。专利执行保险的上市为美国中小企业知识产权维权提供了保障，减轻了财力较弱的中小企业在专利执行过程中所需承担的沉重费用负担。

2. 英国知识产权保险发展现状

英国的保险业发展历史悠久，有着成熟保险制度和功能完备的保险市场，其知识产权保险产品种类丰富，涵盖了知识产权创造、授权和运营全流程。在知识产权保险市场运作机制上，英国采取了市场主导和政府主导两种方式。政府选择在专利领域实施知识产权强制保险计划，推出专利申请和专利维权费用保险，并通过费用减免的方式给予一定的优惠政策，以缓解科技型企业因专利维权而导致的现金流压力。

在知识产权互助保险领域的探索也是英国知识产权保险的特色之一。早在 20 世纪末，英国知识产权局就推动知识产权权利人自发成立了非营利性质的互助保险协会，会员根据其拥有的知识产权风险评级缴纳会费，并纳入诉讼保护基金池进行统一管理。英国的互助保险协会还建立了专家审查制度，对会员提起的知识产权诉讼进行评估，经专家委员会决议通过后互助保险协会为会员提供诉讼相关损失补偿，不仅提高了诉讼的成功率，也有效降低了互助协会的损失风险。

与美国知识产权保险市场类似，英国知识产权保险市场的主要产品为知识产权侵权责任保险和知识产权执行保险。前者用于防御知识产权人被起诉侵权第三方知识产权导致的经济损失；后者则旨在帮助知识产权人对被第三方侵权的行为进行维权，如果知识产权人胜诉，则应退还保险公司已支付的诉讼相关费用，既为知识产权人的维权提供了保障，又能降低保险人的风险承担，同时也在一定程度上减轻了知识产权人保费支出的压力。

3. 新加坡知识产权保险发展现状

新加坡是典型的外向驱动型经济体，新加坡知识产权局、新加坡企业发展局等部门在一开始就将知识产权保险的工作重心放在如何帮助企业经营者利用知识产权获取融资并进军海外市场。因此，新加坡政府管理部门与保险机构合作，针对知识产权质押融资和知识产权海外侵权责任推出了具有代表性的两款产品。

其中，贷款保险是新加坡企业发展局与保险公司合作开发的一款针对知识产权人贷款违约责任的保险产品，与我国目前推出的知识产权质押融资保证保险功能类似，新加坡政府不仅为该保险提供保费补贴，还极力帮助企业从银行等金融机构获得贷款，保证了创新型企业的融资需求。

而创新者知识产权保险则是由新加坡知识产权局与保险机构合作推出的一款知识产权保险产品，旨在帮助创新型企业在海外实施知识产权的商业化，增强企业开拓海外市场的信心。该产品的投保人为拥有新加坡专利、商标、软件著作权的创新型企业，企业通过投保创新者知识产权保险能够大幅节省在应对海外知识产权侵权指控所产生的法律诉讼费用，缓解创新型企业因应对侵权诉讼带来的现金流压力。

5.1.3 我国知识产权保险发展现状及存在问题

1. 我国知识产权保险发展现状

从 2011 年起，国家知识产权局开始联合保险机构开展知识产权试点工作，从产品体系、服务功能、业务流程规范等方面建立知识产权保险工作基本框架。如，2011 年，国家知识产权局委托人保财险开展知识产权保险试点工作，分阶段推出了专利执行保险、专利代理人职业责任保险和专利侵权保险三款专利保险系列产品，并在全国 27 个地市开展试点工作。2014 年 7 月，国家知识产权局与中国人民财产保险股份有限公司在北京签署知识产权保险战略合作协议，双方建立全方位战略合作关系以及常态化对接机制，发挥各自资源优势，拓宽合作的深度和广度，通过知识产权质押融资保证保险、"险资直投"等方式支持科技型中小企业发展，探索在知识产权保险领域的政企合作。

2015 年，中共中央、国务院出台了《关于深化体制机制改革加快实施创新驱动发展战略的若干意见》，首次明确提出要开展专利保险试点，标志着我国知识产权保险发展迈入新阶段。2019 年，中共中央办公厅、国务院办公厅印发了《关于强化知识产权保护的意见》，其中提到要鼓励保险机构开展专利被侵权损失险、专利执行保险、知识产权海外侵权责任险等业务。与此同时，知识产权局、原保监会等国务院有关部门也相继出台了相关指导意见，大力推进知识产权保险试点工作。此外，北京、上海、广东、江苏、浙江等地也纷纷出台了支持知识产权保险服务的工作措施。

截至 2022 年第三季度，我国已有超过 20 个省份，近百个地区开展了知识产权保险业务，广东、山东、陕西等十余个省区市知识产权管理部门与保险机构签署了合作协议，累计为 2 万多家企业提供了约 1100 亿元的知识产权风险保障，涉及专利、商标和地理标志等知识产权共计 4 万余件。[①] 按照知识产权类型划分，我国知识产权保险分为专利保险、著作保险、商标保险、地理标志保险、集成电路布图设计保险、植物新品种保险等。其中，专利保险和著作权保险是知识产权保险发展初期最为普遍的知识产权保险产品。我国从 2012 年开始分 5 个批次确立了 40 余个专利保险试点，目前已开发有专利执行保险、侵犯专利责任保险、专利质押融资保证保险、专利代理人责任保险、境外展会专利纠纷法律费用保险等多个品种。著作权保险起源于著作权交易保险，早在 2010 年，北京东方雍和国际版权交易中心就开始与保险公司合作探索著作权交易保证保险，以补偿买方因购买的著作权存在侵权而遭受的损失。随后，保险业先后开发了版权纠纷诉讼保险和著作权维权保险，以补偿投保人侵犯他人版权和投保人著作权受到第三方侵权而产生诉讼费和律师费等相关费用。我国商标保险产品主要为商标专用权保险，包括商标申请损失补偿保险、商标侵权损失补偿保险、商标维权保险等。宁波市、上海市和武汉市在商标保险上先行先试，宁波市于 2018 年推出了"商标保险 + 维权援助 + 法律咨询"服务模式，上海市知识产权局指导安信农业保险于 2020 年推出了商标维权产品，武汉市于 2021 年推出了首个文创商标保险，武昌黄

---

① 国家知识产权局知识产权发展研究中心，中国人民财产保险股份有限公司 . 中国知识产权保险发展白皮书（2022）［R］. 2022.

鹤楼书画社与平安产险湖北分公司就"黄鹤楼"商标签订了商标被侵权损失保险。

地理标志保险、集成电路布图设计保险、植物新品种保险等其他知识产权保险虽起步较晚，但随着知识产权保护意识和风险防范意识的增强，从2020年开始，我国各地陆续推出了相关的保险产品，开启了破冰之旅。如，2020年3月，中国人保盐城市分公司开发地理标志被侵权损失保险，为江苏盐城"东台西瓜"地理标志集体商标提供了超过150万元的风险保障。2022年9月，中国种子集团和海南人保财险签订了全国首单植物新品种权被侵权损失保险，对"植物新品种权"被侵权造成的调查费用、法律费用和直接经济损失提供补偿。2022年11月，全国首单集成电路布图设计被侵权损失保险落地无锡，人保财险无锡分公司为无锡市晶源微电子集成电路布图设计提供100万元的风险保障。

2. 我国知识产权保险发展面临的问题

首先，知识产权大数据的缺乏影响了保险保费定价的合理性和科学性。知识产权侵权数据、调查和法律诉讼等数据可以为保险机构提供知识产权发生不利事件的概率，也可以为发生损失后的损失金额估算提供有价值的参考。但我国当前知识产权大数据分析和服务匮乏，知识产权相关信息相对滞后，导致保险公司获取的知识产权数据完整性和准确度不够，给保费的科学合理定价带来了很大的挑战。

其次，知识产权保险的覆盖率低，尤其是科技型中小企业投保意愿不强，参保率较低。一方面，科技型中小企业往往更加注重知识产权的转化和运用带来的直接经济效益，而忽视了知识产权侵权、失效等风险，对知识产权风险防范和风险化解的意识不足。另一方面，保险公司缺乏懂知识产权的专业人才，在知识产权风险审查和评估方面过度依赖第三方机构，而投保人自身普遍具备专业知识判断，保险公司与投保人之间的信息不对称程度越高，保险公司就越谨慎，在条款设置上就越严苛，设定的保费标准也高于相应的风险等级。过度的免责或例外条款和过高的保费影响了投保人参保的积极性。

5.1.4　开展知识产权保险工作的意义

随着国家"十四五"规划的实施，技术人才、资金、资源等创新要素加速向科技型企业聚集，企业通过组建创新联合体，与高校、科研院所深度合作等途径不断提升自身研发能力，在我国科技创新中的主体地位更加凸显。知识产权保险作为我国知识产权金融的重要组成部分，是一种有效的知识产权风险管理工具，为防范和化解企业创新过程中遇到的知识产权风险提供了有效途径，有利于知识产权创造和运用，对促进知识产权保护也有积极的作用。

在知识产权创造环节，知识产权申请费用损失保险、知识产权驳回费用损失保险可以有效地弥补申请知识产权未获授权或注册的费用损失，知识产权代理责任保险可以帮助代理机构或代理师化解因过失导致的不授权损失。

在知识产权运用环节，专利实施失败费用损失保险可补偿实施知识产权失败导致的实施活动相关的费用投入损失；知识产权质押融资保证保险承担知识产权质押融资的质押借款无法履约带来的损失，提高了银行机构开展知识产权质押业务的积极性；专利许可信用保险则化解了知识产权转让许可费用损失，为知识产权的转化和转移提供保障；知识产权资产评估责任保险可以帮助评估机构应对因过失导致的知识产权评估价值损失风险。

在知识产权保护环节，知识产权被侵权损失保险可以补偿知识产权受第三方侵权导致的直接经济损失；知识产权侵权责任保险则承担了因侵犯第三方知识产权导致的经济赔偿责任；知识产权无效费用损失保险补偿知识产权不实施或失效造成损失；知识产权执行保险可以补偿因知识产权被侵权提起诉讼所产生的法律费用和调查费用，有利于加强知识产权的保护。

总之，知识产权保险通过其风险补偿、责任赔偿和融资保证的功能为知识产权创造、转化运用和保护等活动环节提供全面的风险保障，不仅有助于中小企业降低创新成本，提升自身创新质量，也有助于知识产权金融服务模式的创新。

5.2　知识产权侵权责任保险

5.2.1　侵犯专利权责任保险

1. 保险责任

（1）侵权损害赔偿责任：在保险期间或保险单载明的追溯期内，被保险人在从事保险单载明产品的制造、使用、许诺销售、销售、进口过程中，非因故意实施投保专利清单载明的其他专利权人依照中华人民共和国法律取得的专利权，由该专利权人在保险期间内首次向被保险人提出侵犯专利权赔偿请求，依法应由被保险人承担的经济赔偿责任。

（2）法律费用：被保险人就其受到侵害的专利权向法院提起诉讼、向仲裁机构提起仲裁或向行政主管部门提出行政处理请求，发生的诉讼费、仲裁费、行政处理费以及律师费等其他合理、必要的费用。

（3）专利无效申请：为免除侵权责任，在经保险人书面同意后，保险人对被保险人向行政机关提出专利无效宣告申请所支出的必要的、合理的抗辩费用进行赔偿。

2. 主要除外责任介绍

（1）被保险人的故意行为、犯罪行为。
（2）未经保险人同意，提起专利无效宣告的。
（3）被保险人侵犯投保专利范围以外的专利权的。

3. 发行公司

中国人民财产保险股份有限公司、平安财产保险股份有限公司。

5.2.2 著作权交易保证保险

1. 保险责任

该保险所保护的主体范围仅限于著作权交易的双方，是以被保险人侵犯他人知识产权所应当承担的赔偿责任为保险标的保险，承保范围是当被保险人被诉侵权时为其提供法律辩护的资金和被判承担赔偿责任时所支付的损害赔偿金。

2. 赔偿标准

选取著作权的交易金额作为赔偿限额的确定标准。保险费按照赔偿限额一定的百分比确定。

3. 主要除外责任介绍

（1）受让方/被许可方的违约行为。

（2）交易之前存在的索赔。

（3）依据著作权法，对著作权的合理使用行为。

（4）由于转让方/许可方原因导致受让方/被许可方无法使用的著作权造成的损失。

（5）召回、销毁著作权载体，或其他为消除影响所支付的费用；任何与著作权、人身权有关的索赔。

4. 发行公司

国任财产保险股份有限公司。

5.3 知识产权财产保险

5.3.1 专利执行保险

1. 保险责任

保障被保险人就受侵犯的专利权提起法律请求所产生的调查费用和法律

费用。

（1）调查费用：被保险人的专利权受到第三方侵害后，被保险人为获取证据在承保区域范围内进行调查时产生的合理、必要的调查费（包括但不限于聘请相关机构产生的合理费用等）、公证费、交通费、住宿费、伙食补助费。

（2）法律费用：被保险人就其受到侵害的专利权向法院提起诉讼、向仲裁机构提起仲裁或向行政主管部门提出行政处理请求，发生的诉讼费、仲裁费、行政处理费以及律师费等其他合理、必要的费用。

补偿的费用范围：以被保险人提起维权诉讼、仲裁申请或处理请求为时间点。

2. 发行公司

太平洋财产保险股份有限公司、中国平安财产保险股份有限公司、太平科技保险股份有限公司、中国人民财产保险股份有限公司、中国人寿财产保险股份有限公司、阳光财产保险股份有限公司、都邦财产保险股份有限公司。

5.3.2 商标专用权保险

1. 保险责任

（1）商标申请费用损失补偿：主要保障对象是拟申请国际、国内商标注册的企业，对于申请注册的商标因近似原因被驳回，导致未能注册成功的，保险公司将负责赔偿申请过程中产生的注册费、代理费和规费。

（2）该险种主要保障对象是全国驰名商标、中华老字号和地理标志商标以及有良好品牌知名度和美誉度的商标权企业，对于任何未经商标权人许可或授权的商标实施行为，保险公司将负责赔偿企业在维权中产生的调查费用、法律费用和法院判决的直接损失。

2. 发行公司

平安财产保险股份有限公司、中国太平洋财产保险股份有限公司。

5.4　知识产权其他相关保险

5.4.1　专利代理人职业责任保险

1. 保险责任

保障专利代理人（被保险人）造成委托人经济损失，依法承担的经济赔偿责任及法律费用。

（1）在保险期间或保险单列明的追溯期内，被保险人在中华人民共和国境内（不包括港、澳、台地区）从事专利代理业务时，因过失造成委托人的经济损失，由委托人在保险期间内首次向被保险人提出损害赔偿请求的，依法应由被保险人承担的经济赔偿责任，保险人按照本保险合同约定负责赔偿。

（2）保险事故发生后，被保险人因保险事故而被提起仲裁或者诉讼的，对应由被保险人支付的仲裁或诉讼费用以及其他必要的、合理的费用，由保险人承担。

2. 发行公司

阳光财产保险股份有限公司、天安财产保险股份有限公司、中国人民财产保险股份有限公司、太平洋财产保险股份有限公司、建信财产保险股份有限公司。

5.4.2　境外展会专利纠纷法律费用保险

1. 保险责任

在保险期间内，被保险人在保险单载明的境外展会参展过程中，因境外第三方主张参展展品侵犯其专利权而发送警告函，或请求海关、专利行政主管部门或司法部门采取强制措施，包括但不限于没收参展展品、颁发临时禁令、提起专利侵权诉讼等，被保险人为应对上述专利侵权纠纷而支出的律师费、行政处理费、诉讼费等相关法律费用，保险人按照保险合同约定负责赔偿。

2. 境外展会范围

在我国境外举办的各类以传播品牌、展示产品或技术、扩展渠道、促进交易为目的的展览会、展销会、博览会、交易会、展示会等。

3. 主要除外责任

不保障参展成本，包括展位、布展、差旅、展品等。

4. 发行公司

中国人民财产保险股份有限公司。

5.4.3　知识产权海外侵权责任保险

1. 保险责任

（1）被保险人侵权责任：保险期间内，因被保险人实际或预期从事保险单载明产品的制造（包括制造流程）、使用、保管、进口、销售或许诺销售、持有、许可、分销或提供过程中，非因故意侵犯第三方知识产权而在承保区域内直接引起的：①在保险期间内首次针对被保险人提起的知识产权侵权诉讼；②被保险人在保险期间内首次知晓的且在保险期间内告知保险人的相关潜在诉讼，依法应由被保险人承担的经济赔偿责任。

（2）受偿方侵权责任：保险期间内，因受偿方实际或预期从事保险单载明产品的制造（包括制造流程）、使用、保管、进口、销售或许诺销售、持有、许可、分销或提供过程中，非因故意侵犯第三方知识产权而在承保区域内直接引起的：①在保险期间内首次针对受偿方提起的知识产权侵权诉讼；②受偿方在保险期间内首次知晓的且在保险期间内告知保险人的相关潜在诉讼，依法应由被保险人承担的经济赔偿责任，保险人按照本保险合同约定负责赔偿。

（3）法律费用：保险事故发生后，被保险人或受偿方因保险事故而被提起诉讼或仲裁的，对应由被保险人或受偿方为抗辩该诉讼或仲裁（包括上诉及反诉）而支付的诉讼或仲裁费用以及事先经保险人书面同意支付的其他必要的、合理的费用。

（4）保障范围：承保全世界范围（除本国及受制裁国家）。

2. 主要除外责任

不保障投保前已知事项，未投保的产品及协议，承保区域外发生的诉讼或获悉的潜在诉讼，未经保险人书面同意的费用、和解协议，被保险人终止许可合同、不支付许可合同下应付的专利权使用费产生的纠纷。

3. 发行公司

中国人民财产保险股份有限公司、平安财产保险股份有限公司。

5.4.4　专利许可信用保险

1. 保险责任

被保险人在保险期间内按许可合同约定，在向被许可人交付专利产品或提供专利技术用于进行制造、使用、许诺销售、销售该专利产品后，由于下列原因引起的被保险人专利许可使用费的直接损失，保险人按照本保险合同的约定负责赔偿：

（1）被许可人破产。

（2）被许可人拖欠专利许可使用费。

2. 主要除外责任

不保障专利权转让合同和专利权代理合同，或因专利使用效果未达预期目标而产生的合同纠纷。

3. 发行公司

中国人民财产保险股份有限公司。

5.4.5 专利质押融资保证保险

1. 保险责任

在保险期间内，投保人未能按照与被保险人签订的《借款合同》的约定履行还款义务，且投保人拖欠任何一期欠款超过保险单载明的期限（以下称"赔款等待期"）的，视为保险事故发生。保险人对投保人应偿还而未偿还的贷款本金和相应的利息按照本保险合同的约定承担赔偿责任。赔款等待期是指保险人为了确定保险损失已经发生，被保险人提出索赔前必须等待的一段时期。赔款等待期从《借款合同》中约定的应付款日开始，由保险合同双方商定，并在保险单中载明。

2. 发行公司

中国人民财产保险股份有限公司。

5.5 知识产权保险典型案例

5.5.1 全国首单知识产权海外侵权责任险[①]

1. 基本情况

2019年11月，中共中央办公厅、国务院办公厅印发《关于强化知识产权保护的意见》，并在"加强海外维权援助服务"中提出"鼓励保险机构开展知识产权海外侵权责任险、专利执行险、专利被侵权损失险等保险业务"。推进知识产权保险的开发、运营是国家知识产权局落实国家创新驱动发展战

---

① 国家知识产权局知识产权发展研究中心，中国人民财产保险股份有限公司. 中国知识产权保险发展白皮书（2022）［R］. 2022.

略和建设知识产权强国战略，助力大众创业、万众创新，促进专利转移转化，推动经济发展方式转型升级而开展的一项重要工作。为落实意见中的战略发展要求，2020 年 5 月 14 日，广州市黄埔区、广州开发区联合中国人民财产保险股份有限公司广州市分公司、中国贸促会知识产权服务中心广东分中心，在广州科学城会议中心举办"全国首单知识产权海外侵权责任保险保单暨战略合作签约活动"，人保财险广州市分公司向金发科技、京信通信两家企业签发知识产权海外侵权责任保险保单，为企业提供 725 万元的出海风险保障，全国第一单海外知识产权侵权责任保险保单在广州市黄埔区落地。

此前，全国尚未有任何服务机构能够为企业海外侵权行为的经济赔偿责任和法律费用做兜底，企业在海外维权方面基本属于"裸奔"状态；此次，广州市将人保财险、中国贸促会引导加入企业知识产权保护体系，整合各方法律资源、人力资源等，有效为企业在面临知识产权纠纷时减轻负担，强化海外知识产权维权援助服务，健全信息获取机制，为实施企业"走出去"战略提供强有力的支持，进一步提升区域创新能力和综合竞争力。保单落地实现了"零突破"，正式开启为区内企业海外知识产权保驾护航之路，促进了保险行业和企业知识产权海外保护的双赢。活动超过 30 家媒体争相报道，包括多家平面媒体如新华社、《人民日报》、新华网、《南方日报》、《中国知识产权报》等，线上直播平台"南方+"，电视媒体如广东电视台、广州电视台等。为全国各地知识产权海外保护提供了一种新思路、新模式，具有重要的引领意义。

2020 年 12 月京信通信在美国遭遇"专利流氓"A 公司的无端侵权诉讼，2021 年 1 月人保财险、京信法务、知识产权、技术专家以及中外律所组成的专项应对小组迅速成立，分析确认京信产品不侵权的事实，并确定应对策略。在案件实施过程中，人保财险高度重视，与京信通信时刻保持良好沟通，信息共享。2021 年 5 月综合各方面因素，经过多轮谈判，最终与对方达成了较低金额的和解。2021 年 8 月份案件顺利结案，人保财险于 9 月完成全部理赔款（包括法律费用和和解金额）的支付，为京信通信拓展海外业务、进行更及时的知识产权维权保护，提供了强有力的经济保障和专业团队支持。

截至 2022 年 9 月，人保财险广东省分公司已为 42 家次企业提供超 1.28 亿元的海外侵权责任风险保障，涉及行业有芯片、新材料、新能源汽车、高端机械设备、电子通信、生物医药、文娱产业等多领域，支付赔款数百万元。

2. 主要做法与创新点

一是加强政策扶持。升级"知识产权10条"2.0版，加大企业海外维权扶持力度，首次将境外知识产权服务机构落户纳入奖励范畴，鼓励行业协会、服务机构围绕重点产业集群建立知识产权维权援助和知识产权保护工作站，建立健全行业知识产权保护制度和自律机制，提供知识产权信息检索、法律咨询、争议解决等维权援助和指导服务。

二是创新保护体系。推动成立广东省海外知识产权保护促进会，建设广东省海外知识产权保护工作平台，选聘首批75名国内外知识产权领域战略咨询专家成立广东省海外知识产权保护专家委员会，将海外知识产权保护服务网络覆盖到六大洲63个重点国家和地区，为企业提升国际竞争力和海外权益保护提供有力支撑。

三是提供精准服务。整合国际调解团队、海外律师团队等资源，构建海外知识产权重要立法变化、重要摩擦资讯、重要纠纷案件收集研判和跟踪发布机制，定期推送海外知识产权纠纷风险防控和预警信息，为企业应对国际贸易纠纷提供精准参考，为企业"走出去"保驾护航。

3. 经验启示

保单的落地在探索建立区内企业海外知识产权维权援助体系，强化海外知识产权维权援助服务，为实施企业"走出去"战略上提供强有力支持，进一步提升区域创新能力和综合竞争力。此举开创了国内知识产权运用和保护的先河，为国内企业海外维权迈出里程碑式的一步。

5.5.2 深圳市知识产权保险创新[①]

2016年8月，深圳市被国家知识产权局评定为全国首批专利保险示范城市。示范时间自2016年8月起，为期3年。深圳市知识产权局高度重视专利保险工作，与保险公司开展合作，按照政府引导、市场运作、从易到难、逐

---

① 广东省市场监督管理（知识产权局）.广东知识产权质押融资及保险典型案例、政策与金融产品汇编［R］.2020.

步推开的原则在深圳市开展专利保险示范工作，以通过专利保险支持企业创新发展为目的，共同探索专利保险工作模式，向广大企业推广专利保险，建立深圳市专利保险工作体系和服务体系。

1. 制定专利保险示范工作方案

为有效推进专利保险示范工作，深圳市知识产权局制定了《专利保险示范工作方案》。方案旨在深入贯彻创新驱动发展战略，以保障知识产权相关利益方的商业保险为平台，激励知识产权持有人行使权利，促进知识产权转化运用，加强知识产权与金融资源融合，充分发挥知识产权对企业自主创新的促进作用和对地方经济发展的支撑作用。方案明确了工作重点：要加强宣传和引导，提高企业知识产权保险意识；示范阶段重点推介专利被侵权损失保险，条件成熟后向专利申请保险、专利运营保险等其他专利保险产品发展；完善有关政策措施，通过搭建企业和保险机构需求对接平台，规范投保与理赔业务流程等措施强化服务体系建设，促进专利保险工作平稳快速发展；结合专利权保护及专利质押融资等投融资工作，不断增强专利保险的市场吸引力，拓宽专利保险服务领域。

2. 确定了专利保险示范合作单位

深圳市知识产权局与保险公司合作搭建知识产权风险管理平台，与保险公司合作开展知识产权保险市场调查、政策研究，指导保险公司进行知识产权保险产品开发与服务模式创新，帮助保险公司建立风险评估和风险分散机制，共同构建知识产权保险服务体系。

3. 开展专利保险理论研究

深圳市知识产权局认真开展专利保险理论研究。从保险产品的规划角度，依据专利的生命周期可以分为申请、运营、保护三个主要环节。申请环节的主要风险是专利不被授权；运营环节的主要风险是专利价值与预期的偏离，无论是专利许可、交易、质押融资均与此相关；维权环节的主要风险是专利被他人侵权或者侵犯他人专利权两类风险。按照保险的规律，对各环节的可保性进行分析，对环节中的经济性、概率分布（大数法则）、标的的同质化、损失的确定性、损失的独立性等进行系统分析，确定保险点。

4. 开展专利保险大数据分析

对深圳市及全国专利申请授权、专利诉讼维权的数据进行大数据分析，同时对企业发放专利保险调查问卷。在获得数据支持的基础上，确定专利保险的工作重点和思路。经过大数据分析发现，目前的专利诉讼多发生于行业市场竞争较为激烈，亟须通过专利诉讼提高市场地位的中型企业、小微企业、创业创新团队。上述类型的企业往往拥有多项领先市场的核心专利，而其核心专利为企业的命脉，一旦被侵权将会对企业经营造成重大影响。

5. 开发适合市场需求的专利保险险种

在对专利的申请授权、转化运用、行政执法、司法诉讼等环节进行了大数据分析的基础上，吸取了专利保险试点的经验，认真听取了知识产权界、保险界专家的指导意见，在深圳市知识产权局的指导下，有关保险公司在全国首先开发并推出了专利被侵权损失险、专利执行保险（新版）等。

上述保险的方案为：企业对其核心专利进行投保，在保险期限（3 年）内遭遇侵权后，可向法院提起诉讼，法院判决生效后，由保险公司在保单限额内先行赔偿企业的损失。对于专利诉讼过程中最大的障碍——因侵权人对权利人提起的专利无效宣告诉讼产生的损失，只要最终专利维持有效，保险公司将赔偿权利人抗辩无效产生的费用。而且对于保险期限内企业遭遇的多次侵权损失，保险公司给予多次赔偿。如果法院判决书无法弥补企业的维权投入，保险公司补偿企业维权投入将超出的合理部分。同时，根据保险协议，保险公司还向投保企业提供专业的法律服务，投保企业在合理维权时，不仅可以不花一分钱，还可以用非常有经验的团队完成维权官司。如果官司胜诉，则企业获得赔偿，如果官司败诉，败诉损失不需要投保企业承担。

上述险种有效解决了企业专利维权存在执行难、侵权时间不确定、易遭多次侵权、无效抗辩成本高、维权投入高于判决金额、维权结果高度不确定六大痛点，形成了完整的"保险 + 服务"的维权链条。上述产品相较之前的专利保险在赔偿范围、赔偿额度、理赔条件都做了大量优化，并创新了专利保险服务模式，有效满足了企业专利被侵权后希望得到损失赔付的需求。同时通过一系列手段控制逆选择，有助于保险公司长期经营。

经过深圳市知识产权局与有关保险公司的共同体推动，截至 2019 年底，全市共有 911 家企业的 7068 件专利投保，保障总额 30 亿元。

6. 深圳市企业知识产权保险维权案例

（1）深圳宏智自动车衣有限公司。该企业在购买维权保险后，发现有人侵权即采取了维权手段，庭审时被告缺席审判，因此尽管法院判决被告赔偿 9 万元，但根本无法执行。最终，企业通过执行险获得了保险赔偿，并将后续的追偿工作交给保险公司处理，企业避免了法院判决后执行不到位的风险。

（2）深圳市亿科环球科技有限公司。深圳市亿科环球科技有限公司于 2017 年为其专利投保了保险。2018 年，该企业发现其专利被人侵权并报案后，保险公司立即启动理赔服务流程。该企业从未经历过第三方侵权，缺乏维权经验，对维权接下来该怎么做完全不清楚。企业通过保险公司提供的诉前服务，了解了案件的诉讼程序和诉讼风险，认为该案件程序可能比较复杂，但诉讼把握较大。由于企业规模小，资金压力大，企业选择了保险公司推荐的诉讼融资服务，获得了诉讼相关费用和维权团队等全方位支持。目前该案已经庭审结束，庭审结果对投保企业非常有利。

该企业的知识产权负责人对此深有感触："由于之前公司没有做过知识产权维权，第一次遇到侵权后，确实有点不知所措。在向保险公司报案后，保险公司向我们介绍了整个诉讼和保险服务的程序。同时，保险公司还提供了一份诉前服务报告。通过该报告，公司上下对整个诉讼的风险有了较为全面的认识，对诉讼逐渐有了信心。不过即使这样，当需要决定是否起诉对方时，我们还是有一些犹豫。毕竟诉讼要投入大量的时间和费用。好在保险公司的专利保险还提供诉中服务，不仅解决了费用问题，还帮助推荐维权团队，确实大大减轻了维权的压力。"

（3）深圳市生科原生物股份有限公司。深圳市生科原生物股份有限公司于 2017 年向保险公司投保后，2019 年发现有人侵权，但没有找到具体侵权人。因该公司之前享受过保险公司的诉前服务，公司对"保险＋服务"模式很认可。因此向保险公司报案后，要求保险公司提供诉前服务，向其客户说明生科原对知识产权的重视和对第三方侵权的坚决维权。希望其客户放心买生科原的原创产品。

5.5.3 桐乡市地理标志"保险＋维权"创新改革①

为破解地理标志维权援助难的问题，桐乡市市场监管局会同人保、太保等5大保险机构，围绕"桐乡槜李、桐乡湖羊、桐乡杭白菊、桐乡蚕丝被"等证明商标、"濮院毛衫、桐之乡味"等集体商标，锁定富农惠农目标，探索区域公用品牌商标及地理标志侵权保险、产品质量保险、产品价值保险、商标质押保证保险等综合性保险项目，给予11个镇街176个行政村提供知识产权被侵权损失保险和执行保险服务，为助力乡村共同富裕建设提供先进经验。指导并促成桐乡市杭白菊原产地保护中心与浙江英普律师事务所签订《法律服务委托合同》，对"桐乡杭白菊"进行诉讼、执行、和解等全过程维权。建立保险公司先行赔付并代位追偿的保障机制，形成"企业（社会）举报—律师团队法律援助""律师查找线索—中心及企业核实"等多链闭环维权机制，有效降低区域公用品牌运营风险。截至2022年，已确认10余起省外企业侵权事实，出险赔付10余单，保险责任限额已超40万元，挽回损失200余万元。

"桐乡杭白菊"地理标志"保险＋维权"保险，是中国太保产险浙江分公司为桐乡市杭白菊原产地域产品保护中心研发的专项风险保障项目。该项目主要针对地理坐标东经120°17′40″~120°39′45″、北纬30°28′18″~30°47′48″、专利名称为"桐乡杭白菊"的传统茶用菊产品提供服务保障。该项目内容同时涵盖知识产权被侵权损失保险和知识产权执行保险，一旦出现侵权行为，"桐乡杭白菊"地理标志商标持有人和使用人即可获取因商标盗用造成的损失赔偿以及相关法律诉讼费用，能够更加全面地通过双渠道创新服务方式保障地理标志商标持有人和使用人的合法权益。2022年4月，该项目成功入选"浙江省知识产权金融创新十大典型案例"，将作为成功试点案例在浙江省范围内借鉴推广，为助力乡村振兴、打造共同富裕示范区提供先进经验。

---

① 中共嘉兴市发展改革委. 桐乡市以知识产权"保险＋维权"试点改革激活产业创新发展新动能［EB/OL］. https：//www.jiaxing.gov.cn/art/2022/8/1/art_1685305_59544617.html，2022－08－01.

5.5.4　海鸥表业投保全国首单境外展会专利保险

天津海鸥表业集团有限公司（以下简称"海鸥表业"）是我国具有重要影响力的精密机械手表机芯制造基地，70% 以上产品拥有自主知识产权，其中"陀飞轮""问表""万年历"等手表制造技术具有国内、国际领先水平。作为民族先进制造业的代表之一，海鸥表业每年不仅大量产品出口国外，同时更要肩负起中国手表企业在国际市场上展示技术实力、打造我国强势民族品牌的重任。

海鸥表业在 2008 年、2011 年[①] 和 2012 年参加境外展览时分别取得了三次维权胜诉，并意识到了完善海外展会预警机制的重要性。随着国家实施支持企业"走出去"、积极参与"一带一路"建设，海鸥表业 2017 年申请投保了中国人民财产保险股份有限公司天津市分公司境外展会专利纠纷法律费用保险，使企业可以更加自信地在国际舞台展示自身实力，参与国际竞争，更多地向国际市场介绍由我国自主研发、具有独立知识产权的先进制造产品。投保境外展会专利纠纷法律费用保险解除了企业对于在境外引发专利侵权纠纷支出法律费用的担心，充分发挥了保险作为企业财务"稳定器"的重要作用，对于帮助企业"走出去"、加强海外专利保护、重塑民族品牌价值起到重要的助推作用。

5.5.5　青岛市专利质押融资保证保险

为化解贷款风险，解决企业融资难、融资贵的问题，青岛市市场监管局运用融资保证保险工具嵌入式设计了全国首创的专利权质押保险贷款模式。由青岛市市场监管局下设的青岛市知识产权事务中心组织专利评价、保险、

---

① 2011 年 3 月，海鸥参展第 39 届瑞士巴塞尔国际中标博览会，在会展期间瑞士参展商 TF Est 投诉海鸥"陀飞轮不锈钢袖扣饰品"外观形状与其产品相似，属于侵权行为，要求海鸥公司立刻将相关产品撤下展台并接受处罚。而在饰品"袖扣"中嵌入陀飞轮是海鸥的创意，"陀飞轮不锈钢袖扣饰品" 2009 年分别在中国和瑞士申请了专利，并于 2010 年 2 月 17 日获得授权批准。海鸥公司随即对该瑞士企业的"侵权"投诉提出反诉并获胜。瑞士巴塞尔国际钟表展知识产权委员会裁定 TF Est 公司侵犯了海鸥公司持有的外观设计专利权。

银行、担保及经纪服务机构设立青岛市专利权质押保险贷款服务联盟（以下简称"服务联盟"），并制定了联盟章程和专业化的"荐评担险贷"工作流程，由区市主管部门推荐，知识产权咨询机构对拟质押的专利从法律性、技术性、经济性进行综合评估，通过专业化服务化解贷款风险。青岛市还出台《青岛市专利权质押保险贷款专利评价规范》和《青岛市专利权质押保险贷款工作规范》等操作细则，形成完整的风险防控、化解体系，实现专业化服务化解贷款风险，为专利权质押保险贷款工作在全国推广提供了可借鉴的市场化商业运作模式。

在嵌入专利质押融资保证保险后，金融机构风险分担比例由之前的100%变为60%，保险和担保机构各分担了20%的信贷违约风险，有效地提高了银行开展知识产权质押贷款业务的积极性，缓解了知识产权密集型企业融资难问题。此外，青岛市财政对获得专利权质押保险贷款的企业给予50%的贴息资助，并对购买保险产生的保险费给予部分资助，降低企业融资成本近五成，累计使用财政资助资金1703.1万元，财政资金放大超过47倍，通过政策性引导显著缓解了企业贷款贵问题。根据《中国知识产权保险白皮书（2022）》披露，截至2022年9月，专利权质押保险贷款服务提供方人保财险青岛分公司承保246家/次企业，帮助企业获得银行融资超过6亿元。

同时，质押贷款联盟成员企业由最初的5家发展到40余家，根据服务联盟2020年对获得贷款企业经营情况跟踪调查统计，相比2019年同期，解决社会劳动用工增长6.39%、销售收入增长33.774%、利润总额增长1.2%、贷后企业研发投入增长16.94%、上缴税收增长45.33%，一年绝对增长额是五年来财政累计投入资助资金总额的6.69倍。数据表明，青岛市创设的专利质押融资保证保险有效地撬动了金融资源，对青岛市经济社会发展起到"四两拨千斤"的作用。

面对新冠疫情，获得专利权质押保险贷款扶持的企业主动担当回馈社会。其中，青岛三维海容创建于2010年，公司集研发、生产、销售、施工及服务于一体，主要为医院提供医用物品自动传输的专业解决方案，具有Ⅰ类和Ⅱ类医疗器械生产资质，现公司旗下员工近300人，先后获得专利300项，产品遍布全国27个省市，为全国500多家医院提供医用物品自动传输服务。疫情期间，三维海容加急产品研发改造医院物流系统，实现医疗垃圾的无接触式传递，避免交叉感染，在抗疫中体现了获得贷款企业的社会责任感和奉献精神。青岛帝元服饰是另一家得到联盟扶持的企业，公司始创于 2006 年，拥有知名的 ODIN 品牌，拥有国内优质的尼龙拉链、防水拉链、艺术拉链、箱包拉链、阻燃拉链生产工艺，是中国专业的防水拉链的生产商和艺术拉链概念开拓者。2020 年 1 月 26 日，公司按照要求交付 10000 条发往武汉的医用防护服拉链，用高质量的产品助力武汉抗击新冠疫情。

5.5.6　植物新品种权被侵权损失保险

1. 植物新品种权被侵权损失保险推出的背景与意义

种子是农业科技的"芯片"，是我国粮食安全的基础和重要支撑。而植物新品种侵权纠纷具有举证困难、诉讼成本高、赔偿金额不确定性大等特征，种业公司频繁因新品种权被侵权而遭受损失会严重挫伤植物新品种的开发和培育工作，继而危及我国的粮食安全。

以深圳市金谷美香实业有限公司与合肥皖丰种子有限责任公司、霍邱县保丰种业有限责任公司侵害植物新品种权纠纷案为例。[①] 上诉人深圳市金谷美香实业有限公司（以下简称"金谷美香公司"）因与上诉人合肥皖丰种子有限责任公司（以下简称"皖丰公司"）、上诉人霍邱县保丰种业有限责任公司（以下简称"保丰公司"）侵害植物新品种权纠纷一案，不服安徽省合肥市中级人民法院于 2020 年 12 月 18 日作出的（2020）皖 01 民初 1503 号民事判决，向最高人民法院提起上诉，最高人民法院于 2021 年 3 月 10 日立案受理，依法组成合议庭于 2021 年 7 月 6 日进行了询问，并于 2021 年 11 月 2 日审理终结。

在此案件中，原告起诉被告侵占了广东省农业科学院水稻研究所授予原告"黄华占"品种独占实施许可权，然而如何举证证明被诉侵权种子是"黄华占"品种则十分困难。植物种子在多代繁育进化后会出现差异，检测方法也存在争议，难以对植物种子进行品种的比对和确认。在案件中，依金谷美香公司申请，农业农村部植物新品种测试（杭州）分中心对被诉侵权种子是否"黄华占"品种进行鉴定并作出了检验报告，但被告认为该检验报告并非

---

① 最高人民法院（2021）最高法知民终 466 号。

鉴定书，该检验也非鉴定。而且，上诉称该检验报告不合法，鉴定材料被诉侵权种子在鉴定前未经质证，鉴定程序严重违法；认为该检验依据的是基因指纹图谱检测法，而植物品种鉴定依法应当首选田间观察检测法。被告还指出，"黄华占"品种育成已十几年，品种授权也已 11 年多，多代繁育之后，通常会有位点的差异，检验报告未检出差异位点，与科学原理不符。虽然在本案一审和二审判决中均支持了农业农村部植物新品种测试（杭州）分中心的检测结果，认为被诉侵权种子与"黄华占"品种一致，但也反映了植物新品种侵权案件中原告举证难的现实状况。

植物新品种侵权案件还具有诉讼成本高的特点。在本案中，金谷美香公司为维护"黄华占"品种权，针对被诉侵权行为聘请律师事务所进行维权，并承担了律师事务所为维权支付的公证费、差旅费等，金谷美香公司在本案中主张的维权合理开支 5 万元，在一审中并没有给予支持，仅在二审判决中给予支持。

植物新品种侵权案件具有赔偿数额难确定的特点。《种子法》第七十三条规定，侵犯植物新品种权的赔偿数额按照权利人因被侵权所受到的实际损失确定；实际损失难以确定的，可以按照侵权人因侵权所获得的利益确定。权利人的损失或者侵权人获得的利益难以确定的，可以参照该植物新品种权许可使用费的倍数合理确定。侵犯植物新品种权，情节严重的，可以在按照上述方法确定数额的 1 倍以上 3 倍以下确定赔偿数额。权利人的损失、侵权人获得的利益和植物新品种权许可使用费均难以确定的，人民法院可以根据植物新品种权的类型、侵权行为的性质和情节等因素，确定给予 300 万元以下的赔偿。在本案中，原告金谷美香公司无法提供因新品种被侵占导致的损失金额，同时也无法精确估计被告通过侵占新品种实施权获得的利益进行精确计量。一审和二审判决中对赔偿的数额存在较大的分歧，最终二审判决按照原告与被告双方签订的调解协议中约定的金额判令被告皖丰公司承担 100 万元的经济损失，被告保丰公司承担 4 万元的连带经济责任。

2. 植物新品种被侵权损失保险创新[1]

针对植物新品种研发时间长，投资资金大、研发产出不确定性大，知识

① 国家知识产权局知识产权发展研究中心，中国人民财产保险股份有限公司. 中国知识产权保险发展白皮书（2022）［R］. 2022.

产权保护维权难的特点，2022 年，中国人民财产保险有限公司海南省分公司在三亚崖州湾科技城管理局的协助下在海南试点推出了植物新品种被侵权损失保险。中国种子集团有限公司（以下简称"中种集团"）和中国人民财产保险股份有限公司海南省分公司于 2022 年 9 月 2 日签订保险合同，为中种集团持有的植物新品种"川种 3A""荃优 607""中种 R1607"提供植物新品种权被侵权损失保险。对植物新品种权利人因被侵权造成的调查费用、法律费用和能够通过相关法律程序获得的直接经济损失提供保险保障，避免了植物新品种权利人"赢了官司输了钱"的尴尬局面。同年，平安财产保险推出了植物新品种权侵权损失补偿保险，该保险对植物新品种权利人因被侵权遭受的经济损失进行了保障。湖北华之夏种子有限责任公司为其专利品种"华夏香丝"投保了平安产险的植物新品种权侵权损失补偿保险，并根据武汉东湖高新区相关政策文件，享受了科技保险保费补贴。

植物新品种权侵权损失保险的落地，不仅是知识产权保障保险支持制种企业创新发展的一次实践，也是"科技＋保险"组合模式助力农业发展的一次新探索。

第6章

知识产权证券化

6.1 知识产权证券化的概念及现状

6.1.1 知识产权证券化的概念

知识产权证券化（ABS）是知识产权融资的重要方式之一，2013年3月15日中国证监会在《证券公司资产证券化业务管理规定》中已经对资产证券化的业务进行了说明，其中第二条规定，"资产证券化业务是指以特定基础资产或资产组合所产生的现金流为偿付支持，通过结构化方式进行信用增级，在此基础上发行资产支持证券的业务活动"。在第八条中对上述的基础资产也进行了说明，"可以是企业应收款、信贷资产、信托受益权、基础设施收益权等财产权利，商业物业等不动产，以及中国证监会认可的其他财产或财产权利"。除此之外，《专利法》《担保法》《证券法》也分别在知识产权证券化实施中起到重要的作用。

具体而言，知识产权证券化是知识产权权利人作为发起机构将其合法拥有的知识产权衍生受益权，转移给专门开展资产证券化业务的特殊目的载体（SPV），再由特殊目的载体以知识产权等资产作为担保，经过重新包装、信用评估后发行可流通的证券，以此来发起机构融资使得知识产权所有者可以提前实现未来的预期收益的融资方式。对应的知识产权证券化会通过债券和股票两种形式发行，分别以利息和股息、红利的方式偿还融资过程中形成的利息。

在该方式下的融资对于融资者和投资者均有好处。对于融资者而言，知识产权证券化将许可使用费的未来收益权作为基础资产进行融资，保留了知识产权的所有权，同时这种融资方式仅仅是改变了资产的流动性，将变现能力差、流动性弱的知识产权转变为了高流动性的货币资金，在这个过程中既没有增加负债，也没有稀释股权，还通过缓解资金压力间接降低了企业的资产负债率；而对于投资者而言，知识产权证券化的风险和收益处于股票和债券之间，比较稳妥可靠，是一个较好的投资对象。

6.1.2 知识产权证券化的现状

早在 1997 年，音乐版权的资产证券化"鲍伊债券"开启了知识产权证券化的时代，而后美国梦工厂以 14 部影片作为基础资产发行 ABS 进行筹资，2003 年，日本也迈出了知识产权证券化的第一步，推出 Scalar[①] 专利权证券化产品。随着国外市场的不断成熟，我国也开启了这方面的探索，中共中央、国务院于 2015 年发布《关于深化体制机制改革加快实施创新驱动发展战略的若干意见》首次明确提出"探索开展知识产权证券化业务"的要求。之后为促进知识产权证券化的发展，国务院又相继出台了《关于新形势下加快知识产权强国建设的若干意见》《国务院关于印发"十三五"国家知识产权保护和运用规划的通知》《国务院关于印发国家技术转移体系建设方案的通知》《中共中央国务院关于支持深圳建设中国特色社会主义先行示范区的意见》等多项政策，将知识产权证券化的工作纳入其中，深入探索开展知识产权证

---

① Scalar 是一家处于创业阶段的中小企业，主营光学镜头业务并拥有多项光学技术专利。2003 年 Scalar 以许可使用合同的未来收益为基础资产发行了债券、优先证券和受益凭证，发行规模 20 亿日元。

券化融资试点，依法合规开展知识产权证券化业务，实现知识产权的有效运用。2018 年开始我国知识产权证券化的数量开始增加，截至 2020 年，全国共有 17 个知识产权证券化项目在沪深证券交易所发行，累计获得融资资金高达 140 亿元人民币。知识产权证券化相关政策见表 6.1。

表 6.1　　　　　　　　知识产权证券化相关的政策

颁布时间	政策名称	相关的政策内容
2015 年 3 月 13 日	《关于深化体制机制改革加快实施创新驱动发展战略的若干意见》	探索开展知识产权证券化业务
2015 年 3 月 30 日	《国家知识产权局关于进一步推动知识产权金融服务工作的意见》	鼓励金融机构开展知识产权证券化，探索专利许可收益权质押融资模式等
2015 年 12 月 18 日	《关于新形势下加快知识产权强国建设的若干意见》	创新知识产权投融资产品，探索知识产权证券化，完善知识产权信用担保机制，推动发展投贷联动、投保联动、投债联动等新模式
2016 年 12 月 30 日	《国务院关于印发"十三五"国家知识产权保护和运用规划的通知》	探索开展知识产权证券化和信托业务，支持以知识产权出资入股，在依法合规的前提下开展互联网知识产权金融服务，加强专利价值分析与应用效果评价工作，加快专利价值分析标准化建设
2017 年 9 月 15 日	《国务院关于印发国家技术转移体系建设方案的通知》	开展知识产权证券化融资试点，鼓励商业银行开展知识产权质押贷款业务
2018 年 4 月 11 日	《关于支持海南全面深化改革开放的指导意见》	鼓励探索知识产权证券化，完善知识产权信用担保机制
2019 年 2 月 22 日	《粤港澳大湾区发展规划纲要》	开展知识产权证券化试点
2019 年 8 月 9 日	《中共中央、国务院关于支持深圳建设中国特色社会主义先行示范区的意见》	探索知识产权证券化，规范有序建设知识产权和科技成果产权交易中心
2020 年 4 月 30 日	《关于做好 2020 年知识产权运营服务体系建设工作的通知》	依法依规推进知识产权证券化。积极复制借鉴现有成熟经验，以产业链或产业集群高价值专利组合为基础，支持构建底层知识产权资产
2020 年 6 月 28 日	《国务院关于做好自由贸易试验区第六批改革试点经验复制推广工作的通知》	在全国范围内复制推广自贸试验区第六批改革试点经验，包括在金融开放创新领域对知识产权证券化的推广

6.2 知识产权证券化的一般运作过程

6.2.1 参与主体

1. 发起人

发起人即知识产权的原始权益人，拥有知识产权的所有权或受益权，根据自身融资的需要，筛选出部分知识产权（包括专利权、著作权等），组成一定规模的资产池，一般要求该资产池能够组合成具体的某项技术并能够创造产品。

2. 特殊目的载体

特殊目的载体（SPV），顾名思义就是为了完成企业资产证券化的目的而专门设立的独立的法律主体，主要负责购买发起人的知识产权，并以其为基础资产发行知识产权证券化的产品，是发起人和投资者之间的媒介，能够起到风险隔离的作用。

3. 信用增级机构

信用增级机构是对知识产权证券化的产品进行提供额外信用支持的机构，能够通过内部增信和外部增信，提高产品的信用等级，达到投资者对等级的要求，降低投资者的投资风险，同时也能够降低发起人的融资成本。

4. 中介机构

中介机构是指在证券化过程中所涉及的相关的各类机构，包括计划管理人（券商）、委托银行、监管银行、登记委托机构、财务咨询机构等。其中：计划管理人是指承担产品发行的机构；监管银行主要负责资金回流的工作；委托银行则是将回流资金进行分配；登记委托机构负责将证券化的产品进行登记和本息的偿付工作。另外，涉及的和财务、法律相关的事宜，主要交给财务咨询机构和法律咨询机构负责。

5. 信用评估机构

信用评估机构是指企业在发行证券化的产品时，对其风险进行评估的机构，以此为投资者提供决策依据，在发行产品后该评估机构也需要定期进行评估活动，根据评估结果对产品的信用等级进行调整，以维护投资者的权益。

6. 投资者

投资者是指购买证券化产品的个人和金融机构。

6.2.2 一般运作流程

如图 6.1 所示，知识产权证券化的运作流程一般包括资产池的构建、产品的设计、评级与证券发行、销售与资产管理等，具体流程如下。

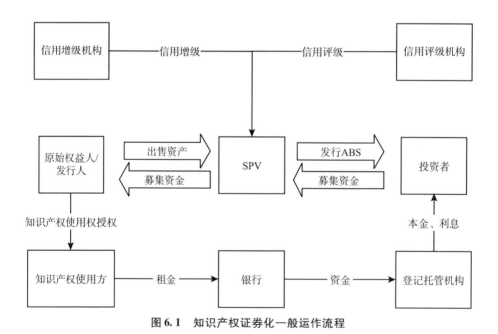

图 6.1 知识产权证券化一般运作流程

1. 筛选知识产权，组建资产池

发行人根据自身的融资需求确立目标，在此基础上对企业拥有的知识产权进行筛选，组建资产池，一般而言企业会采用专利组合的构想进行选择，组成以某项技术为核心的资产池。

2. 设立 SPV，进行风险隔离

指在证券化的过程中，为了防止证券化的资产因为贬值等风险对原始权益人造成不良的影响，进而设立特殊目的载体（SPV），起到隔离风险的作用。

3. 设计知识产权证券化的产品并进行信用增级

在确定资金池、设立 SPV 之后，接下来需要对产品进行信用增级，其中内部增信方案中，一般通过超额抵押的方式进行，超额抵押具体是指企业证券化的总体规模小于资产池的总体规模，超过的部分便是对证券进行担保的部分，在该方案下一旦资金池发生损失，超额抵押部分能够首先起到保护作用，但是内部增信方案最后的风险都是由原始权益人承担的，对于企业来说压力较大。鉴于此企业也会通过外部增信的方式，分散融资风险，外部信用增级一般由专业的第三方担保公司提供，一旦发生企业无法偿还的损失便由担保公司承担，在一定程度上提高了信用等级，但是与此同时也增加了融资成本。

4. 对产品进行信用评级

在证券发行之前，SPV 会聘请专业的评估机构对产品进行信用评级，主要是对其预期能够产生的现金流量的持久性和稳定性进行评估，以此确认信用等级，信用等级越高，其融资成本越低。

5. 认购与本息兑付

在知识产权证券化产品获得评级后，一般由证券公司承销，并向合格社会投资者发行资产支持证券；原始权益人在合同到期日前，将基础资产分配的收益归集至资产支持专项计划，并委托托管银行将资金用于对投资者本金利息的偿付、对中介机构服务费用的支付，多余的部分返还给 SPV。

6.3　知识产权证券化的业务模式与典型案例分析

2015 年国家印发《关于深化体制机制改革加快实施创新驱动发展战略的若干意见》提出探索开展知识产权证券化业务，部分省市也相继出台了相关政策予以支持，直至 2018 年以后我国才陆续涌现大规模的知识产权证券化产品（见表 6.2），其中以"文科一期 ABS""广州开发区专利许可 ABS""奇艺世纪知识产权 ABS"最具代表性，本研究根据原始权益人获得知识产权方式以及基础资产设计角度的不同将上述证券化的案例归类为融资租赁模式、专利许可授权模式、供应链金融模式以及小额贷款模式，并据此展开本章的案例分析。

表 6.2　　我国已发行的知识产权证券化产品明细（截至 2020 年 12 月）

日期	产品名称	金额（亿元）
2020 年 12 月	龙岗区－平安证券－高新投知识产权 1 号资产支持专项计划	2.43
2020 年 12 月	苏州工业园区第 1 期知识产权资产支持专项计划	0.45
2020 年 10 月	兴业圆融－佛山耀达专利许可 1 期资产支持专项计划	3.81
2020 年 9 月	上银国际投资（深圳）有限公司 2020 年度第一期精诚建泉深圳南山区知识产权定向资产支持票据	2.10
2020 年 9 月	南山区－中山证券－高新投知识产权 3 期资产支持计划（5G 专场）	4.55
2020 年 9 月	中信证券－广州开发区新一代信息技术专利许可资产支持专项计划	2.32
2020 年 8 月	南山区－中山证券－高新投知识产权 2 期资产支持计划（中小企业）	2.00
2020 年 8 月	浦东科创 2 期知识产权资产支持专项计划	0.67
2020 年 7 月	坪山区－南方中心－长江 1~10 期知识产权资产支持专项计划	10.00
2020 年 6 月	龙岗区－平安证券－高新投知识产权 1~10 号资产支持专项计划	10.00
2020 年 3 月	南山区－中山证券－高新投知识产权 1 期资产支持计划（疫情防控）	3.20
2020 年 3 月	浦东科创 1 期知识产权资产支持专项计划（疫情防控 ABS）	0.38
2020 年 2 月	南山区－中山证券－高新投知识产权 1~5 期资产支持计划	10.00

续表

日期	产品名称	金额（亿元）
2020 年 1 月	第一创业 – 首创证券 – 文化租赁 1 期资产支持专项计划	9.69
2019 年 12 月	平安证券 – 高新投知识产权 1 号资产支持专项计划	1.24
2019 年 12 月	浦东科创 1～10 期知识产权资产支持专项计划	10.00
2019 年 12 月	平安证券 – 高新投知识产权 1 号资产支持专项计划	1.24
2019 年 11 月	平安证券 – 高新投知识产权 1～10 号资产支持专项计划	10.00
2019 年 11 月	中信证券 – 爱奇艺知识产权供应链金融资产支持专项计划 1 期	5.27
2019 年 9 月	兴业圆融 – 广州开发区专利许可资产支持专项计划	3.01
2019 年 9 月	中信证券 – 爱奇艺知识产权供应链金融资产支持专项计划 1～15 期	30.00
2018 年 12 月	奇艺世纪知识产权供应链金融资产支持专项计划	4.70
2018 年 12 月	第一创业 – 文科租赁一期资产支持专项计划	7.33
2018 年 12 月	北京市文化科技融资租赁股份有限公司 2019 年度第一期资产支持票据	7.70
2018 年 3 月	文科租赁三期资产支持专项计划	8.39
2017 年 9 月	文科租赁二期资产支持专项计划	4.48
2015 年 12 月	文科租赁一期资产支持专项计划	7.66

资料来源：根据 CNABS 数据库（www.cn-abs.com）整理。

6.3.1 融资租赁模式——以"文科一期 ABS"为例①

2018 年 12 月 14 日我国首只知识产权证券化标准化产品"第一创业 – 文科租赁一期资产支持专项计划"（简称"文科一期 ABS"）在深圳证券交易所成功获批，融资总额达 7.33 亿元，打破了我国知识产权证券化零的记录。该计划的原始权益人为北京市文化科技融资租赁股份有限公司（简称"文科租赁"），该公司主要是为文化科技类企业提供融资租赁等服务，并于 2015 年首创知识产权融资租赁业务，充分盘活了企业的知识产权，不仅为文化科技企业开辟了全新的融资途径，而且还为后期的知识产权证券化奠定了基础，

---

① 《第一创业 – 文科租赁一期资产支持专项计划说明书》。

具有一定的代表性，因此此处采用"文科一期 ABS"的案例对融资租赁模式下的知识产权证券化进行具体分析。

1. 资产支持证券的基本情况

如表 6.3 所示，专项计划设置优先级资产支持证券和次级资产支持证券两类资产支持证券。其中优先级资产支持证券分成优先级 A1 级资产支持证券、优先级 A2 级资产支持证券、优先级 A3 级资产支持证券，上述优先级资产支持证券在违约事件发生之前，其利益分配顺序是按照 A1、A2、A3 依次进行的。若发生违约事件，优先 A1 级、优先 A2 级、优先 A3 级资产支持证券同顺序按比例进行兑付，与此同时次级资产支持证券由原始权益人全部购买且不得转让，能够为优先级资产支持证券提供 5.09%（以应收租金的本金规模计算）的信用支持。

表 6.3　　　　　　　　　　　资产支持证券基本情况

资产支持证券品种	规模（亿元）	面值（元）	预计到期日	发行利率（%）	信用级别
优先级 A1	3.1	100	2019 年 12 月 28 日	5.1	AAA
优先级 A2	2.75	100	2020 年 12 月 28 日	5.4	AAA
优先级 A3	1.11	100	2021 年 9 月 28 日	5.5	AAA
次级	0.37	100	2021 年 9 月 28 日	—	无评级

资料来源：根据《第一创业 – 文科租赁一期资产支持专项计划说明书》披露数据整理。

2. 基础资产情况

根据专项计划说明书披露可知，文科租赁作为专项计划的原始权益人，与 13 个承租人签订了 10 份租赁合同，资产信用较高，正常类占比为 100%，未发生承租人违约、早偿的情况。该资金池的基础资产分别为软件著作权、电影电视剧本著作权、形象著作权以及专利权等无形资产。截至基准日（2018 年 10 月 10 日）未偿本息余额为 81036.26 万元，其中未偿本金余额为 73331.24 万元，具体如表 6.4、表 6.5 所示。

表 6.4 基础资产构成基本情况

承租人	类型	初始合同本金（万元）	未偿本金余额（万元）	剩余年限（年）	租赁利率（%）
北京招通致晟科技有限公司	计算机软件著作权	6000	6000	3.04	6.80
北京艺鼎文化传播有限公司&霍尔果斯橙子映像传媒有限公司	剧本著作权	5000	5000	2.06	11.95
湖北凯乐科技股份有限公司	专利技术	10000	8811.02	2.03	5.70
霍尔果斯吉翔影坊影视传媒有限公司 & 北京吉翔影坊影视传媒有限公司	剧本著作权	5000	5000	2.03	6.50
人民数字科技产业有限公司	计算机软件著作权	3000	3000	3.04	6.60
大业传媒集团有限公司 & 杭州漫奇妙动漫制作有限公司	美术作品著作权	8000	7000	4.06	10.00
北京中科金财科技股份有限公司	计算机软件著作权	16000	13520.22	3.04	5.80
深圳市科陆电子科技股份有限公司	专利技术	10000	10000	3.04	6.30
北京捷成世纪科技股份有限公司	计算机软件著作权	10000	10000	3.04	5.90
北京东土科技股份有限公司	计算机软件著作权	5000	5000	3.04	6.20

资料来源：根据《第一创业－文科租赁一期资产支持专项计划说明书》披露数据整理。

表 6.5 基准日基础资产池基本情况

项目	数值
未偿本金余额（万元）	73331.24
剩余未尝本息（万元）	81036.26
承租人数量（人）	13
租赁合同笔数（笔）	10
合同本金总额（万元）	78000

续表

项目	数值
单笔租赁合同最大金额（万元）	16000
单笔租赁合同最小金额（万元）	3000

	项目	数值
租赁合同期限	加权平均租赁合同期限（月）	34.89
	加权平均租赁合同剩余期限（月）	30.72
	单笔租赁合同最长剩余期限（月）	38
	单笔租赁合同最短剩余期限（月）	21
信用状况	信用状况——正常类（%）	100
集中度	未偿本金余额最高的前五名承租人集中度（%）	67.27
	未偿本金余额最高的前三个行业集中度（%）	87.98

从知识产权所属行业分布（见图6.2）来看，所涉及的行业大部分为软件和信息技术服务业和娱乐业，占比分别为51.17%和23.18%。

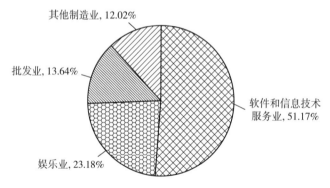

图6.2 资产池行业分布

资料来源：根据《第一创业－文科租赁一期资产支持专项计划说明书》披露数据整理。

3. 交易结构

（1）参与主体。如表6.6所示，文科一期ABS的主要参与者涉及承租人、原始权益人、资产支持证券持有人、监管银行、托管银行、登记机构、第一差额支付人、第二差额支付人、计划管理人等概念。其中：文科租赁为原始权益人/第一差额支付人/资产服务机构；文科租赁的母公司文投集团为第二差额支付人；计划管理人为第一创业；托管银行和监管银行分别为华夏银行和南京银行；登记委托机构为中国证券登记结算有限公司；信用评级机构为中诚信证券评估有限公司。

表 6.6   "文科一期 ABS"主要参与主体（2018 年 12 月 14 日）

主要参与主体	机构名称
原始权益人/第一差额支付人/资产服务机构	北京市文化科技融资租赁股份有限公司（简称"文科租赁"）
第二差额支付人	北京市文化投资发展集团有限责任公司（简称"文投集团"）
计划管理人	第一创业证券股份有限公司（简称"第一创业"）
托管银行	华夏银行股份有限公司
监管银行	南京银行股份有限公司（北京分行）
登记委托机构	中国证券登记结算有限责任公司
评级机构	中诚信证券评估有限公司

（2）基础资产业务模式。文科租赁的主要业务模式如图 6.3 所示，底层资产的承租人将自身拥有的专利权、商标权和版权等知识产权转让给文科租赁，再以售后回租的方式将知识产权租给承租人，约定承租人定期向原始权益人支付租金的义务，从而形成了比较稳定的现金流，最后以文科租赁对承租人的应收租金为基础发行资产支持证券。

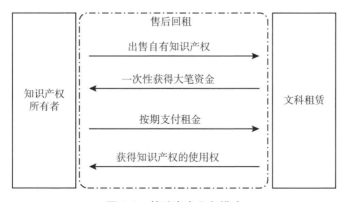

图 6.3   基础资产业务模式

（3）特殊目的载体（SPV）。文科租赁和计划管理人第一创业签订资产转让协议，将上述资金债权及其附属担保权益一并转移给第一创业设立的特殊目的载体（SPV），使得文科租赁的经营情况不会影响资产的价值，以达到破产隔离的效果。随后由第一创业发行由租金债权作为基础资产构成的证券，并将募集资金支付给文科租赁。

（4）资产服务机构。第一创业委托文科租赁为资产服务机构，负责基础资产的管理以及将租金回收款划入监管银行的工作。

（5）监督机制。一旦文科租赁没有履行资产服务机构资金划转的义务，监管银行将直接将基础资产产生的现金流划入专项计划账户，并由托管银行托管。

（6）差额支付承诺。若在交易过程中，回收的现金无法偿付证券的预期收益和本金，将由文科租赁和文投集团分别作为第一、第二差额支付承诺人，对差额部分进行补足，以保证证券持有人的利益（如图6.4所示）。在该模式下，文科租赁将知识产权证券化，通过发放证券的方式提前回收企业专利

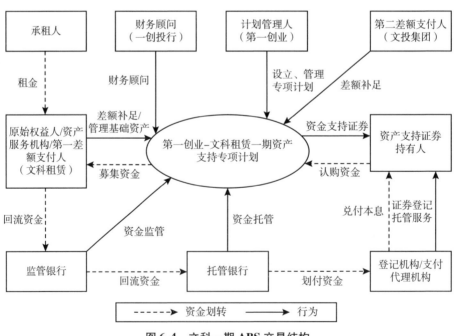

图6.4　文科一期 ABS 交易结构

权和商标权的未偿本金余额 7.33 亿元，并按季度向投资者支付固定利息作为代价，在分散知识产权未来收益风险的同时，还能在短期内获得知识产权的经济价值并再次投资于知识产权租赁业务，实现业务的扩张、企业规模的扩大。

4. 信用增级方式

由信用增级理论可知，证券的信用等级是影响其发行成本的重要因素之一，因此采取相应的措施增加信用级别能够降低证券的发行成本；同时信用增级措施也是为了在基础资产出现违约时，保证优先级资产支持证券本息兑换的安排。在该专项计划中，文科租赁设置了三种信用增级方式，分别为优先级/次级分层、差额支付承诺以及现金流转付机制。

（1）优先/次级分层。优先级/次级分层的支付机制要求该资产支持证券分为优先级资产支持证券和次级资产支持证券，其中前者所募集的金额为 6.96 亿元，后者为 0.37 亿元。在进行利益分配时，只有当优先级资产支持证券的预期收益/应付本金支付完毕后，方可进行次级资产支持证券的利益分配。换而言之，当基础资产产生的现金流不足，无法正常支付本金和利息时，次级资产支持证券就必须首先承担损失，而次级资产支持证券最多能够为优先级资产支持证券提供 5.09% 的信用支持。另外次级资产支持证券全部由原始权益人（文科租赁）认购，在一定程度上也能够减少道德风险的产生。

（2）差额支付承诺。在该专项计划中设置文科租赁为第一差额支付人，其母公司文投集团为第二差额支付人，根据专项计划说明书，在每个托管人报告日，托管银行会对专项计划的账户进行核算，若该账户当期收到的款项不足以支付该期优先级资产支持证券的本息时，托管银行便会向第一差额支付人发出《第一差额支付通知》，而文科租赁需要在规定期限内予以补足；若出现第一差额支付人文科租赁专项计划账户中资金不足的情况时，那么第二差额支付人文投集团就需要履行相应的义务，对其差额部分进行补充。差额支付承诺在一定程度上能够降低因为承租人还款能力下降带来的回款延迟的风险。

（3）现金流转付机制。在专项计划中涉及的现金流转机制包括回收款转付机制和保证金转付机制，主要是针对文科一期由于短期偿债能力下降，可能出现的基础资产现金流入与其他资金混同的风险，而采取的增信措施。其中回收款转付机制是以文科一期（资产服务机构）的长期主体信用评级为判断依据，若评级机构给予资产服务机构的长期主体信用评级高于"AA－"级时，资金的回收工作依旧由资产服务机构负责，按时划入专项账户，反之资产服务机构或者计划管理人将通知承租人、保证人、物权担保人以及其他相关方将应付款项直接汇入对应的账户。保证金转付机制是以评级机构给予文科租赁（原始权益人）的长期主体信用评级或者给予文投集团的长期主体信用评级为参考依据的，其中若前者的信用评级低于"AA－"或者后者的信用评级低于"AA＋"时，届时文科租赁将会直接将承租人或者第三方交付的保证金全部转至专项计划账户，并由托管银行登记管理。

5. 信用触发机制

在信用触发机制下，资产支持证券兑付一旦发生违约事件，便会触发基础资产现金流支付机制的重新安排，首先对优先级资产支持证券形成保护，而专项计划账户中的资金也不再区分是收入回收款还是本金回收款，而是将两者混合并扣除相关的税费后，按比例偿还优先级资金支持证券的本息，剩余部分才会用于次级资产支持证券的偿还。

6. 信用触发顺序

当基础资产出现违约事件，专项计划的回收资金将会减少，而随着违约率的上升，损失将依次发生在次级和优先级，其中优先级资产支持证券会获得次级资产支持证券 5.09% 信用支持。若损失继续加大，第一差额支付人和第二差额支付人将会予以支持，优先保证优先级资产支持证券的兑付。与此同时现金流转机制和信用触发机制则是在资产服务机构和资产池自身的情况发生恶化时发挥作用的，两者并无逻辑上的先后关系，其目的同为保护优先级资产支持证券的本金和利息及时偿付。

6.3.2 专利许可授权模式——以"广州开发区专利许可 ABS"为例[①]

2019 年 9 月 11 日，广州开发区成功在深圳证券交易所发行了我国首个

---

① 根据《兴业圆融－广州开发区专利许可资产支持专项计划说明书》整理。

以专利许可应收款为基础的资产证券化产品——兴业圆融 - 广州开发区专利许可资金支持专项计划，该产品的推行成功解决了专利资产证券化时遇到的专利价值评估、产品结构设计等方面的问题，是我国在知识产权融资和资产证券化上的一次重大突破，具有一定的历史意义，因此本节以上述专项计划作为研究对象对专利许可授权模式进行解析。

1. 资产支持证券的基本情况

由专项计划说明书可知，该资产支持证券根据不同的收益、风险和特征分别设置优先级和次级的资产支持证券，其中优先级资产支持证券的目标募集规模为 28595 万元，占总募集规模的 95%，并通过过手摊还的方式偿还利息，最后预计于 2023 年 9 月 26 日前偿还本金，而次级资产支持证券由原始权益人全部购买，预计规模为 1505 万元，能够为优先级资产支持证券提供5% 的信用支持（见表 6.7）。

表 6.7 资产支持证券基本情况

资产支持证券品种	规模（万元）	面值（元）	预计到期时间	还本付息方式	评级	规模（万元）	比例（%）
优先级	28595	100	2023 年 9 月 26 日	过手摊还型 *按季度付息	AAA	28595	95
次级	1505	100	2024 年 9 月 26 日	到期分配本金和剩余收益	无	1505	5

注：* 过手摊还：是指相对于一般的债券没有固定的偿付时间和金额，而是根据实际流入的现金情况，按照比例分配给投资者，该方式能够有效地减少现金的沉淀闲置成本。

2. 基础资产情况

根据兴业圆融 - 广州开发区专利许可资产支持专项计划说明书可知，专项计划的原始权益人凯得租赁和华银医学等 11 家广州开发区的中小型企业专利持有者签订专利许可合同，并将 103 项发明专利和 37 项实用新型专利的应收专利许可费作为基础资产进行资产证券化（见表 6.8）。截至 2019 年 8 月 9 日专利许可应收款金额预计 39130 万元。

表 6.8   **基础资产基本情况**

序号	专利供应者	所处行业	第一次专利*许可费（万元）	第二次专利**许可费（万元）	应收专利许可费余额占比（%）
1	高新兴科技集团股份有限公司	软件和信息技术服务业	4500	5850	24.58
2	广州吉欧电子科技有限公司	软件和信息技术服务业	2900	3770	
3	广州新森快捷电器科技有限公司	计算机、通信和其他电子设备制造业	4500	5850	14.95
4	金发科技股份有限公司	橡胶和塑料制品业	4500	5850	14.95
5	威创集团股份有限公司	研究和试验发展	4500	5850	14.95
6	广州万孚生物技术股份有限公司	科学研究和技术服务业	4500	3900	12.62
7	广东佳德环保科技有限公司	科学研究和技术服务业	800	1040	
8	广州立达尔生物科技股份有限公司	制造业	2000	2600	10.30
9	广州申设机器人智能装备股份有限公司	制造业	800	1040	
10	广州世荣电子股份有限公司	制造业	300	390	
11	广州华银医学检验中心有限公司	卫生和社会工作	2300	2990	7.64
	合计		30100	39130	100

注：*第一次专利许可：是指专利权人（许可方）和凯得租赁（被许可方）签署协议，使得被许可方能够以独占许可专利的方式获得该项专利的约定权益和再许可权，同时被许可方向许可方一次性支付专利许可费。**第二次专利许可：基于第一次专利许可所取得的约定权益和再许可权，凯得租赁（许可方）和专利客户（被许可方）签订协议，被许可方能够获得特定专利的使用权以生产对应的产品，同时被许可方按季度向许可方支付专利许可费。

资料来源：根据兴业资管网站公开资料整理。

从基础资产池专利价值分布来看（见表6.9），参与资产支持计划的每家企业对应 1 笔知识产权许可，合同期限均为 5 年，专利许可合同应收款平均余额为 3557.27 万元，单笔专利许可合同最高许可应收款总额为 5850 万元，专利许可应收款余额最高的前五名被许可人集中度不到 70%。总体而言，该计划下的专利许可应收款分布均匀，不存在单一许可应收款过高的情形，有利于降低资产支持证券还本付息风险。

表 6.9 　　　　　　　基准日基础资产池基本情况（2019 年 8 月 9 日）

项目		数值
专利许可应收款金额（万元）		39130
专利客户数量（个）		11
专利许可合同笔数（笔）		11
单笔专利许可合同最高专利许可应收款总额（万元）		5850
专利许可合同专利许可应收款平均余额（万元）		3557.27
专利许可合同期限	加权平均专利许可合同期限（月）	60
	单笔专利许可合同最长剩余期限（月）	60
	单笔专利许可合同最短剩余期限（月）	60
信用状况	信用状况——正常类（%）	100
集中度	专利许可应收款余额最高的前五名被许可人集中度（%）	69.77

资料来源：兴业圆融－广州开发区专利许可资产支持专项计划说明书。

该资产支持证券计划共涉及 7 个行业（如图 6.5 所示），按照应收专利许可费余额占比从大到小的顺序排列，分别是软件和信息技术服务业，计算机、通信和其他电子设备制造业，橡胶和塑料制品业，研究和试验发展，科技推广和应用服务业，其他制造业以及卫生业。其中，专利许可费余额最高的前两大行业占比超过 39%，且均属于强科技属性行业。

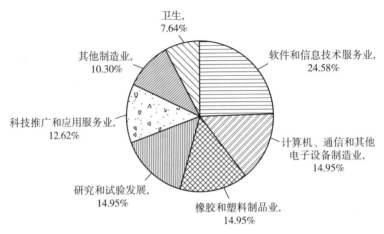

图 6.5　资产池行业分布

3. 交易结构

（1）参与主体。如表 6.10 所示，该产品的主要参与主体涉及原始权益人广州凯得融资租赁有限公司、差额支付承诺人广州开发区金融控股集团有限公司、计划管理人兴证证券资产管理有限公司、评级机构中诚信证券评估有限公司、托管机构、监管银行中国民生银行股份有限公司（广州分行）、资产服务机构广州凯得融资租赁有限公司、律师事务所北京市金杜律师事务所。

表 6.10　　　　　　　"广州开发区专利许可 ABS" 主要参与主体

主要参与主体	机构名称
原始权益人	广州凯得融资租赁有限公司（简称"凯得租赁"）
差额支付承诺人	广州开发区金融控股集团有限公司（简称"开发区金控"）
计划管理人	兴证证券资产管理有限公司（简称"兴证资管"）
评级机构	中诚信证券评估有限公司（简称"中诚信证券"）
托管银行	中国民生银行股份有限公司（广州分行）
监管银行	中国民生银行股份有限公司（广州分行）
登记机构	中国证券登记结算有限责任公司深圳分公司（简称"中证登深圳分公司"）
资产服务机构	广州凯得融资租赁有限公司
律师事务所	北京市金杜律师事务所

资料来源：根据 CNABS 数据整理。

（2）基础资产业务模式。如图6.6所示，为该项计划基础资产的业务模式，其中主要涉及两次专利许可，第一次专利许可是专利权人与凯得租赁签署《专利独占许可协议》，在该协议下凯得租赁从专利权人手中获得特定专利的约定权益和再许可权；在进行第二次专利许可时，凯得租赁作为专利权人再将特定的专利授权给专利客户（原专利权人），使得专利客户能够生产专利对应的产品，同时根据第二次专利许可的约定，专利客户按季度向专利权人支付相应的费用，从而形成稳定的现金流，最后凯得租赁委托兴证资管以上述稳定的专利许可费为基础资产发行资产支持证券。该业务模式与文科租赁中所涉及的融资租赁模式有共同之处，其中涉及的二次专利许可和售后回租都是为了保证企业可以利用原有的知识产权开展正常的经营活动。

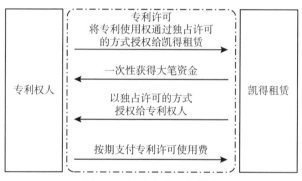

图6.6 基础资产业务模式

（3）交易流程。图6.7为该项计划的交易结构，通过该结构图能够清楚看到其交易的流程，具体如下：凯得租赁与拥有各项专利的中小科技企业签订两次专利许可合同，以此形成的稳定现金流成为发行该资产支持证券的基础。而后原始权益人凯得租赁作为发行人，聘用中诚信证券作为信用评级单位对该知识产权资产支持证券进行信用评估，并以开发区金控作为差额支付人进行信用增级，另外将兴业证券作为计划管理人和销售机构，向投资者发行资产支持证券，而资产服务机构凯得租赁负责对应的专利许可费的回收和催缴并将其存于托管银行。最后登记机构中证登深圳分公司受计划管理人的委托将托管银行的资金用于向投资者支付资产支持证券的本金和预期收益。

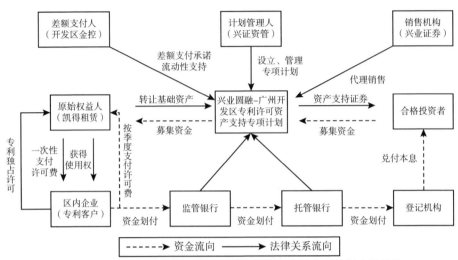

图 6.7 兴业圆融－广州开发区专利许可资产支持专项计划交易结构

4. 信用增级方式

信用增级是指当基础资产出现违约以致损失时有助于保证优先级资产支持证券本息兑付的安排。在此次专项计划中包括以下信用增级方式：

（1）优先级/次级结构。该项计划在设置资产支持证券时引入了优先级和次级结构分层的概念，将资产支持证券分为优先级资产支持证券和次级资产支持证券，其中前者的募集资金为 28595 万元，后者募集的资金为 1505 万元，分别占比 95% 和 5%，其中次级资产支持证券的持有者为原始权益人——凯得租赁，也就是说凯得租赁能够为优先级的资产支持证券提供 5% 的信用支持，也能够防范原始权益人的道德风险。

（2）风险金。为防范专利客户无法按期支付专利许可费等事项，因此该项目设置了风险金，风险金的金额为 1505 万元，是第一次专利许可授权费的 5%。若客户无法准时支付租金，那么资产服务机构便有权从风险金中扣除相应的金额并直接划转到专项计划的账户，以偿付投资者相应的本金和利息，而专利客户也有义务偿还相应的资金以补足风险金的余额。

（3）超额现金流覆盖。根据基础资产的合同分析，基础资产每期能够收回的资金高于每期需要支付给投资者利息和本金的 20%，能够产生一定的超额覆盖，对优先级资产支持证券提供信用支持。

（4）差额支付承诺。在专项计划中约定的按照分配顺序支付当期税费、优先级资产支持证券预期支付额后所产生的差额部分，由差额支付承诺人开发区金控承诺支付；另外对优先级资产支持证券的回售和赎回价款的支付也承担差额补足义务。

（5）流动性支持。开发区金控除了是此次专项计划的差额支付承诺人，同时也作为流动性支持承诺人签署了《流动性支持承诺函》，在此函中要求开发区金控在承诺期间必须是原始权益人凯得租赁的持股股东，持股比例不低于100％，并在该期间拥有对凯得租赁的实际控制权和管理控制权。

5. 信用触发顺序

在信用触发机制下，当基础资产出现违约事件，资产服务机构可以先在风险金中扣除相应部分抵作专利许可使用费，并作为基础资产回收款直接划入专项计划账户；其次凯得租赁赎回不合格的资产，若其无法成功收回，那么随着违约率的上升，导致专项计划回收款的减少，所产生的损失部分依次按照超额覆盖的现金流、优先级/次级分层、开发区金控提供差额支付承诺、权利完善事件、违约事件以及提前终止事件等方式为优先级资产支持证券的兑付提供保障。

6.3.3 供应链金融模式——以"奇艺世纪知识产权 ABS"为例①

供应链金融 ABS 是指以某一资质良好的核心企业的上游供应商对该核心企业的应收账款债权作为基础资产，以核心企业的良好信用为支持发行的 ABS 产品，其中根据债权主体的不同可以分为贸易类应收账款 ABS、票据收益权 ABS、贸易融资 ABS、正向保理 ABS 以及反向保理 ABS②。2019年12月24日，我国首个知识产权供应链金融证券化产品——"奇艺世纪知识产权供应链金融资产支持专项计划"在上交所获批发行，在该计划中供应链保理商与资信能力较强的下游核心企业（债务人）达成反向保理的协议，为上游的供应商（债权人）提供融资方案。具体来说，首先由债权人将应收

---

① 根据《奇艺世纪知识产权供应链金融资产支持专项计划说明书》整理。

② 正向保理（standard factoring）又称卖方保理，是指由债权人（卖方）发起业务申请的保理；反向保理（reverse factoring）又称买方保理，是指由债务人（核心企业）发起或主导业务申请的保理。

账款整合形成资金池，然后由保理公司以保理债权的形式对应收债权进行证券化融资，其中该计划实施的核心在于市场对版权作品内容质量和债权人偿债能力的认可。该计划的实施，一方面能够缩短债权人的回款周期，将资金尽早用于自身项目的开发，另一方面债务人也能够通过循环期的方式增加新的项目，最后达到让知识创作更有空间，运营平台更有活力的效果。

1. 资产支持证券的基本情况

该计划中证券的发行总量为 4.7 亿元，其中证券化产品优先级 A1 为 0.46 亿元，信用评级为 AAA，产品发行利率为 5%，发行期间为 1 年；优先级 A2 证券为 4 亿元，信用评级为 AAA，产品发行利率为 5.5%，发行期间为 2 年；次级证券为 0.24 亿元，为 2 年期的证券化产品（见表 6.11）。所有证券化的产品均按年付息，到期还本。

表 6.11　　　　　　　　　　资产支持证券基本情况

资产支持证券品种	规模（亿元）	面值（元）	预计到期日	还本付息方式	发行利率（%）	信用级别
优先级 A1	0.46	100	2019 年 12 月 25 日	按年付息到期还本	5	AAA
优先级 A2	4	100	2020 年 12 月 25 日	按年付息到期还本	5.5	AAA
次级	0.24	100	2020 年 12 月 25 日	—	—	—

2. 基础资产情况

根据奇艺世纪知识产权 ABS 的证券化类型可知，其基础资产为应收账款，如表 6.12 所示为该计划中所涉及的基础资产池的概况，由表 6.12 可知应收账款的余额为 52527.9 万元，主要来源于知识产权（电影、电视剧和综艺节目版权等）的采购款项，其中涉及 12 家债权人且行业分布较为集中为影视制作业，而债务人仅为奇艺世纪 1 家。

表 6.12   基础资产池概况

项目	数值
应收账款余额总计（万元）	52527.9
应收账款笔数（笔）	13
债务人数（人）	1
债权人数（人）	12
单笔应收账款最小未偿余额（万元）	885
单笔应收账款平均未偿余额（万元）	4040.61
单笔应收账款最大未偿余额（万元）	8400

如表 6.13 所示为基础资产金额排名前五的债权人，合计金额为 38280 万元，其中浙江华策影视股份有限公司涉及 2 笔债权，其应收账款金额最大、占比最高（应收账款金额为 10130 万元，占应收账款总额的 19.28%）。

表 6.13   基础资产前五大债权人

债权人	笔数	金额（万元）	占比（%）
无锡星时代影视文化传媒有限公司	1	8400.00	15.99
上海辛迪加影视有限公司	1	8250.00	15.71
伊宁市汇锦文化传媒有限公司	1	6500.00	12.37
上海克顿文化传媒有限公司	1	5000.00	9.52
浙江华策影视股份有限公司	2	10130.00	19.28
合计	6	38280.00	72.88

3. 交易结构

（1）参与主体。由表 6.14 可知，该计划中原始权益人为天津聚量商业保理有限公司、差额支付承诺人为中证信用增进股份有限公司、核心债务人为北京奇艺世纪科技有限公司、计划管理人为信达证券股份有限公司、评级机构为联合信用评级有限公司、托管银行为招商银行股份有限公司北京分行、登记委托机构为中国证券登记结算有限公司、资产服务机构为天津聚量商业保理有限公司以及律师事务所为北京市竞天公诚律师事务所上海分所。

表 6.14 奇艺世纪知识产权 ABS 参与主体

主要参与主体	机构名称
原始权益人（资产服务机构）	天津聚量商业保理有限公司（简称聚量保理）
差额支付承诺人	中证信用增进股份有限公司（简称中证信用）
核心债务人	北京奇艺世纪科技有限公司（简称奇艺世纪）
计划管理人	信达证券股份有限公司（简称信达证券）
评级机构	联合信用评级有限公司
托管银行	招商银行股份有限公司北京分行
登记委托机构	中国证券登记结算有限公司（简称中证登）
律师事务所	北京市竞天公诚律师事务所上海分所

（2）基础资产业务模式。如图 6.8 所示，知识产权证券化的过程中最关键的因素之一是基础资产，只有当知识产权能够产生稳定、可靠的现金流时，才能将其作为基础资产进行证券化，因此在进行知识产权证券化融资的设计时，首先需要对其基础资产进行考量。奇艺世纪知识产权证券化的过程如图 6.8 所示，其中也涉及其基础资产业务模式的描述，在该业务模式中共涉及三个主体，分别为原始权益人、债权人和债务人，相应的存在形成应收债权、应收债权保理以及转让保理债权三个动作。首先供应商（债权人）向奇艺世纪（债务人）提供电影、电视剧和综艺节目版权等知识产权，形成对奇艺世纪的应收账款债权；其次，供应商（债权人）委托聚量保理（原始权益人）就应收账款债券提供公开无追保理服务，并受让应收账款债权；最后聚量保理将保理资产打包转让给信达证券（计划管理人）设立的资产支持专项计划，并由后者向社会投资者募集资金。

（3）交易流程。在确定高质量的基础资产、保证有稳定的现金流之后，计划管理人信达证券设立了专项计划并向投资者募集资金，在该过程中也委托其他机构保证该计划的顺利执行。其中招商银行股份有限公司北京分行作为托管银行，负责对专项计划资金的保管，并按期划转资金用于基础资产的购买和资产支持证券本金、利息的支付。另外还有中证登和中证信用分别负责资产支持证券的登记、托管和最后偿还本金时差额部分的偿还。

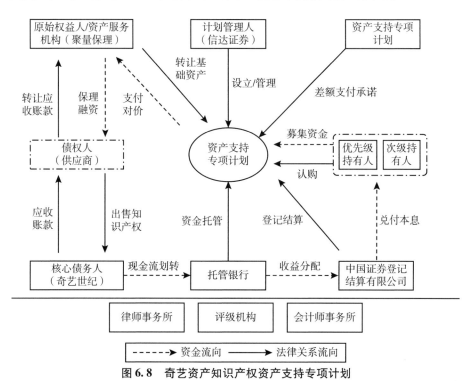

图 6.8 奇艺资产知识产权资产支持专项计划

4. 信用增级方式

（1）超额抵押。超额抵押是一种常见的内部信用增级方式，在该方式下要求抵押所担保的债权大于抵押物本身的价值。在该计划中是通过应收账款的折价购买来保障资金支持证券预期收益的支付，具体约定为购买基础资产所对应的应收账款债权相较于募集资金总额高出 17.61 个百分点，因此在发行利率不超过 6%、项目期限在 2 年内的情况下，若出现实际收益率远低于预期的情况，应收账款的超额部分也足够用来支付差额部分。

（2）差额补足。差额补足是外部增信的常见方式之一，奇艺世纪知识产权证券化的案例中差额支付承诺人为中证信用，双方签订《差额补足承诺函》进行约定，如果专项计划资金的现金流不足以支付本息，中证信用将对差额部分进行补足，将资金划转到专项计划专户，以此保障优先级证券化产品的预期收益和本金的偿还。

（3）信用触发机制。信用触发机制是一种重要的内部信用增级方式，在本专项计划中分别设置了提前清偿事件和权利完善事件两种方式，以保障投资者的合法权益。

①提前清偿事件。若发生所谓的提前清偿事件，计划管理人便会要求债务人提前偿还债务，以此提高专项计划的信用级别。在该计划中触发该行为的事件具体包括：奇艺世纪的主营范围发生重大变更，并且管理人认为可能对资产支持证券本息偿付产生重大不利影响；奇艺世纪发生金融债务违约事件，涉及重大诉讼或仲裁，或被采取司法强制措施，并且管理人合理认为可能对资产证券化产品本息偿付产生重大影响；奇艺世纪启动破产程序；债务人未履行或未完全履行其对专项计划的付款义务；评级机构给予中证信用的主体长期信用等级低于"AAA"（不含"AAA"级）级时。

②权利完善事件。若权利完善事件发生，计划管理人（原始权益人）便会向奇艺世纪及其相关方发出通知，要求其加快资金偿还的速度。该事件具体包括：原始权益人、核心债务人、托管人发生任一丧失履约能力事件；发生任一资产服务机构解任事件；债务人奇艺世纪未按要求履行或未完全履行付款义务，且其相关方也未履行或未完全履行担保义务，经过资产服务机构追索仍未履行或未完全履行，以致管理人需就此提起诉讼或仲裁。

5. 信用增级的触发方式

专项计划中会根据实际情况触发信用触发机制，以保证当发生资产恶化或信用评定等级下降时，优先级资产支持证券持有者的本金和收益能够得到及时的补充。在此专项计划中，若基础资产的回款无法覆盖优先级资产支持证券的本金和预期收益时，差额补足人中证信用会首先对此差额进行偿付，若在其他增信措施弥补后仍存在损失的，则由次级资产支持证券偿付。

6.3.4 知识产权小额贷款模式——以"深圳高新投资产支持专项计划"为例①

知识产权小额贷款 ABS 是指以小额贷款公司因发放知识产权抵押贷款而

---

① 数据来源：根据 CNABS 和 Wind 披露数据整理。

形成的应收本息债权为基础资产，以内外部增信措施为支持发行的 ABS 产品。2019 年 12 月 6 日，平安证券股份有限公司发行了我国第一单知识产权小额贷款 ABS，该资产支持专项计划以深圳高新投小贷公司的知识产权贷款为基础资产，发行规模为 1.24 亿元，进一步拓宽了知识产权证券化的模式。深圳高新投小贷公司是深圳市高新投集团有限公司（以下简称"深高新投"）的全资子公司，后者成立于 1994 年 12 月，是 20 世纪 90 年代初深圳市委、市政府为解决中小科技企业融资难问题而设立的专业金融服务机构，现已发展成为"具备资本市场主体信用 AAA 最高评级的全国性创新型金融服务集团"，为企业提供自初创期到成熟期的全方位投融资服务，核心业务包括：融资担保、创业投资、金融增信、保证担保、小额贷款、典当贷款、商业保理等。截至 2021 年，集团实收资本 138 亿元，净资产超 230 亿元，总资产超 400 亿元。深圳高新投小贷公司发起的知识产权贷款 ABS 能够顺利发行，与其母公司强大的综合实力有很大的关系。

2021 年 12 月 15 日，在前几期知识产权小额贷款 ABS 运作良好的基础上，平安证券股份有限公司再次与深圳高新投小贷公司联手，以深圳高新投小贷公司 22 笔一年期知识产权贷款为基础资产，发行了规模高达 7.47 亿元的资产支持专项计划。该计划的实施，一方面很大程度上缩短了深圳高新投小贷公司的回款周期，将回收资金用于后续信贷项目的投放，弥补了小贷公司不能吸收公众存款的短板；另一方面通过资产证券化撬动社会资本，补充资金来源，使更多的企业通过知识产权抵押融资成为可能。

1. 资产支持证券的基本情况

该计划中证券的发行总量为 7.47 亿元，其中优先级证券化产品 A1 为 7.46 亿元，中证鹏元资信评估给予的信用评级为 AAA，产品发行利率为 4%，发行期间为 1 年；次级证券为 100 万元，为 1 年期的证券化产品（见表 6.15）。所有证券化的产品均按季付息，到期还本。

表 6.15 资产支持证券基本情况

资产支持证券品种	规模（亿元）	面值（元）	预计到期日	还本付息方式	发行利率（%）	信用级别
优先级 A1	7.46	100	2022 年 12 月 15 日	按季付息到期还本	4	AAA
次级	0.01	100	2022 年 12 月 15 日	—	—	—

2. 基础资产情况

表 6.16 为该计划中所涉及的基础资产池的概况，其知识产权抵押贷款余额总计为 74700 万元，贷款综合成本为 4.96%，由来自 22 家不同企业的 22 笔贷款组成，融资主体较为分散。从单笔金额来看，4000 万～6000 万元的贷款为 8 笔，贷款余额 45000 万元，占比 60.24%；2000 万～4000 万元的贷款为 8 笔，贷款余额 24000 万元，占比 32.13%；2000 万元以下的贷款为 6 笔，余额占比较小，仅为 7.63%。整体来看，资产池贷款集中度不高，有利于资产支持证券计划发行后的风险控制。

表 6.16 基础资产池概况

知识产权抵押贷款余额总计（万元）			74700	
笔数（笔）			22	
债务人数			22	
范围（万元）	笔数（笔）	笔数占比（%）	贷款余额（万元）	贷款余额占比（%）
(0，2000]	6	27.27	5700	7.63
(2000，4000]	8	36.36	24000	32.13
(4000，6000]	8	36.36	45000	60.24

从基础资产行业分布来看，22 笔贷款中有 17 笔来自制造业，占比 77.27%，贷款余额 61700 万元，制造业贷款余额占比 82.60%（见表 6.17）。可见，此项专项计划的顺利发行，有利于更好地实现对实体经济"输血"。

表 6.17   基础资产行业分布

行业类型	笔数（笔）	笔数占比（%）	贷款余额（万元）	贷款余额占比（%）
科学研究和技术服务业	1	4.55	3000	4.02
批发和零售业	2	9.09	6000	8.03
软件和信息技术服务业	2	9.09	4000	5.35
制造业	17	77.27	61700	82.60

从基础资产涉及的知识产权类型来看，专利为 21 笔，仅有 1 笔为著作权。在相关专利中，价值较高的发明专利相关贷款笔数占比高达 54.54%，其贷款余额占比为 53.81%（如表 6.18）。发明专利相对其他知识产权的价值更高，以发明专利为抵押发放贷款能够有效降低知识产权信贷风险，为 ABS 发行提供支持。

表 6.18   知识产权类型分布

知识产权类型	笔数（笔）	笔数占比（%）	贷款余额（万元）	贷款余额占比（%）
发明专利	6	27.27	27000.00	36.14
发明专利 + 实用新型	5	22.73	13000.00	17.40
发明专利 + 实用新型 + 外观设计	1	4.55	200.00	0.27
实用新型	9	40.91	31500.00	42.17
著作权	1	4.55	3000.00	4.02

3. 交易结构

（1）参与主体。由表 6.19 可知，该计划中原始权益人为深圳市高新投小额贷款有限公司，差额支付承诺人和担保人为高新投融资担保有限公司，与深圳市高新投小额贷款有限公司同为深高新投集团下子公司，评级机构为中证鹏元资信评估股份有限公司，平安证券股份有限公司为计划的管理人和承销商。

表 6.19 高新投资产支持专项计划参与主体

主要参与主体	机构名称
原始权益人	深圳市高新投小额贷款有限公司
差额支付承诺人	深圳市高新投融资担保有限公司
担保人	深圳市高新投融资担保有限公司
计划管理人	平安证券股份有限公司
资产服务机构	深圳市高新投小额贷款有限公司
评级机构	中证鹏元资信评估股份有限公司
登记委托机构	中国证券登记结算有限公司（简称中证登）
律师事务所	广东海瀚律师事务所

（2）基础资产业务模式。在小额贷款知识产权证券化模式下，原始权益人和债权人为同一主体，债务人为借款企业，形成应收债权，并通过转让应收债权获得支付对价。债权人深圳市高新投小额贷款有限公司将从债务人处收到的现金流划转至托管银行，并通过收益分配的形式向 ABS 持有人兑付本息。在本例中，债权人从债务人收取的利息为 4.95%，而向 ABS 持有人承诺的兑付本息为 4%，两者相差 95 个基点。这意味着，当小部分债务人发生信用违约时，仍不会影响该计划的实施，为 ABS 持有人提供了一定的安全垫。

（3）交易流程。如图 6.9 所示，由计划管理人平安证券设立资产支持专项计划，原始权益人深圳高新小额贷款公司将知识产权抵押贷款本息作为基础资产转让给专项计划。主承销商平安证券向社会合格投资者发行资产支持证券募集资金，计划管理人根据与原始权益人签订的《资产买卖协议》的约定，向原始权益人支付转让基础资产对价。在本例中，深圳高新小额贷款公司作为资产服务机构，负责基础资产对应的应收本息的回收和催收，以及违约资产处置等基础资产管理工作，并在收入归集日将基础资产产生的现金流划入监管账户。监管银行根据《监管协议》将基础资产产生的现金流划入托管账户。管理人根据《计划说明书》约定，向托管人发出分配指令，由托管人将相应资金划拨至中证登指定账户用于支付资产支持证券本金和预期收益。

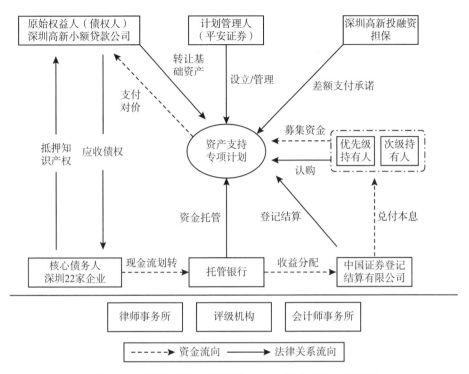

图6.9　深圳高新投小贷公司知识产权资产支持专项计划

4. 信用增级方式

（1）超额利息。在该计划中，基础资产对应的贷款合同期限与资产支持计划存续期一致，均为 12 个月。在利息支付上采取超额利息支付的方式作为内部增信方式之一，具体体现在资产支持证券的发行年利率为 4%，低于基础资产综合年化成本 4.96%，当小部分债务人发生违约时，仍能够保证专项计划对证券持有人的本息支付。

（2）差额补足。差额补足是外部增信的常见方式之一，该知识产权证券化的案例中差额支付承诺人为深圳高新投融资担保有限公司，双方签订《差额补足承诺函》进行约定，如果专项计划资金的现金流不足以支付本息，深圳高新投融资担保有限公司将对差额部分进行补足，将资金划转到专项计划专户，以此保障优先级证券化产品的预期收益和本金的偿还。

（3）融资担保。为保障基础资产中相关债务人贷款本息的按时支付，深圳高新投融资担保有限公司在原始权益人深圳高新小额贷款公司与 22 家深圳企业签订的贷款协议中提供连带责任担保，在借款到期日如债务人在一定期限内未能及时还款时，由深圳高新投融资担保有限公司代偿相关的本息支付。

6.4 知识产权证券化过程中存在的风险

6.4.1 现有知识产权证券化模式的适用性存在差异

根据国家颁布的知识产权证券化的相关政策可以发现，该政策多以试点的方式在部分地区开展，主要在广州、深圳、上海、北京等经济发达地区较为流行，并未拓展到全国范围，因此在选择知识产权证券化的模式时需要结合行业和区位等因素综合考虑。具体而言，在上述涉及的四种模式中融资租赁模式对基础资产和融资对象的要求较为宽松，主要取决于租赁机构的经营范围和经营能力；专利许可授权模式具有较强的地域性，适用于技术较为发达的高新园区、产业集聚区，在这类园区内入驻了极具创新能力的中小企业，这类企业拥有的专利技术具有同质性的特点，具备打包发行知识产权证券化产品的条件；供应链金融模式则比较适用于影视、文化等版权众多的行业，在这类行业中上下游企业会存在较为密切的知识产权的交易活动，容易形成债权和债务，具备供应链金融模式的实施条件；小额贷款模式对 ABS 发行地区的金融市场发展水平和经济活跃度有很高的要求，适用于地方金融市场活跃、小贷公司实力雄厚、中小企业盈利能力和偿债能力强的地区。因此，在对知识产权进行证券化的过程中需要关注其基础资产、所在行业、所在区位等因素，以更好地进行模式的匹配。

6.4.2 知识产权流动性和价值不确定性风险影响未来现金流

在上述的知识产权证券化的过程中可以发现，证券化实施成功的首要前提条件便是基础资产在未来能够产生稳定的现金流，因此在选择基础资产时需要关注其产生现金流的能力以及未来可能会产生的违约风险，尽管在实施知识产权证券化的过程中采取的集合若干家小企业知识产权的打包证券化融资方式，能够在一定程度上分散融资风险，但仍会存在一些问题。首先，我国在进行知识产权证券化时，大多以融资租赁产生的应收租金、专利授权产生的许可使用费、提供技术服务产生的应收账款以及知识产权质押后需定期偿还的贷款本金和利息为基础资产，这就使得投资者往往会忽视知识产权本身，忽略其流动性远远低于债权资产的事实，从而高估其盈利能力和资产回款速度，因此当投资者对专项计划的基础资产进行评估时如果只是关注于基于相关合同或者协议支撑的债权，而不探究最底层知识产权本身，则很可能存在未来现金流预测偏差的风险。其次，资产的价值都具有不确定性，如同固定资产的价值会随着时间的推移发生折旧和资产减值，无形资产作为一种资产也具备其部分属性，其价值也需要定期进行评估，因此知识产权的价值也会随着市场需求的变化而变化，主要表现为技术的更替和知识产权侵权两个方面，其中技术的更替是指专利等知识产权受技术创新影响的程度较大，随着技术的发展，原先的技术会逐渐沦为落后的生产力，而被新的技术所替代。知识产权侵权主要是指专利等知识产权具有技术公开的特点，但由于他人对知识产权的侵权成本较低，因此很容易被竞争对手模仿导致专利本身的被动贬值。

6.4.3 价值评估存在瑕疵

在知识产权证券化的交易过程中，除了需要有高质量的基础资产保证持续稳定的现金流，同时也对基础资产价值评估的准确性提出了要求。在传统的评估方法中主要涉及成本法、市场法和收益法，但是上述三种方法都存在不同程度的问题，其中成本法过于依赖历史投入成本，而往往忽视知识产权可能产生的垄断收益，也有可能低估技术创新带来的价值下降，目前市场中若采用该方法对知识产权价值进行评估，则是注重该知识产权的重置成本，但由于知识产权作为一种无形资产成本构成较为复杂，折旧计提不易计算，最后无法准确获取重置成本导致评估结果存在较大的差异。市场法主要是依赖成熟的市场，若知识产权的交易市场中已经有类似的交易发生，那么当发生新的交易时便可根据实际情况借鉴类似的案例，经过适当调整最后确定其价格，但是我国缺少成熟的市场和相关的交易数据，因此也存在局限。收益法能够着眼于未来的预期收入，并根据折现率转换为评估基准日的现值，这也是目前在评估无形资产价值时的主要方法，但是在评估过程中也会受经济寿命期、分成率以及不可预见的主观因素的影响。除了上述所涉及的传统价值评估方法外，学术界也有学者进行了深入的探究，提出了实物期权法、综合评价法、机器学习法、引用网络法、系统动力学方法以及灰色理论系统等评估方法，但是上述方法仍存在需要满足多种假设条件、数学公式较为复杂、尚且处于理论阶段、实践难度较高等问题。

总体而言，我国知识产权的评估流程、方法和指标参数缺乏统一的标准，评估结果对提供知识产权融资服务的金融机构缺乏参考价值，我国仍旧缺少一套专门针对知识产权价值的评估方法。

6.4.4 债券发行过度依赖增信措施

不同于有实体形态的固定资产，知识产权具有时效性强、难以变现的特点，特别是部分中小企业无形资产占比远高于固定资产占比，导致其信用评级较低，因此必须通过增信手段获得外界信贷的支持，以降低债券发行的利率和融资成本。在上述的案例中，文科一期 ABS 采用了划分优先和次级证券，设置第一、第二差额支付人、设立现金流转付机制的手段；奇艺世纪知识产权 ABS 也设置了优先级和次级的结构化分层、差额支付承诺的机制，除此之外还采用了超额抵押的外部增信措施以及提前清偿和权利完善等信用触发机制；广州开发区专利许可 ABS 在参考前两者的增信措施外，又鉴于其基础资产为纯专利的特殊性，追加了专利权人向原始权益人提供融资额 5% 的部分作为风险金、基础资产每期所形成的现金流为优先级证券应付利息和本金的 120%、凯得租赁的持股股东（实际控制人）为该计划提供流动性支持。综上所述，可以发现在知识产权证券化的过程中，增信措施在不断的完善，对于不同类型的基础资产和信用等级，提供合适的增信措施非常重要。

但是如果过度使用增信措施会盲目增加投资者的信心，进而忽视了知识产权本身的价值与风险，使得知识产权证券化和普通的资产证券化无异。以广州开发区专利许可 ABS 为例，在该计划中其基础资产为专利许可收费权，这就意味着专利的所有权自始至终都保留在专利所有者（融资企业）手中，从投资者的角度分析也可以认为该知识产权证券化的产品有融资企业的实际控制人或担保方提供担保，通过查看融资企业的资产情况可以发现以其自身拥有的资产和信誉完全可以对融资金额进行担保。同时该计划中涉及的差额支付人是广州开发区经营实力最强的国有资本运营实体，其信用等级相当于政府承诺。鉴于强大的信用支持，投资者在进行投资时完全可以忽视专利许可收费权的回款情况，事实证明在第三期收益分配的公告中也并未涉及专利许可费的任何信息。综上所述，过度的增级措施可能会喧宾夺主，削弱知识产权在其中的重要作用，同时增加融资企业的资金成本。

| 第7章 |

知识产权基金

7.1 知识产权基金的概念

7.1.1 知识产权基金的定义

知识产权基金是为促进知识产权创造、保护、转移转化与商业化运用而设立的资金池，通过政府引导和市场化运营相结合的金融手段推动知识产权市场的发展。狭义的知识产权基金仅指在工商管理局登记并在中国证券投资基金业协会备案的具有独立法人地位的基金，此类基金按照法律规定向社会合格投资者募集资金，由普通合伙人负责对基金进行管理，并接受证监会及其派出机构的监管。在功能上，狭义的知识产权基金主要是通过股权投资，通过向知识产权重点企业、领军企业和示范企业的注入资金，提供管理、技术、人力资源、市场咨询服务等方式帮助企业实现从知识产权创造与培育到知识产权商业化转化的全流程服务。

郑鲁英（2021）提出，广义的知识产权基金是指为支持知识产权创造、运营、保护与知识产权风险防范等相关活动而专门设立的资金项目。① 从广义知识产权定义来看，知识产权基金涉及知识产权申请、授权、维权、许可转让、质押融资等多个环节，广义的知识产权基金并不一定具备独立的法人资格，一些广义的知识产权基金在管理上更像非营利组织，与市场化运作且在中国证券投资基金业协会备案的基金有本质的区别。知识产权质押风险补偿基金和知识产权维权援助基金均属于典型的广义知识产权基金。知识产权质押风险补偿基金一般由地方政府财政出资设立，并由政府指定相关单位或委托专门的基金管理人对风险补偿基金进行运营和管理，基金不以营利为目的，旨在通过补偿合作银行和担保公司由于开展知识产权质押融资业务导致的部分信用风险损失，推动知识产权金融服务的发展。知识产权维权援助基金是为帮助知识产权人应对知识产权纠纷而设立的公益性质的基金，其援助的主要内容有两点：第一，支持知识产权人对第三方市场主体侵权的行为发起诉讼，对发起诉讼涉及的调查、咨询、差旅与律师费进行补偿，并提供侵权预判、侵权赔偿金额估算等智力服务；第二，支持知识产权人积极应对第三方市场主体发起的侵权诉讼，主要常见于企业海外经营引起的知识产权纠纷，知识产权维权基金通过承担企业海外应诉涉及的信息检索与加工费、律师费、劳务与差旅费等开支，为企业赴海外开展业务提供保障。

7.1.2 知识产权基金的类型

按照资金来源不同，知识产权基金可以分为政府主导型、政企合作型和纯商业运作基金。政府主导型基金又称政府引导基金，即政府为引导社会资本促进知识产权转移转化，重点投资拥有核心技术、以知识产权为核心资产的创新型企业和高价值专利培育中心和研究平台。政府主导型基金的运作目的是获取社会效益，即通过基金推动本地特色产业发展壮大，引导产业结构向技术密集型转型，促进就业和增加政府税收等。2019 年，北京、湖南、四川、上海、山东、浙江、广东等 10 余个省份成立知识产权产业投资引导基金，计划募集资金规模超百亿元，主要投向新材料、生物医药、新一代信息

---

① 郑鲁英. 知识产权基金的中国实践及其发展应对［J］. 管理现代化，2021，41（4）：1-5.

技术、先进制造业等重点知识产权领域。知识产权质押风险补偿基金和知识产权维权援助基金一般也属于政府主导型基金。例如，广州市知识产权质押风险补偿基金由中央和广州市财政共同出资设立，其中中央财政出资 1000 万元，广州市财政出资 3000 万元，由广州市知识产权局代表市政府作为基金出资人，牵头组建广州市知识产权质押风险补偿基金决策委员会，审议确定基金管理的重大事项，并委托基金管理人负责基金的日常运作。①

政企合作型基金是指国有资本与社会民营资本合作共同设立，国有资本通过让利吸引社会民营资本参与投资以谋求更高的社会效益，而社会民营资本则通过借助国有资本的激励机制获取超额收益。政企合作性基金最为典型的形式是政府设立母基金与社会资本合作设立专项投资子基金，并针对基金投资标的企业的不同类型，聘请专业的基金管理团队对基金进行管理。如，2020 年，成都市知识产权运营基金通过母基金的方式，联合投资机构围绕成都市新经济产业领域和特色产业领域设立了三只子基金：与川创投合作设立四川省科技成果转化股权投资基金合伙企业、与沛坤投资合作设立成都沛坤晟华股权投资管理合伙企业、与 KIP（Korea Investment Partners）合作设立景诚二期（成都）股权投资合伙企业。

纯商业运作基金是指全部资金来自社会资本，并按照市场化经营的知识产权基金。早在 2010 年，以色列英飞尼迪股权基金管理集团在天津达沃斯论坛宣布成立全球首家市场化的知识产权基金，该基金致力于将世界各地的医疗设备、清洁技术、材料和半导体等领域知识产权和成熟技术引入中国，并为投资的企业提供管理、法律和市场支持。在知识产权保护维权方面，近年来上海、浙江、江西、安徽以市场化的方式设立纯商业运作的知识产权保护维权互助基金，通过提供分析预警和纠纷应对服务，提升企业维权能力的同时降低企业维权成本。例如，2022 年 9 月，宁波市通过市场化的方式设立知识产权保护维权互助基金，该基金由知识产权密集的行业龙头企业、高新技术企业联合出资发起设立，基金初始规模 100 万元，是全国首个市场化运作的知识产权保护维权互助基金。该基金制定理事单位制度，由出资方、知识产权专家、银行和保险机构专业人士共同组建理事会，通过理事会科学决策，帮助成员单位应对可能发生的知识产权纠纷与诉讼。

---

① 《广州市知识产权质押融资风险补偿基金管理办法》。

7.1.3　知识产权基金的功能

1. 投资创造价值

知识产权基金通过投资以知识产权为核心资产的创新型企业，提升被投企业的估值倍数，推动企业在资本市场上市，既保障了企业股权的保值增值，又增加了企业股权流动性，投资基金与原始企业股东均可从中获利。同时，知识产权基金与普通的投资基金不同，不仅为被投企业提供常规服务和支持，还对被投企业的知识产权培育与保护有促进作用，有利于企业提升高价值知识产权培育效率，建立正确的知识产权保护机制。对于知识产权母基金而言，通过投资知识产权密集的企业，能够促进地方经济社会发展、就业和税收等社会福祉。

2. 运营创造价值

知识产权基金在知识产权许可、交易、投资和质押融资等运营环节提供帮助，促进知识产权由"知产"向"资产"转变。例如，在投资环节，知识产权基金接受股东以知识产权作价出资入股的方式，实现知识产权的资本化；在融资环节，知识产权质押融资补偿基金为资金供给方和信用风险承担者提供风险缓释，缩小知识产权与常规实物资产在价值变现能力的差距；在交易环节，知识产权基金通过与知识产权交易方联动，不仅为买方提供资金，还可以为买方在知识产权商业化运作上提供支持和帮助，助力买方实现知识产权的市场价值。

3. 维权创造价值

知识产权维权援助基金引入行业龙头企业、知识产权研究机构、知识产权中介服务和咨询机构，不仅为企业所涉及的知识产权纠纷诉讼开销提供支持，还可以提供企业无法企及的智力支持，如提供知识产权侵权预警、知识产权信息检索、知识产权信息比对、知识产权侵权责任损失评估等专业服务，有利于企业打击"专利流氓"行为，为以知识产权为核心的企业走出国门开拓新市场提供保障，为企业防范知识产权风险、强化知识产权保护提供有效工具。

7.2　知识产权的运作

7.2.1　知识产权运营基金

2015 年，财政部和国家知识产权局决定在北京、上海、浙江等十个省（直辖市）设立重点知识产权运营基金，围绕《中国制造 2025》十大发展领域，面向战略性产业和区域优势产业，通过财政专项经费引导社会资本参与，以市场化的方式开展专利收储、布局、组建专利联盟、构建专利池等专利运营服务，促进知识产权运营工作。国家知识产权局发布的数据显示，2019 年，中央财政资金引导设立的知识产权运营基金数量达到 20 余只（含重点城市设立的基金），累计投出项目近 200 个，苏州市知识产权运营基金投资企业江苏北人公司已于 2019 年 12 月在科创板上市，2023 年初市值超 20 亿元。主要省市知识产权运营基金试点情况如表 7.1 所示。

表 7.1　　　　　　　　　主要省市知识产权运营基金试点情况

基金名称	投资领域	投资规模	成立时间
北京市重点产业知识产权运营基金	投资现有的核心专利和具有广阔发展前景和行业导向的技术，包括以专利为核心的无形资产，以及拥有技术的创新型企业等。基金首期重点关注移动互联网和生物医药产业	计划规模 10 亿元，首期 4 亿元	2016 年 1 月
四川省知识产权产业投资基金	重点投资成都、德阳、绵阳地区，投向具有核心知识产权的优质企业、高价值专利池（专利组合）的培育和运营、知识产权重大涉外纠纷应对和防御性收购、涉及专利的国际标准制定、产业专利导航、产业知识产权联盟建设、产业核心技术专利实施转化和产业化等	计划规模 7 亿元，首期注资 2.8 亿元	2015 年 12 月
湖南省重点产业知识产权运营基金	重点投向先进轨道交通装备产业、工程机械产业，促进产业升级。基金投资领域为具有知识产权优势、拥有高价值专利组合的高新技术企业	计划规模 6 亿元，首期注资 1.5 亿元	2017 年 7 月

续表

基金名称	投资领域	投资规模	成立时间
山东省重点产业知识产权运营基金	重点投向国家和山东省确定的重点发展产业、战略性新兴产业、专利密集型产业领域，特别是海洋化工及生物资源开发产业及其关键领域的知识产权运营项目和服务	首期规模 1 亿元	2015 年 11 月
陕西航空航天产业知识产权运营基金	主要投向航空航天产业、军民融合产业相关项目及企业。在航空整机制造、材料、定位等核心领域	计划规模 5 亿元，首期注资 2 亿元	2016 年 12 月
上海市知识产权运营基金	主要投向生物医药、高端医疗器械、信息技术领域	首期规模 2.02 亿元	2016 年 12 月
河南省重点产业知识产权运营基金	针对省内未上市知识产权企业，投向以超硬材料为主的新材料、电子信息、装备制造等重点产业领域，拥有或控制核心专利的初创期或成长期企业；具有产业领域特色的知识产权运营机构	首期规模 3 亿元	2017 年 12 月
浙江省重点产业知识产权运营基金	用于知识产权密集型项目，以技术和专利储备支持物联网企业的创新、出海和转型	未公布	2016 年 2 月
江苏省重点产业知识产权运营基金	通过股权方式投资具有核心知识产权的先进制造业、现代服务等产业	目标规模 10 亿元	2017 年 2 月
广东省重点产业知识产权运营基金	投向高档数控机床和机器人、新一代信息技术等十大战略产业及知识产权服务业	目标规模 30 亿元，首期注资 5 亿元	2016 年 1 月

资料来源：郭晓珍，陈楠．重点产业知识产权运营基金的发展现状及建议［J］．厦门理工学院学报，2019，27（4）：14 – 20。

知识产权运营基金的设立目的除获取经济效益外，还有获取社会效益的需要。社会效益即政府通过知识产权运营基金引导本地优势和特色产业加快发展壮大带来的本地产业结构优化、就业和税收增加等回报。而参与知识产权运营基金的社会资本，不论是有限合伙人还是一般合伙人，均更倾向于追求经济利益。为了调和这一矛盾，在知识产权运营基金设立和运作时需要围绕基金规模、管理架构、激励措施三个方面，按照"三位一体"的理念进行制度设计。①

　　首先，知识产权运营基金规模应该根据基金设立地区可投资企业的总规模来确定，一般认为可投资企业中有部分企业由于发展阶段、管理团队、运营模式等原因尚不适合引入基金投资，而在适合引入基金投资的可投企业中，运营基金一般不以控股的形式对企业进行投资，以免挫伤企业原控制人的积极性而影响企业发展。因此，知识产权运营基金规模一般控制在基金设立地区可投资企业总规模的 10%～20% 为佳。同时，地方政府一般要求基金不低于一定比例（如 2/3）的资金投向本地企业以支持本地经济发展，因此知识产权运营基金规模一般为设立地区可投资企业总规模的 15%～30%。而过大的资金规模往往会导致优质项目被"哄抢"，从而出现"项目荒"，进而引发社会资本撤出、财政资金闲置在银行的尴尬局面。

　　其次，在管理构架上，为了避免双重纳税，同时兼顾较好的激励与约束机制与灵活的出资方式，知识产权运营基金一般都在公司制和有限合伙制两种类型的组织架构中选择有限合伙制。在纳税方面，有限合伙制基金无须缴纳 25% 的企业所得税，只需要缴纳个人所得税。在激励与约束方面，运营基金普通合伙人即为基金管理人，只认缴 1%～2% 的基金份额，同时收取有限合伙人承诺出资的一定比例（1.5%～2.5%）作为管理费用，用于支付工资福利、办公用品、租金、项目调研费用等；在收益上采取激励与约束并存的方式，对有收益且成功退出的项目，基金管理人提取 20% 的收益作为附带收益，而在某一项投资项目中发生重大亏损时，有限合伙人可以从基金管理人已退出的盈利项目收入中拿回一部分用于补偿当前亏损。在出资方式上，采用有限合伙制的知识产权运营基金与公司制知识产权运营基金不同，一般遵循承诺出资制度，即普通合伙人与有限合伙人约定好投入该基金的总额度，当普通合伙人确认某个合适的投资项目时，由普通合伙人通知有限合伙人按照承诺出资比例转账给普通合伙人，且出资额不能循环使用。采用承诺出资制度的好处是能够缓解有限合伙人的资金压力，在需要项目投入时出资也可提升有限合伙人的资金使用效率。

　　在决策机制上，有限合伙制基金一般采取双层决策架构：有限合伙人会

---

　　① 沈坚. 政府股权投资基金设立方式研究：以湖南省重点知识产权运营基金为例 [J]. 城市学刊，2018，39（4）：43-49.

议与投资决策委员会。合伙人会议为基金最高权力与决策机构，一般按照出资比例决定其投票权重，而实践中也经常采用合伙人一人一票的管理模式对基金合伙终止、非过错散伙等重大事项进行决策。投资决策委员会委托专业的基金运营机构管理基金的日常事务，其成员一般由普通合伙人委派，少数成员也可以由有限合伙人委派，一般需具有专业能力与行业经验。

在激励机制上，政府作为知识产权运营基金的发起方，一般围绕其基金发起目的设立激励约束机制。知识产权运营基金设立的目的之一是获取社会效益，顺带获取经济效益，而对一些经济效益较差，但社会效益较好的项目，基金管理人和社会资本出资人的投资意愿会因较低的投资回报率而大幅减弱。此时，政府出资人一般会采取适当的让利措施，即社会资本与基金管理人在正常获得基金投资收益的同时还会获得来自政府出资人的让利收益。这同时也要求政府将财政资金杠杆比例控制在合理的范围，较高的杠杆比例会影响政府出资人让利的效果，不足以弥补基金投向社会效益较好而经济效益较差项目带来的收益率下滑。在适当的杠杆比例下，政府出资人还可以调整让利比例来抵消杠杆比例过高带来的激励弱化的影响。知识产权运营基金设立的目的之二是引导社会资本投向本地区企业，尤其是具有高成长性、高科技属性、研发投入大且创新能力强的特定产业。然而，基金管理人和社会资本出资人在投资决策时往往会比较全国乃至全球不同地区、不同产业的投资收益率，当本地区外项目的投资收益率显著高于本地区时，基金管理人则更倾向于将资金按照市场化原则投向更高收益的项目，为了激励基金管理人和社会资本将更多的资金投向本地特定产业，政府出资人往往对区域内和区域外的项目设置差异化的激励机制。比如，对于本地区的项目收益给予更大的让利幅度、给予声誉上的激励为基金管理人带来更高的信用背书，从而为基金管理人带来长远收入。

以成都知识产权运营基金为例，成都市知识产权运营基金是由成都市财政资金出资设立，总规模为人民币 3 亿元，委托成都生产力促进中心代表财政出资行使出资人权利，成都科创动力投资发展有限公司按市场化方式具体运作运营基金。该运营基金的运作遵循"政府引导、市场运作、利益共享、风险共担"的原则，其运作模式如表 7.2 所示。截至 2021 年底，成都知识产权运营基金通过母基金的方式，联合投资机构、产业功能区运营机构、高校院所等合作发起设立 7 支围绕成都市新经济产业领域和重点产业领域的知识产权运营子基金，聚焦知识产权运营。从管理架构上，明确该运营基金的主管部门成都市科技局仅对运营基金进行业务指导，负责统计监督与评价考核，并不直接干预运营基金具体投资业务和投资项目，并委托成都生产力促进中心行使出资人权利并承担义务。成都生产力促进中心通过尽职调查和投资谈判的方式，选择成都科创动力投资发展有限公司作为运营基金管理机构，负责运营基金的具体运作。其主要职责是：具体负责子基金的设立、管理、退出等市场化运作职责；落实运营基金的政策目标，做好风险防范；对运营基金的运行情况进行统计分析和绩效评价，定期向中心报送运营基金投资运行情况、基金及基金管理人年度业务报告以及经有资质的会计师事务所审计的年度财务报告和托管报告，并接受成都市科技局及中心的监督管理、考核和绩效评价。

表 7.2   典型城市知识产权运营基金运作模式——成都
知识产权运营基金运作模式

项目	说明
设立目的	用于引导社会资本促进成都市知识产权转移转化，培育高价值专利、实施专利布局、构建高价值专利池、开展专利投融资、扶持专利密集型企业等，支持产业创新链、价值链、资金链、服务链的完善，探索知识产权运营的新模式
运作原则	政府引导、市场运作、利益共享、风险共担
运营基金的运作	（1）运营基金的行业主管部门为成都市科学技术局，负责监督运营基金的投资投向，对运营基金进行业务指导，统计评价所监督的运营基金政策目标实现情况，但不干预运营基金具体投资业务和投资项目的确定 （2）运营基金的受托管理机构为成都生产力促进中心，代表财政出资行使出资人权利和承担相应义务，如对运营基金管理机构开展尽职调查与投资谈判，按相关规定择优选择运营基金管理机构，向运营基金派驻出资人代表，监督基金的募集、投向，以及合伙协议约定的相关情况 （3）成都科创动力投资发展有限公司作为运营基金管理机构，负责运营基金的具体运作。其主要职责是：具体负责子基金的设立、管理、退出等市场化运作职责；落实运营基金的政策目标，做好风险防范；对运营基金的运行情况进行统计分析和绩效评价，定期向中心报送运营基金投资运行情况、基金及基金管理人年度业务报告以及经有资质的会计师事务所审计的年度财务报告和托管报告；接受成都市科技局及中心的监督管理、考核和绩效评价
子基金的运作与投资领域	（1）子基金须在成都市行政区域内登记注册，可采取有限合伙制或公司制形式；子基金管理机构由子基金出资方共同组建或采取遴选第三方机构等方式产生，须在成都市行政区域内登记注册 （2）子基金聚焦于成都市新经济产业领域和重点产业领域的知识产权运营，重点投资以下几个方面：拥有核心技术、以知识产权为核心资产的创新型企业；高价值专利池、专利组合和高价值专利培育中心等项目；知识产权运营服务机构、高校院所知识产权转移转化中心、新型产业技术研究院、知识产权交易转化平台等 （3）子基金出资金额不低于运营资金出资额的 1.5 倍；子基金存续年限不超过 8 年

续表

项目	说明
激励措施	运营基金取得收益退出后，财政出资收益部分可根据管理机构绩效目标实现情况，对运营基金管理机构按一定比例实施奖励，具体奖励方案按程序报管委会审定，财政出资部分取得的本金和收益扣除实施奖励后上缴财政。对于单只子基金取得收益退出的，对子基金管理机构按最高不超过子基金出资部分超额收益的60%实施奖励，运营基金出资部分取得的本金和收益扣除实施奖励后上缴财政

在激励措施上，运营基金取得收益退出后，财政出资收益部分可根据管理机构绩效目标实现情况，对运营基金管理机构按一定比例实施奖励，具体奖励方案按程序报管委会审定，财政出资部分取得的本金和收益扣除实施奖励后上缴财政。对于单只子基金取得收益退出的，对子基金管理机构按最高不超过子基金出资部分超额收益的60%实施奖励，运营基金出资部分取得的本金和收益扣除实施奖励后上缴财政，但该运营基金并未对本地区内和本地区外的项目收益实行差异化的激励措施，也未对不同收益性质的项目进行区别对待。

我国早期设立的一批知识产权运营基金在投资与管理实践中不断地总结经验，对基金组织架构与管理体制机制进行了渐进优化和迭代升级，在北京、四川、青岛、厦门等省份和地区涌现出了不同程度的模式创新，知识产权运营基金投资规模增长迅速，但同时也存在一些问题。

1. 政府出资比例过高

目前知识产权运营基金中普遍存在政府出资比例偏大、社会资本参与度不高的现象。从股权投资基金的发展实践与历史数据分析，政府资金杠杆率正常范围一般为5~10倍，而我国目前知识产权运营基金的政府资金杠杆率多在2倍左右，资金的放大效应不明显。政府出资比例过高的原因有以下几点：一是基金规模设置不合理，过大的规模与较少的优质项目导致资金供给与需求的错配，令社会资本"望而却步"；二是管理制度不合理，地方政府过度干预、激励机制不到位均会影响社会资本投入的积极性。仅靠政府财政资金很难维持基金的后续发展，同时会降低基金的市场化程度，导致资金的资源配置效率下降，投资回报率低等现象，并且过高的政府出资比例还有可能滋生腐败问题，导致在选择基金管理机构时存在"道德风险"问题。

2. 投资比例失衡

从投资结构来看，知识产权运营基金中普遍存在投资比例失衡的问题，表现为投资本地区项目比例过低或投资本地区项目比例过高，该现象在欠发达地区设立的知识产权运营基金中较为常见。导致投资本地区项目比例过低主要的原因有两点：一是本地区创新能力不足，缺乏优质知识产权项目，基金管理人按照市场化资源配置的原则进行投资决策，导致本地区项目比例过低。而本地区项目比例过高的原因主要与基金的运作模式有关，部分知识产权运营基金存在政府出资人要求对基金有一票否决权，导致运营基金的市场化程度偏低，投资本地项目的比例过高。

3. 投资效率不高

从投资结果来看，部分知识产权运营基金存在投资项目退出难、投资项目收益率低，甚至出现资金在银行"空转"找不到好项目的情形。导致基金投资效率不高的原因有以下几点。

首先，基金管理人专业能力不足，一些知识产权运营基金采用定向委托的方式招募管理人，未对基金管理人的管理团队、历史基金业绩进行考察（如表 7.3 所示），导致选择的基金管理人无法识别优质项目，缺乏对项目的投后管理，难以从管理、技术、人才等资金之外的维度给予被投项目以实际支持。

表7.3　　　　　　　　　　　基金管理人主要考察内容

项目	考察内容
管理团队	团队历史、团队组织架构、管理层、和谐度、工作量、核心人员、团队变更、对团队主管的评价
基金历史业绩	整体分析、按照阶段分析、按照行业分析、按照退出途径分析、损失案例分析、高回报案例分析

其次，对基金管理人的激励约束机制不合理。一方面，地方政府作为知识产权运营基金的发起人，为吸引优秀的基金管理人，倾向于下调基金管理

人出资额度，有些基金对管理人的出资要求甚至低于行业 1% 的惯例，过低的出资比例导致对基金管理人的约束弱化，容易出现道德风险问题。另一方面，知识产权运营基金管理人普遍以行业惯例 2% 左右的比例收取基金管理费，然而，知识产权运营基金一般由政府出资发起设立，且基金管理人拥有政府信用背书，减轻了基金管理人的筹资和项目投资压力，因此按行业惯例收取基金管理费显然不合理。过低的出资比例和过高的基金管理费导致基金管理人的"不作为"现象时有发生：基金管理人先行出资 1%，一年后通过收取管理费实际上已收回成本和部分利息，能否找到优质项目、实现投资的社会收益和经济效益成为基金管理人的一项"选择期权"，放弃这项权利带来的损失有限，不足以形成对基金管理人的约束。

最后，管理模式混乱和过度干预是投资效率不高的重要原因。一些知识产权营运基金的发起人出于保障资金的安全性的目的，要求对基金项目投资有一票否决权，或者要求在投资决策委员会中的席数占比超过 50%，以谋求对项目投资决策的控制权。此外，一些地方政府在制定知识产权运营基金管理架构时，往往参照政府在涉及重大经济活动决策时设置专家顾问委员会的方式，在基金投资决策委员会之外设立政府的专家顾问委员会，而大部分的专家顾问委员会成员均来自高校与科研机构，这部分专家通常具备深厚的理论专业知识，是自己所在某些细分领域的权威，但往往缺乏对市场理解，忽视了知识产权在市场的推广与应用的可行性，对市场的需求缺乏了解，造成技术与市场脱节、项目落地性差的现象。

针对政府出资比例过高、投资比例失衡、投资效率不高的问题，一些地方政府发起设立的知识产权运营基金在募集、投资、管理上进行了有益探索和创新尝试。

以湖南省重点知识产权运营基金为例①，湖南省重点知识产权运营基金是湖南省财政厅、湖南省知识产权局围绕以知识产权为核心资产的重点企业和特色产业，为推动知识产权布局和转化运用，以支持产业结构升级和经济高质量发展而发起设立的一只总规模为 6 亿元的股权投资基金。该基金主要通过股权投资等方式投资以知识产权为核心资产、拥有行业内核心专利和高

---

① 沈坚. 政府股权投资基金设立方式研究：以湖南省重点知识产权运营基金为例［J］. 城市学刊，2018，39（4）：43 - 49.

价值专利组合的先进轨道交通装备、工程机械以及有特色的细分先进装备制造高新技术企业。该运营基金从 2016 年底开始筹备,于 2017 年 11 月正式成立。在投资规模上,该基金根据其定位的湖南先进轨道交通装备制造业和工程机械业的市场规模进行测算,按照湖南省 2015 年统计的规模以上轨道交通、专用设备和通用设备所有者权益大概估算,该基金所投行业股权价值在 2000 亿元左右,考虑到适合投资的企业大概占比在 10%,基金持股比例一般不超过 10%,运营基金的设定规模上限为 20 亿元左右。而作为该领域的首个知识产权运营基金,并考虑到允许不超过 50% 的资金投向省外高质量的知识产权项目,该运营基金最终将初始规模定为 5 亿元。

在基金管理人的选择上,政府出资人采取公开招标的方式,从基金管理人投资管理经验、团队组织架构、过往投资业绩、投资项目与该基金投资方向的匹配性等多个维度考查管理人的投资能力,在总评分中对基金管理人投资能力与投资经验匹配性的分值超过 40%,并不排除湖南省外优秀的基金管理人参与投标。最终华软资本管理集团有限公司成功中标。

在出资比例上,该运营基金打破惯例,舍弃业内通常采用的要求基金管理人按照基金总规模 1% 的比例出资的做法,转而要求基金管理人按照 6% 的比例至少出资 3000 万元,深度绑定基金管理人与有限合伙人,以最大限度地减少基金出资人与管理人之间的委托代理问题。而基金管理人华软资本最终将出资额锁定在 7550 万元,基金管理人出资比例高达 12.58%,基金总规模达到 6 亿元,政府出资 7500 万元,向社会募集 5.25 亿元,政府资金发挥了 7 倍的乘数放大效应。

在管理架构和机制上,该基金设立了合伙人委员会与投资决策委员会双层架构,分别作为出资人和基金管理人的决策与运营平台。其中,合伙人委员会由全体出资人组成,采取一人一票制对重大决策事项进行表决,但不干涉基金的日常管理和投资事务。投资决策委员会共设 7 个席位,其中 6 位委员由基金管理人推荐,仅 1 名委员由政府出资代表湖南省文旅基金管理中心委派。而该委员更多地体现了政府的监督作用,并未对投资委员会的议事规则与决策程序产生实质的影响,只要 2/3 以上的委员投票通过即可形成决议。此外,湖南省政府并未组建专家顾问委员会对基金的投资决策进行干预,而湖南省知识产权局也仅派驻了 1 名代表列席投资决策委员会,该列席委员没有投票权,但在投资省内资金未超过基金募资总额 50% 时可对拟投资项目行使一票否决权，以保障基金按照预设好的资金比例投向省内项目，而一旦投资省内项目金额超过募集资金总额 50% 时，该委员的一票否决权将失效，最大程度地保障了基金的市场化运作水平与投资效率。

在激励机制上，该知识产权运营管理基金采取了全国首创的管理费提取办法，即对省内和省外项目按照差异化的手续费提取，以激励基金管理人将更多的资金投向省内拥有高价值知识产权的企业和项目。在实际做法上，该基金对省内项目按照 2.5% 的比例提取管理费，对省外项目按照 1.5% 的比例提取管理费。此外，对投资退出时有收益的项目，该基金制定了政府出资的分级让利制度：基金年净收益率低于 8% 时，劣后级和优先级出资人先提取收益直至其收益率达到 8% 时，政府才提取剩余收益；当基金年净收益率到达 8%～20% 时，劣后级与优先级出资人分别享受 5% 的财政资金让渡收益；超过 20% 的年净收益率，政府出资不再让利。该分级让利制度对基金投向进行经济调节，即投向偏重社会效益项目时对非政府出资人进行经济补偿，从而打消了劣后级和优先级出资人面对政府出资人过分强调投资的社会效益而忽视经济效益带来的低投资回报率的担忧，增强了他们的出资意愿。

7.2.2 知识产权风险补偿基金

知识产权风险补偿基金一般是指由中央和地方各级财政部门按照一定的比例出资共同设立或由地方政府财政部门单独出资设立的专项基金，专门用于补偿银行、担保、保险等金融机构向以知识产权为质押的科技型中小企业发放贷款的损失，按照一定比例为金融机构分担风险，以弥补市场资源配置能力的不足，鼓励银行等金融机构扩大知识产权密集型企业的信贷规模，为提升我国科技创新能力提供金融"活水"。

知识产权密集型企业通常缺乏厂房、设备等固定资产，难以通过传统的质押、抵押方式向银行申请贷款，转而选择以流动性差、风险高、价值评估难度大的知识产权为质押向银行申请贷款，而面对价值不确定性高的知识产权，银行难以通过市场化的方式对贷款进行风险评估，从而导致市场失灵的现象，影响了银行等金融机构向知识产权密集型企业发放贷款的积极性。因此，在知识产权质押贷款市场化程度较低时，由政府财政出资成立知识产权风险补偿基金对市场的培育具有重要的意义。

按照资金来源可将知识产权风险补偿基金分成三种模式。第一种模式是政府全额出资模式，并由政府部门专门机构或招募市场化专业机构进行管理，美国和中国是这一模式的典型代表。第二种模式是"互助会"模式，该模式与互助保险类似，由有融资需求的知识产权密集型企业按比例缴纳会费，在向银行申请贷款时可申请互助基金进行贷款损失分担。第三种模式是政府与社会合作模式，该模式以韩国为代表，基金由政府和社会资本出资设立，采取收费的形式为银行等金融机构提供风险分担服务，以保本微利为原则以维持风险补偿基金的可持续运作。而我国目前主要采用政府全额出资模式，且往往采取免费的形式为银行等金融机构提供风险分担服务，这种模式的弊端在于风险补偿基金自身无造血功能，资金来源完全依赖于财政资金，一旦政府财政收入缩减，则存在风险补偿基金无法持续提供风险分担服务的问题。

按照风险补偿基金运作涉及的不同参与主体，可以将风险补偿基金运作模式分为"补偿基金＋银行""补偿基金＋担保＋银行""补偿基金＋保险＋银行""补偿基金＋担保＋保险＋银行"四种模式（如图7.1所示）。

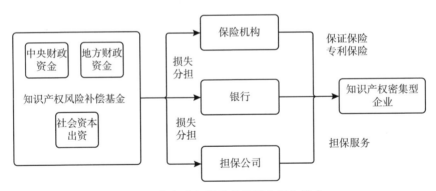

图7.1　知识产权风险补偿基金运作模式

在"补偿基金＋银行"模式下，知识产权风险补偿基金具有两种风险分担方式：一是风险补偿基金与银行事先约定贷款损失分担比例，一旦有损失发生，则双方按照事先约定的比例承担损失，由银行负责追偿未能收回的贷款损失，追回资金按照损失分担比例在银行与补偿基金之间进行分配；二是按照超额补偿的原则，知识产权风险补偿基金仅对超出自然不良率的损失进行比例分担。显然第二种分担方式对风险补偿基金而言是更为"经济"的一种方式，能减轻地方财政资金压力。从具体的合作模式来看，主要分为协议合作制和备案制两种。例如，湖南长沙市委托湖南省知识产权交易中心有限公司负责知识产权补偿基金的运营，后者对合作银行进行商定，并签订相应的合作协议，对银行开展知识产权质押贷款进行损失分担。而山东省则采用备案制，明确风险补偿基金的补偿对象为山东省依法设立的各类银行机构，只要在主管部门备案登记就可按规定使用知识产权补偿基金。

在"补偿基金＋保险＋银行"模式下，风险补偿基金对企业购买的履约保证保险和专利保险产生的保费在一定范围内进行补贴，并事先约定知识产权质押贷款违约损失分摊比例。一旦有损失发生，则三方按照事先约定的比例承担损失，由银行和保险公司负责追偿未能收回的贷款损失，追回资金按照损失分担比例在银行、保险机构和补偿基金之间进行分配。我国辽宁省、大连市、长沙市等地区普遍采用该模式。

"补偿基金＋担保＋银行"模式与"补偿基金＋保险＋银行"模式相似，风险补偿基金对担保过程中产生的担保费用进行一定比例的补贴，并与银行、担保机构事先约定知识产权质押贷款违约损失分摊比例。一旦有损失发生，则三方按照协议约定的比例进行损失分担，由银行和担保公司负责追偿未能收回的贷款损失，追回资金按照损失分担比例在银行、保险机构和补偿基金之间进行分配。实行该模式的地区有沈阳市、长沙市等地区。

"风险补偿基金＋担保＋保险＋银行"模式是指风险补偿基金与银行、保险公司及担保机构合作，以事先约定比例共担风险的方式开展知识产权贷款业务。其中，保险公司提供知识产权质押融资保证保险和知识产权执行保险服务，担保公司提供贷款担保服务，风险基金除按比例分担贷款损失外，还可以对保险公司在保险服务中产生的保费进行一定比例补贴，对担保机构的担保费用进行一定比例补偿。在实际操作中，可由风险补偿基金与银行机构约定分摊比例，再由银行与保险机构、担保机构自行约定分摊比例。

在实践中，各地区根据当地具备的融资、担保和知识产权保险的市场条件采取不同的运作模式，部分地区采用单一模式运作风险补偿基金。例如，上海浦东新区和广州市融资市场比较发达，经济发展水平高，企业质地普遍较好，因而主要采用"补偿基金＋银行"模式；沈阳市和珠海市则依托担保和保险机构力量，与银行形成合力，对拥有核心知识产权但经营稳定性不足、发展不确定性高的企业主要采用"风险补偿基金＋担保＋保险＋银行"模式，风险补偿基金承担40%的风险损失，而银行、担保机构、保险机构共同承担剩余的60%风险损失。也有部分地区采取多种运作模式并行的方式进行探索式应用。例如，长沙市采用"补偿基金＋银行""补偿基金＋担保＋银行"的模式，辽宁省采用"补偿基金＋担保＋银行""补偿基金＋保险＋银行"两种模式。

知识产权风险补偿基金的推出对促进知识产权质押融资工作起到了立竿见影的作用，切实解决了部分知识产权密集型企业在融资过程中遇到的问题，对缓解企业融资难的问题有重要的意义。然而，在知识产权补偿基金运作过程中仍存在以下几点问题。

1. 资金来源单一，缺乏"造血"能力

目前，各地方政府设立的知识产权补偿基金的资金主要来自中央和地方财政全额拨款，基金一旦设立则进入封闭式管理，社会资本参与度低。地方财政普遍未制定补偿基金资金持续补充机制，而目前各地设立的补偿基金均采取免费提供风险损失分担服务的模式，缺乏自身"造血"能力。在补偿基金因贷款逾期本金损失进行补偿后，补偿基金资金池"水位"下降，一方面影响银行、保险和担保机构的参与积极性；另一方面会对补偿基金管理人业务拓展产生负面影响，难以保持补偿基金的良性运作。

2. 基金管理市场化水平不高，风控体系有待优化

目前，我国设立的知识产权补偿基金在管理和运作上普遍采取政府管理和市场化管理两种模式。其中，在政府管理模式下，由政府委托下属国有企业对补偿基金进行全权管理，由于补偿基金具有国有资本属性，政府管理模式下的基金管理人对基金的运作更为谨慎，更为担心资金本金损失的风险，对业务拓展存在有一定的消极影响。同时，政府管理模式下的基金管理人专业化程度偏低，尤其是经济欠发达地区往往缺乏懂基金管理的专业化人才，在对银行的选择、信贷项目管理方面缺乏应有的经验。而在市场管理模式下，政府一般通过公开招标的方式从市场中遴选团队实力强、具有较好历史业绩的管理人，由其负责基金的日常运作，开展与银行签订协议、企业贷款、贷后跟踪、基金补偿等具体工作。采取这种模式的代表地区主要有广州市、深圳市、长沙市等城市，这种模式的弊端主要体现在对受托管理人的管理上

缺乏监督。

在风险控制上，当前的知识产权补偿基金普遍存在两大问题。一是缺乏完善的风控体系，表现在政府对基金管理人的绩效考核不够全面，基金管理人在与银行、保险、担保等金融机构的合作过程中过度依赖于合作方，缺乏对机构的竞争性选择，对具体贷款项目缺乏审慎调查，导致资金使用率不高和基金补偿压力大的两极分化现象。二是不良核销机制不健全，部分地区普遍存在贷款损失核销难的情形。

为解决当前知识产权补偿基金运行中存在的问题，部分地区从资金供给、管理模式与监管模式、内部风控与外部风险监督机制等维度进行了有益探索，形成了典型的经验做法。以佛山知识产权质押融资风险补偿基金为例。2016年，佛山市采用省、市、县、镇四级财政资金"共建联动"的模式，通过市场化运作引入竞争机制，与银行的补偿合作与其风险补偿额度和贷款金额挂钩，既提高了贷款业务数量，又保证了贷款质量。该基金在佛山科技局的监督和指导下引入市场化的基金管理机构，委托广东股权交易中心进行运营和管理，经过几年的发展已建成规模超亿元的知识产权质押融资风险补偿资金池。截至 2022 年，该补偿基金已和近 30 家银行建立业务合作关系，已合作开展知识产权质押融资业务的银行 10 余家，占比超 45%。2022 年，该基金接受备案项目 130 余个，设计发明专利 179 件、实用新型专利 897 件、商标42 件，助力企业获得融资总额超 8.6 亿元。[①] 佛山市从企业资源库管理、目标定位、基金管理机制、服务模式四个方面进行优化和完善，具体做法如下：

（1）优化企业库，储备优质项目。按照风险补偿资金管理要求，广东股权交易中心负责建立了佛山市知识产权质押融资风险补偿资金扶持企业库，并通过每年定期面向全市公开征集，根据企业经营情况更新调整的方式对企业库进行动态调整。

（2）突出中小微企业，提升服务效率。广东股权交易中心充分发挥其区域性股权市场资本交易平台的优势，从股权交易信息数据中挖掘优质的中小企业作为补偿基金服务对象。从企业贷款数据来看，获得贷款金额在 500 万元及以下的接近 58%，其中贷款金额在 200 万元以下的企业有 27 家，企业数

---

① 佛山市人民政府披露信息，https：//www.foshan.gov.cn/zwgk/zwdt/bmdt/content/post_5550014.html。

占比超过 20%。广东股权交易中心引入市场化的管理机制，大大缩短了单笔业务审核时间，企业从提出知识产权质押贷款申请到银行放款最长不超过 20 个工作日。① 在服务的过程中，广东股权交易中心还针对合作机构报备的项目进行实地走访调研与审核，协助银行机构做好贷后监管，及时了解、掌握企业运转情况。目前各项目均按期还本付息，没有出现逾期或违约情况，企业发展得到了资本的有效支持。

（3）引入竞争机制，扩充融资需求。根据风险补偿资金相关制度，广东股权交易中心通过公开招标的方式征集合作银行。在与银行开展业务时，风险补偿基金创新性地设置了竞争机制，与银行的合作强度不仅和该银行的贷款放大倍数挂钩，还考虑该银行提出的风险补偿额度，该制度不仅对银行提高合作业务量有促进作用，同时也给银行风险管理提出要求，对风控管理水平高的银行有正向激励作用。

（4）成立行业联盟、丰富服务内容。为加大风险补偿资金政策宣传力度，促进需求及服务有效对接，在佛山市科学技术局的指导下，广东股权交易中心举办了"佛山市知识产权质押融资需求对接会"，组织成立了"佛山市知识产权联盟"，该联盟由广东股权交易中心为牵头单位，联合入库银行、保险、知识产权服务等机构共同发起，为入库企业提供多方位的知识产权融资对接和一站式知识产权服务。同时，广东股权交易中心还每年举多场大型对接会，活动现场对风险补偿资金政策进行了宣讲，对银行的典型产品进行了介绍，吸引超百家企业参加。

（5）封闭运作管理，规范资金使用。根据资金委托管理的相关规定，广东股权交易中心风险补偿资金专户实行封闭式运作。同时，根据资金池规模，及时划拨资金，并按照广东股权交易中心与合作银行签订的合作协议约定，于每年 6 月 30 日、12 月 31 日两个时点，根据各合作银行开展项目贷款余额情况，向银行风险补偿准备金账户存入风险补偿准备金，风险准备金均按规定实行封闭式运作。

---

① 根据广东省地方金融监督管理局网站披露信息整理。

| 第8章 |

知识产权信托

8.1　知识产权信托的概述

8.1.1　知识产权信托的概念

知识产权信托是以知识产权及其衍生权利为受托资产的一种特殊的信托形式，是信托在知识产权领域的创新应用。根据我国《信托法》规定，信托是指权利人（委托人）将自己拥有的财产权以及管理处分权委托给其信任的委托人，受托人按照委托人的意愿以自己的名义，为受益人的利益或特定目的，进行管理或处分的行为。而知识产权信托，则是指在知识产权所有权不发生转移的前提下，知识产权所有人出让部分收益，在信托期限内将知识产权的处分权委托给信托投资公司，并以信托协议确定委托方和受托方的法律关系，对专利权、商标权、著作权等知识产权进行管理和运营的行为。

知识产权信托的主体包括委托人、受托人以

及受益人。知识产权委托人一般是知识产权权利人,可以是有完全民事行为能力的自然人、法人或依法成立的其他组织。委托人提供知识产权作为信托财产,并确定谁是受益人以及受益人享有的受益权比例。一般而言,委托人在与受托人达成知识产权信托协议关系之前应该对知识产权享有所有权,仅享有一定期限的使用权的委托人不能将使用权作为委托的对象。此外,还要求用以委托的知识产权具有法律意义上的独立性,不能与其他财产有捆绑性,导致其价值受到其他财产价值波动的影响。在实践中,委托人一般指资金状况良好的经营主体,若委托人出现信用违约或资不抵债等经营不善的情形,则有可能影响知识产权权属的完整性和独立性,从而影响委托人的行为效力。

受托人是指在知识产权信托关系中受到知识产权权利人的委托,以委托目的为限,为受益人的最大利益,依照信托文件的法律规定对知识产权进行经营、管理和处分的自然人或法人。在我国,受托人必须为法人,而知识产权信托业务对受托人的要求更高,不仅涉及受托人在资金市场的资源和能力,还要求受托人对商业技术的转化、运营和维护具有深度的了解,并掌握相关的资源,否则难以将知识产权转化为经济效益。

受益人是指在委托人与受托人在知识产权信托关系中通过协议约定的享有信托利益权的自然人或法人。委托人可以是信托的唯一受益人,若知识产权信托包含了社会公共利益,则受益人也可以包含社会公众。

知识产权信托客体是泛指著作权、商标权、地理标志权、专利权、植物新品种权、集成电路布图设计权等多种无形财产的总称。一般而言,著作权的转让和许可受到客观条件的限制和影响最小,著作权的实施并不依附于原著作权人,因此具备很好的流转性,是最适合作为知识产权信托客体的类别之一,在实践中著作权信托也最为普遍。相比著作权,专利权的实施需要具备资金、相关技术及人员、设备、厂房等必备条件,而转让注册商标的,《商标法》第四十二条第一款规定,受让人应当保证使用该注册商标的品质,若因受让人以该注册商标冠名的产品质量不达标,则可能对该商标的价值产生不利影响。因此,专利权和商标权作为知识产权信托客体,在实践中存在信托转化难的问题。而地理标志因为其显著的地理特征,其使用对地域有明确限定,因此地理标志在限定区域外不具备有流转性,实践中,地理标志一般不宜作为知识产权信托的客体。

8.1.2 知识产权信托的功能

1. 财产管理功能

财产管理功能是知识产权信托的基础功能，知识产权所有人将知识产权转移到受托人手中，由受托人对知识产权进行专业管理，从而实现了知识产权管理模式由内向外的转变。以知识产权所有权为信托财产的信托项目将本无实际收入的财产权转变为收益权；以知识产权许可费为信托财产的信托项目则将债权转变为收益权。对于自然人、科研机构、中小企业而言，由于缺乏知识产权转化所需的资金、技术、设备和市场基础，很难将知识产权的内在价值转化为现金收益，难以抵御因技术更迭和保护期届满带来的知识产权保值压力，转而出让部分收益委托专业的信托机构对其知识产权进行主动管理是更优的选择。

对大型企业集团而言，除将知识产权委托于信托机构管理外，也有在企业在内部设立知识产权管理部门，既对企业集团内部知识产权进行动态管理，也积极从外部受让企业亟须的知识产权，形成企业知识产权体系。在为企业集团建立技术护城河的同时，还能有效地降低企业经营过程中涉及的知识产权侵权风险。

2. 融资功能

融资功能是知识产权信托最为重要的功能之一。对于中小成长型科技企业而言，由于缺乏厂房、设备等固定资产，资金成为知识产权转化急需突破的瓶颈。通常情况下，融资方作为委托人将知识产权受益权转让给受托人，由受托人向社会风险投资人发行受益风险凭证，由担保机构或以所委托的知识产权质押提供增信，从而激活社会闲散资金实现对银行信贷融资的有益补充。

3. 增值功能

知识产权信托的增值功能指的是知识产权资金信托中的理财功能。委托人向受托人转移货币形态的资金，并指定资金运用的主要对象为知识产权，在资金信托期间，受托人为实现信托收益变换信托财产的形式，投资于商标权、著作版权、专利权等知识产权财产，在获得收益后将信托财产还原为货币资金以实现委托资金的增值。

8.1.3 知识产权信托的类型

传统的信托业务按照信托关系可以划分为任意信托和法定信托，按照信托财产的类型可以划分为资金信托、有价证券信托、债券信托、动产与不动产信托，按照委托人的不同可以分为个人信托（生前信托、身后信托）、法人信托，按照受益人类型不同可以划分为自益信托、他益信托、公益信托。

目前，我国知识产权信托通常是委托人和受托人之间的自愿形成的信托关系，属于任意信托。按照信托财产划分，知识产权信托可以分为资金信托和财产信托，前者指社会投资人将合法拥有的货币形式的资金委托于信托机构，由信托机构将受托资金投向知识产权运营与转化，或者为知识产权人提供资金融通的行为。在知识产权资金信托实践中，信托机构采取的投资方式包括直接发放信托贷款，购买知识产权受益权风险凭证等，也可以通过购买知识产权重点企业股权的方式获得资金收益。

知识产权财产信托是指知识产权所有人或知识产权衍生权益持有人将其享有的知识产权所有权或知识产权受益权作为信托财产委托于信托机构，由信托机构通过对该受托财产的运营管理，实现知识产权的保值增值。知识产权财产信托期间，受托人对知识产权的运用管理又分为被动管理和主动管理两种模式。被动管理模式是指受托人不对知识产权进行直接处理，信托项目届满时由委托人以溢价回购的方式向投资人还本付息，而受托人则将该信托项目视为融资渠道。主动管理模式是指受托人对知识产权进行检测、包装和推介，构建知识产权转化渠道，在市场上寻找合适的受让方以获得转让（许可）费用，并将获得的收益按照事先约定好的比例在投资人、委托人、受托人等信托当事人之间分配。

8.2 国外知识产权信托发展实践

8.2.1 美国知识产权信托实践

美国的知识产权信托得益于其成熟的知识经济市场与发达的金融市场。早在 1957 年，由乔治·多里特（Georges Doriot）等共同创立的美国研究与发展公司（ARDC）向数字设备公司（Digital Equipment Corporation）投资 7 万美元，按 1968 年数字设备公司上市时的市值 3.55 亿美元计算，ARDC 该笔投资获得了 5000 倍的回报，年化收益率超过 100%。为了促进创业公司成长以刺激技术进步，从而提高对苏联的竞争力，1958 年美国通过了《中小企业投资法案》，一些成长型的科技中小企业得到了资本市场的青睐。20 世纪 70 年代，红杉资本、凯鹏华盈（KPCB）、橡树投资等私募股权基金成立，并主要投向知识产权和技术密集型企业，亚马逊、谷歌、甲骨文等美国科技巨头均在成长中得到过资本的支持。在美国，知识产权和财富的紧密关系得到了金融市场的认可，知识产权的转让与授权许可非常普遍。与其他国家不同，美国境内的知识产权的授权许可十分常见，找到合适并有能力实施知识产权的受让企业并非信托业务的难点，因此美国的知识产权信托主要是通过证券化的模式来实现的，而在实践中，许可费收益的稳定性评估和风控措施是美国知识产权信托机制设计中的关键。

以美国耶鲁大学研制的艾滋病治疗创新药司他夫定（Zerit）专利信托为例。1984 年，耶鲁大学因发现"d4T"获得了一项专利，该专利涉及一项可用于治疗艾滋病的新技术。几年后，耶鲁大学将该项技术许可给百时美施贵宝（Bristol Myers Squibb，BMS）医药公司用于艾滋病治疗创新药 Zerit 的开发和生产。Zerit 最终于 1994 年被美国食品和药品监督管理局（FDA）批准生产，而耶鲁大学保留了对该专利的所有权，并且享有 70% 的专利许可费用。2000 年，耶鲁大学与皇家医药（Royalty Pharma）公司签订协议，将其享有的专利许可费用出售给皇家医药，并由后者设立"BioPharma Royalty"信托。该信托通过向社会公众发行债券和股权凭证募集了 1.15 亿美元，其中债务凭证 1.003 亿美元（包含了优先级、中间级和次级三种类型的 6 年期贷款），股权凭证 1469 万美元。耶鲁大学获得了 1 亿美元的现金支付款和股权收益凭证，并将获得的资金用于其医药中心建设。由于被许可方 BMS 的良好信用评级和 Zerit 可预见的市场前景，标普给予该信托项目 A 评级。1999 年，Zerit 在全球的销售金额高达 6.05 亿美元，产生的许可费用为 4160 万美元，1997～1999 年实现年均 26% 的高速增长，标准普尔甚至将 Zerit 专利信托称为标杆项目。然而，在接下来的几年 Zerit 的销售遭遇了断崖式的下跌。2002 年，Zerit 在全球的销售额下降至 4.43 亿美元，BMS 公司开始考虑将 Zerit 打包折价出售给医药批发商以减轻公司财务压力。[①] 随后，标普将 BMS 的评级从 AAA 下调至 AA，专利许可费难以为继，该信托不得不进入清偿程序，这也标志了美国首例以专利许可费为基础资产的信托尝试宣告失败。

2003 年 7 月，皇家医药（Royalty Pharma）设立了第二个专利信托项目"Royalty Pharma Finance"信托，将 13 个药物（其中 9 个药物已上市销售，4 个药物仍处于 FDA 最后阶段的审核中）的授权许可费用作为基础资产向市场募集了 2.25 亿美元。该信托计划包括 3 年为期的循环借款，到期日为 2010 年 7 月 31 日。在循环借款期内，新的专利许可费可纳入信托资产池。由于 MBIA 保险集团给予该信托计划投资者应收利息和本金提供保险，穆迪和标准普尔均给予该信托计划 AAA 的信用评级。随后，该信托计划的资产规模不断扩大，并超过了 22 亿美元。该信托的融资规模大，持续时间长，普遍被业内认为是专利信托较为成功的案例。

以上两个专利信托计划的发起人均为皇家医药（Royalty Pharma），然而其结局却截然相反，有学者从药品、专利、交易架构三个维度建立模糊逻辑评价模型（如图 8.1 所示），对两个专利信托计划的运营质量进行评估。

通过对比可以发现，Zerit 专利信托和 13-drugs 专利信托在专利质量、资产池设计、相关利益方、交易架构等维度上有显著的差异。Zerit 药物相关专利在专利权范围、技术创新性、技术价值等维度均落后于 13-drugs 相关专利；经过 Zerit 专利计划的尝试，皇家医药（Royalty Pharma）积累了专利信托设立与运营方面的专业经验，提高了 13-drugs 专利项目运营的成功率；同时

---

① Odasso M C, Ughetto E. Patent-backed securities in pharmaceuticals: What determines success or failure? [J]. R&D Management, 2011, 41 (3): 219 – 239.

13-drugs 采用多元化专利池的基础资产策略，有效地平衡了单一技术作为基础资产带来的经营风险；在增信措施上，13-drugs 专利信托计划的做法也更为成熟，不仅通过证券分层设计降低风险，且引进了具有 AAA 评级的 MBIA 保险公司作为外部增信措施。因此，皇家医药对 13-drugs 专利信托项目运营比 Zerit 专利信托项目更为成功要归功于其在基础资产的选取、药物以及相关专利的多元化、交易结构的灵活性设计以及外部增信措施的改进和优化。

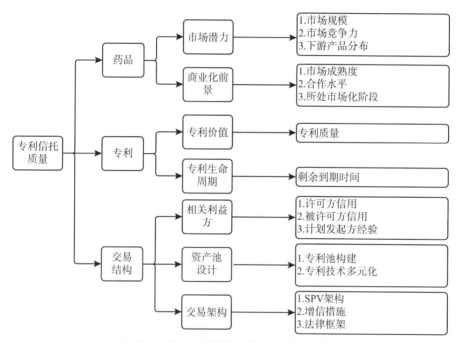

图 8.1 基于专利质量的模糊逻辑评价模型

8.2.2 日本知识产权信托实践

早在 20 世纪初期，日本信托业务的发展程度就跻身于世界前列，当时日本的信托业务主要集中在以理财管理、证券代理为主的资管业务，日本境内的信托公司多达 500 多家。到 1922 年，日本政府为规范信托业的发展，降低跨行业开展业务带来的监管风险，适时正式颁布了信托法和信托业法，对信托机构的业务范围和职能进行了限定，对委托人、受托人、受益人等相关利益方的权利与义务进行了明确，同时明令禁止信托机构从事银行业务。2002年，日本发布了《知识产权战略大纲》，将发展知识产权定为国家战略。同年，日本国会审议通过了《知识产权基本法》，准备开始推行知识产权信托业务。但当时的日本《信托业法》规定，能够作为信托客体的财产仅限于金钱、有价证券、金钱债券、动产、依附于土地的固定资产与土地租赁权，并不能以无形资产为客体开展信托业务。

2003年初，日本经济产业省提出"关于知识产权信托的紧急预案"，当时正值日本修改《信托业法》的前夕，于是在多方推动下，知识产权作为信托的客体，第一次在《信托业法》中得以确认。修订后的《信托业法》不仅扩大了信托客体的财产范围，还对信托业的职能进行了补充，并降低了信托业务实施机构的准入门槛，为后来日本知识产权信托业务的兴起提供了制度保障。

在一系列鼓励发展知识产权信托政策的推动下，日本国内各界反响强烈，以专利权、著作权等知识产权为客体的信托业务进入了蓬勃发展期，涌现了三菱UFJ模式、JDC模式、瑞惠模式等典型知识产权信托模式。[①]其中，三菱UFJ模式因其对知识产权转化和知识产权融资的双向推动作用而备受关注。在该模式下（见图8.2），日本三菱UFJ金融集团旗下的三菱UFJ信托银行利用其专业优势和丰富的客户资源优势，以专利为主要客体，受让委托人的专利权，组织专业人员对受托专利的合法性和预期收益价值进行评估，并根据评估结果确定该专利的转让定价与经营模式。在资金融通和专利运营上，三菱UFJ信托银行一方面通过面向社会投资者发行受益权证，将发行受益交给委托方以便于专利研发主体回笼研发资金；另一方面三菱UFJ信托银行利用其客户资源优势，为该受托专利在较短时间内找到合适并有能力实施的受让企业，获得的受让费用于支付社会投资者的投资收益，部分也可作为委托方的收益，而三菱UFJ信托银行则从中收取委托服务费。例如，2005年底，三菱UFJ信托银行与九州大学下属的制造企业达成合作意向，九州大学下属企业将研发的金属加工技术委托给UFJ信托银行，同时三菱UFJ信托银行还代理九州大学专利申请等事务，UFJ信托银行通过寻找技术转让方，实现专利

---

① 罗勇. 日本知识产权金融政策研究：以知识产权融资型信托为例［J］. 法制与经济，2018，451（10）：31-33.

的成功转化。2007 年初，位于东京都大田区的三辉公司以知识产权融资为目的，将其拥有的制造离合器专利作为信托标的委托给三菱 UFJ 信托银行，三菱 UFJ 成为该新型信托的受托人。

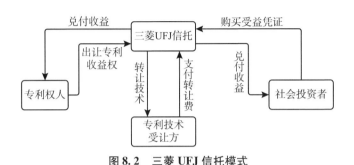

图 8.2　三菱 UFJ 信托模式

8.3　我国知识产权信托发展实践与典型案例

8.3.1　我国知识产权信托发展实践

我国知识产权信托业务最早可追溯至 2000 年，武汉市国际信托投资公司（以下简称"武汉国投"）① 在武汉市政府相关部门的支持下，在全国范围内筛选专利技术项目，在全国率先尝试开展以专利为信托财产的知识产权信托项目。该信托项目采用与美国和日本类似的知识产权信托模式，以专利运营与转化为目的，为专利原始权益人提供技术变现渠道，同时实现社会资金的保值增值。但由于武汉国投对外发行的专利受益权凭证募集失利，以及专利受让人在多次谈判后未完成等原因，武汉国投推出的信托项目以失败告终，但仍然被业界广泛认为是知识产权金融工作的一次有益探索。

武汉国投推行的知识产权信托模式对信托机构的知识产权运用能力提出了很高的要求，但信托机构并不是专业的专利运营机构，因此在实践中遭遇

---

① 2010 年 1 月 23 日经批准重组后更名为方正东亚信托有限责任公司，现更名为国通信托有限责任公司。

了"滑铁卢"。

在武汉国投专利信托尝试告结多年后，我国信托机构开始尝试设立信托项目为知识产权人（企业）提供信托贷款融资服务，该模式在多地获得了成功。在该模式下，政府部门对项目实施的指导以及财政资金的扶持是信托项目顺利落地的重要保障，从而也有效地抵冲了因信托费带来的企业综合融资成本上升。如，2010 年，为了拓宽中关村高新技术企业的融资渠道，在中关村管委会的指导下，中粮信托有限责任公司联合中国技术交易所等相关机构共同发起设立"自主创新知识产权融资集合资金信托计划"，在该计划中中关村管委会给予了不超过 20% 的费息补贴。2018 年 11 月，安徽国元信托有限责任公司受合肥国家高新技术产业开发区内百胜科技、联信电源、中科大国祯三家公司委托，发起了合肥市高新区中小企业知识产权收益权投资集合资金信托计划，在该计划中合肥高新区政策性担保公司合肥高新融资担保有限公司为该信托项下的收益权转让企业按期支付回购价款义务提供不可撤销的连带责任保证担保，为项目的成功上市提供了保障。2020 年 6 月，由河南金创知识产权运营有限公司作为委托人，百瑞信托有限责任公司作为受托人设立了知识产权"创意壹号"信托产品，该项目有效地利用了财政扶持资金，对符合政策要求、持有确实具备市场价值知识产权的企业予以低利率的贷款支持，帮助具有发展前景的科创企业提高科技成果转化效率。2022 年 10 月，交银国际信托联合交通银行湖北省分行及上海市通力律师事务所，采用类似的信托模式，设立了武汉中枢密脑科学技术知识产权服务信托。

除了为科技型企业提供新的融资渠道，信托机构还尝试为社会投资人对知识产权进行风险投资提供服务。2014 年 3 月，阿里巴巴采用"保险＋信托＋文化产业"的模式，创新推出"娱乐宝"互联网保险理财产品，即"国华华瑞 1 号终身寿险 A 款"的投资连结型保险产品，共募集资金 7300 万元，实现对一个社交游戏项目（《魔法学院》）和四个影视项目（《小时代 3》《小时代 4》《狼图腾》《非法操作》）的投资。影视项目的投资额为每份 100 元，游戏项目的投资额为每份 50 元，为超过 22 万网络投资者提供了文化产业领域投资机会。同年 9 月，百度作为消费券发行机构，采取"消费权益＋信托＋文化产业"的模式，与电影项目合作方中影股份、中信信托、北京德恒律师事务所合作发布了电影大众消费平台"百发有戏"。其第一期产品选定由汤唯、冯绍峰主演的影片《黄金时代》，最低投资额仅为每份 10 元，不仅为网络消费者提供参与文化产业投资的机会，网络用户还可以获取诸如明星见面会门票、参加庆功晚宴、免费电影票等影片消费特权。

近年来，地方类金融机构通过设立信托项目向科技型实体企业发放贷款，并利用信托计划风险隔离的功能，将其信托受益凭证作为基础资产发行资产支持证券，笔者将该模式称为"特定信托"知识产权证券化模式。例如，2022 年 4 月，南京鑫欣商业保理公司以持有的特定信托受益凭证为基础，从社会投资人处募集资金，通过信托公司设立单一资金信托向南京江北新区 16 家科技型企业借款人（以 105 件专利提供质押增信）发放信托贷款，参与该计划的"灵雀计划"企业融资综合成本仅为 3.8%，在发挥地方类金融机构作用为科技型企业拓展融资渠道的同时也有效地降低了科技型企业的融资成本。

经过 20 余年的发展，我国知识产权信托在服务功能、服务类型、服务模式上进行了探索和尝试，在知识产权信托实践上获得了成功的经验，但也暴露出了一些问题和不足。

1. 信托机构对知识产权的管理与运营能力不足

目前我国开展知识产权信托业务的信托公司仍属于传统的金融机构，尚未设立专门从事知识产权信托业务的信托机构。在服务上，信托机构与银行等传统金融机构并无太大差别，信托公司服务团队普遍关注信托财产的安全与变现能力、抵质押物是否充足、是否有第三方机构提供保证担保等，将传统信托业务的管理模式简单复制运用到知识产权信托业务。尤其在开展知识产权财产信托类业务时，信托机构由于缺乏对相关技术的了解，与相关实体企业并无前期合作经验，在科学技术管理与开发、市场化运作方面并无优势，在知识产权向市场产品转化过程中并不能提供有价值的增值服务。我国目前开展知识产权信托业务的机构与专门的私募股权基金相比，后者能够为知识产权使用（受让）企业提供管理提升、技术升级、市场开拓、人力资源与组织优化、战略咨询等增值服务，信托公司的专业化管理优势并不明显。

2. 产品设计有待完善

与传统的银行贷款模式相比，目前我国知识产权信托贷款类业务并不具备成本优势，在实践中此类信托项目往往需借助财政资金补贴降低综合融资成本，以吸引知识产权重点企业与信托公司合作开展业务。从产品模式上，我国市场上部分知识产权信托贷款业务通过知识产权原始权益人以知识产权为抵押买入返售的方式为投资人提供收益保障，与银行机构发放的知识产权质押贷款从本质上看并无区别。从资金来源上，该类信托业务仍有很大比例的资金仍来自于银行机构，信托计划则作为通道为银行资金出表提供渠道，无形中增加了企业的融资成本。

此外，信托机构与商业保理、融资租赁等其他金融机构在产品开发上的合作不够紧密，仅有极少的产品能够发挥不同类型金融机构功能互补的优势，并通过资产证券化等手段实现社会资金投入到退出的闭环。最后，信托机构与知识产权交易和知识产权运营机构的合作不够紧密，我国信托机构普遍缺乏具有知识产权市场化运作经验或具有技术背景的股东，导致在产品和业务模式上只能简单模仿和复制银行机构的产品。

3. 风险控制亟待提升

信托产品作为非公开募集产品，对投资者有最低门槛要求，而目前我国有部分信托产品通过保险、基金的方式向普通投资者募集资金投向信托项目。这一方式虽然满足了监管层对信托投资门槛的要求，但从本质上看，将社会普通投资者引入高风险的信托投资领域违背了监管法规设定信托投资者门槛的初衷。实际上，普通投资者并不了解其购买的信托关联产品背后真实的投资风险，而相当大比例的信托项目并未采取产品优劣分级、严格保证担保等措施对投资者进行保护。在风险控制上，我国当前开展的信托业务主要以知识产权抵质押为主，第三方保证担保为辅，并未考虑到知识产权追索与处置的困难，也未对不同情形下信托项目的收益保障程度进行情景测试。

8.3.2 武汉国投专利信托实践①

早在 2000 年，武汉市国际信托投资公司（以下简称"武汉国投"）在武汉市政府部门的支持下，联合武汉晚报社和武汉专利局在全国范围内遴选合适的专利项目，探索开展专利信托项目。该信托项目采用类似"日本三菱UFJ"模式，信托项目不仅为专利权人提供融资途径，还为专利技术提供商

---

① 刘静. 我国中小企业专利信托法律问题研究［D］. 北京：中国人民大学，2012.

品化和产业化转化渠道，武汉专利信托模式流程如图 8.3 所示。

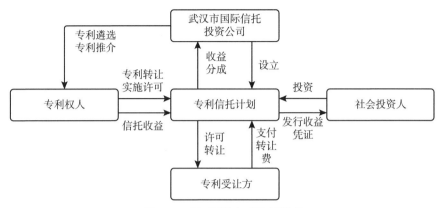

图 8.3　武汉国投专利信托模式

第一，由受托人武汉国投对专利技术进行筛选，根据市场需求与商业化发展前景遴选合适的专利，构建专利池。在此基础上对入选专利进行检测、包装和推介，构建专利转化渠道，面向市场寻找意向受让方。第二，专利权人与武汉国投达成协议，设立专利收益权风险凭证信托计划，专利权人向武汉国投转让专利权或实施许可权，并获得相应的转让或许可收益报酬。第三，受托人对专利进行包装和推介，向社会投资者发行专利收益风险凭证，引入社会资本。第四，信托计划将出售专利收益风险凭证所得收益，在扣减信托费之后返还专利权人，实现专利信托计划的融资功能。第五，受托人寻找专利受让方，并与受让方达成专利转让协议，由专利受让方对专利技术进行产品开发与市场推广，并向信托计划支付专利转让费。第六，信托计划将专利转让收入按照协议约定在专利权人、社会投资人和信托公司之间进行分配。

2000 年 6～9 月，武汉国投专利信托项目负责人张伯驹带领项目团队对专利技术市场进行调查，初步筛选了 2000 个专利项目，在对专利价值及其应用市场进行深入考察后，确定了 8 个重点项目。而彼时刚从湖北省电力系统退休的郁百超拥有的"无逆变器不间断电源"（UPSWI）专利权（专利号 ZL97241194，申请日为 1997 年 8 月 20 日，授权日为 1999 年 4 月 29 日，专利有效期至 2007 年 8 月 20 日）被挑出作为第一个专利信托项目进行运作。为促进该专利信托项目的市场推广与专利技术的转化，武汉国投在武汉知识产权局的支持下组织相关专家对该专利信托项目进行了前期论证，并对"无逆变器不间断电源"专利进行了检测。

在经历了 20 余轮反复谈判后，武汉国投与深圳华达电子有限公司（以下简称"深圳华达"）达成 700 万元的专利技术转让意向。按照武汉国投在《专利信托业务章程》第 6 章中的规定，参与专利信托项目的当事人及各合作方收入从专利转化标的额中按比例进行分配，具体分配比例为：委托人享有转化收益的 60%，受托人、收益凭证投资人和其他利益相关者共同享有剩余的 40% 转化收益。

根据有关报道，由于专利受让方深圳华达对专利技术的规模化生产前景存在疑虑，外加武汉国投不愿为引入的风险资本提供担保，且武汉国投对外发行的专利收益风险凭证认购额不足 2 万元，在多方因素的影响下，武汉国投与深圳华达之间的项目合作并未顺利达成。2002 年 8 月，该专利委托协议届满，受托人未能按期完成"无逆变器不间断电源"专利权的技术转化，轰动一时的全国首单专利信托尝试宣告结束。

为了深入调查该专利信托计划未能成功实施的原因，笔者对郁百超与深圳华达之间的合作关系进行了跟踪调查。根据广东省高级人民法院民事判决书（2008）粤高法民三终字第 398 号披露的信息，在专利信托计划告结后，郁百超与深圳华达于 2002 年 7 月 9 日签订了《产品试制协议》，深圳华达聘请郁百超为"无逆变器不间断电源"UPSWI 主管设计师，主导 UPSWI 1kW、5kW、15kW、30kW 四种产品的中间试验样机的设计与制作。2002 年 12 月 31 日，双方签署《专利转让合同》，合同涉及的（UPSWI）专利所有权价值 500 万元，其中包括了：三室两厅住房二套（深圳市蛇口工业区玫瑰苑华达宿舍 A 栋 103、104 室）折价 64 万元，现金 31 万元，深圳市华达技术发展有限公司（以下简称"华达技术"）股权 25 万元（华达技术的设立见合资经营合同），深圳华达垫付装修费 10 万元，剩余 370 万元在 UPSWI 专利项目投产取得收益后，按销售收入的 8% 按季提取转让费，直至转让欠款提完为止。

在签订相关协议后，郁百超、深圳华达双方为履行约定，均付出了一定的人力、财力，但 UPSWI 专利产品仍未能研制成功（通过中试），即未达到产品化的程度，双方签订合同的目的落空，合同依约终止履行。

在专利信托项目的安排下，原始专利权人郁百超并不实际参与专利技术的转化，深圳华达缺乏投资意愿的原因在于其对"无逆变器不间断电源"

（UPSWI）专利技术的实施缺乏信心。而郁百超受聘加入设计团队参与产品的开发与试制，是深圳华达在专利信托项目终止后与郁百超达成协议的重要条件之一。由此可见，武汉专利信托计划以失败告终的原因可以总结为以下两点：第一，武汉国投缺乏与技术相关企业的合作经验，作为金融机构在科学技术管理与开发、市场化运作方面缺乏人才支撑，并不能为专利技术的转化提供实质上的增值服务；第二，我国缺乏成熟的专利交易市场，专利价值评价及其商业化可行性评估难度大，专利转让后原始权利人便不再承担专利转化义务，专利权人与专利受让方之间的信息不对称导致受让方的投资意愿不足。

8.3.3　中关村自主创新知识产权融资集合资金信托计划[①]

为了加快中关村国家自主创新示范区建设，促进中关村高新技术企业的发展，在中关村管委会的指导下，中国技术交易所、中粮信托有限责任公司、北京富海嘉信投资顾问有限公司和北京海辉石投资发展股份有限公司共同发起设立"自主创新知识产权融资集合资金信托计划"。该计划的交易结构如图 8.4 所示。委托人为拥有科技成果产业化项目的创新型高成长企业。中国技术交易所为信托顾问，对委托方具体科技成果或项目进行筛选和初审，负责将初选合格项目向中粮信托进行推荐，并提供知识产权商用化退出渠道。中粮信托有限责任公司为受托人，负责信托产品的发行。北京富海嘉信投资顾问有限公司和北京海辉石投资发展股份有限公司为专业投资顾问机构与担保人，负责对入选信托计划的企业进行贷前审查和贷后监管，并对科技成果项目方到期还款付息进行担保，为科技项目贷款提供连带责任保证。对于入选信托计划的企业，中关村管委会给予社会筹资利息、信托管理费和担保费等综合成本 20% 的费息补贴，有效地降低了企业的融资成本。

自主创新知识产权融资集合资金信托计划在产品设计和运作模式上进行了创新。第一，引入投资顾问团队、技术交易所、中关村管委会为信托计划提供贴息、风险管理与风险分担、价值发现等功能；第二，通过信托分层满足不同类型投资人对风险与收益的差异化需求，引入风险投资机构资金作为

---

① 中国技术交易所设立知识产权信托计划［J］. 中国发明与专利, 2011（3）：6.

信托计划劣后方,降低了优先级投资人风险;第三,采用债券和股权投入相结合的方式,为投资人提供了富有弹性的投资机会。

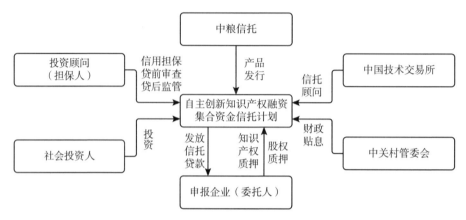

图 8.4   自主创新知识产权融资集合资金信托计划交易结构

2011 年 4 月 30 日,首例自主创新知识产权融资信托计划,即中粮信托"中关村自主创新知识产权融资集合资金信托计划(一期)"正式设立。该信托计划规模 2000 万元(其中,优先级 1000 万元,一般级 1000 万元),期限 12 个月,信托计划资金用于向阿尔西制冷工程技术(北京)有限公司、北京至清时光环保工程技术有限公司、北京宝贵石艺科技有限公司、标旗世纪信息技术(北京)有限公司发放流动资金贷款。

8.3.4   合肥市高新区中小企业知识产权收益权投资集合资金信托计划①

2018 年 11 月,安徽国元信托有限责任公司(以下简称"国元信托")依托合肥国家高新技术产业开发区内丰富的创新资源和优质的知识产权资源,受高新区内百胜科技、联信电源、中科大国祯三家公司委托,发起了合肥市高新区中小企业知识产权收益权投资集合资金信托计划,为三家公司筹集了

---

① 《合肥市高新区中小企业知识产权受益权投资集合资金信托计划推介书》。

2000 万元人民币，信托计划期限为 24 个月。根据该信托计划产品介绍披露，其目的是通过国元信托的投资管理，使信托资金在承担较低风险的情况下获得较为稳定的收益，实现受益人利益最大化，从委托财产的种类上看，该信托计划属于知识产权财产权信托。但在实际操作上，国元信托并未采用日本三菱 UFJ 模式将受托知识产权向第三方转让获得转让费收益，而是采用委托人在信托期满按照约定的价格无条件回购全部知识产权收益权的方式实现稳定的收益，参考年收益率为 7.8%。

高新区内三家委托企业均为科技型企业，其中百胜科技从事轧钢工艺技术设计及相关专用设备生产、销售和服务，联信电源主要生产应急电源系统（EPS）产品。中科大国祯主要业务包括信息存储与恢复及污水自动化处理。

从披露的财务信息来看，三家公司在发行前一年均取得了正的净利润，除中科大国祯外，其余两家公司的资产负债率均低于 25%，委托人财务风险较小。受托资产为三家公司所拥有专利的收益权（如表 8.1 所示），其中百胜科技涉及 2 项发明专利，联信电源涉及 3 项发明专利，中科大国祯涉及 3 项发明专利以及 1 项实用新型专利，北京中金浩资产评估有限责任公司给出的市场法估值分别为 725.60 万元、791.82 万元、1551.98 万元。

表 8.1　　　　合肥市高新区中小企业知识产权收益权投资集合
资金信托计划融资主体情况

	百胜科技	联信电源	中科大国祯
成立时间	2001 年 6 月	1997 年 9 月	2000 年 6 月
主营业务	从事轧钢工艺技术设计及相关专用设备生产、销售和服务的高新技术企业	生产应急电源系统（EPS）产品。已获国家授权专利为 51 项，其中发明专利 6 项	主要业务包括信息存储与恢复及污水自动化处理，在行业中具很强的竞争优势
财务情况	截至 2018 年 3 月底，百胜科技总资产 38237.60 万元，净资产 30125.22 万元，资产负债率 21.22%。2017 年度公司实现营业收入 12406.66 万元，净利润 4133.59 万元	截至 2018 年 3 月底，联信电源总资产 13879.36 万元，净资产 11532.32 万元，资产负债率 16.91%。2017 年度公司实现营业收入 8109.31 万元，净利润 1264.75 万元	截至 2018 年 3 月底，中科大国祯总资产 23255.05 万，净资产 8230.41 万元，资产负债率 64.61%。2017 年度实现营业收入 17132.59 万元，净利润 1402.51 万元

	百胜科技	联信电源	中科大国祯
知识产权收益权转让情况	发明专利权"轧机""轧辊定位调整装置",市场估值为725.60万元	发明专利权"大功率应急电源电池供电电路""一种不同相位双电源快速切换装置""一种应急电源拔插模块的防跌落装置",市场估值为791.82万元	发明专利权"基于帧差法和减背景法的人员离岗检测方法""一种用于污水处理厂的曲线报表数据采样方法""用于旋流沉沙工艺中的控制器"以及实用新型专利权"地下管网用多功能智能信号采集器",市场估值为1551.98万元
融资规模	500万元	500万元	1000万元
质押率	80.51%	73.88%	75.38%

资料来源:根据《合肥市高新区中小企业知识产权受益权投资集合资金信托计划推介书》披露信息整理。

在风险控制上,百胜科技、联信电源、中科大国祯以上述收益权转让专利提供质押担保,根据评估价值,三家公司的质押率分别为80.51%、73.88%、75.38%。此外,合肥高新区政策性担保公司合肥高新融资担保有限公司为该信托项下的收益权转让企业按期支付回购价款义务提供不可撤销的连带责任保证担保。

8.3.5 "百发有戏"与"娱乐宝"的信托融资模式①

2014年3月,阿里巴巴推出"娱乐宝"互联网保险理财产品,即"国华华瑞1号终身寿险A款"的投资连结型保险产品,预期年化收益7%,不保本不保底,1年内退保需收取3%的手续费,共募集资金7300万元。募集的保险资金通过投资优先级集合信托资金计划,从而实现对一个社交游戏项目(《魔法学院》)和四个影视项目(《小时代3》《小时代4》《狼图腾》《非法操作》)的投资。影视项目的投资额为每份100元,游戏项目的投资额为每份50元,为了防范客户风险,每位投资人单个项目投资总额上限被设定在

---

① 徐磊."粉丝经济"时灵时不灵百发有戏对垒娱乐宝 [J]. 投资与理财,2014 (18):56-57;陈浩洋.百度推出"百发有戏"挑战阿里巴巴"娱乐宝" [N]. 金华晚报,2014-09-30.

1000 元。该产品在正式发行 4 天后售罄，超过 22 万网络投资者参与了认购。此后，"娱乐宝"又陆续推出了多期产品，将投资标的扩展至电视剧、演唱会等多种形式，合作的保险公司包括了国华人寿、太平洋人寿、华夏保险、华瑞保险。

阿里巴巴的"娱乐宝"从表面上看是一款投连险理财产品，实际上是采用"保险＋信托＋文化产业"模式的一种影视文化产业融资工具。根据我国《保险资金委托投资管理暂行办法》第十条规定，保险资金可以投资境内市场的存款、依法公开发行并上市交易的债券和股票、证券投资基金及其他金融工具，却不能直接投向影视文化产业。而 2012 年《关于保险资金投资有关金融产品的通知》的发布则为保险资金投资实体项目提供了通道，即保险资金可以投资境内依法发行的信托公司集合资金信托计划、证券公司专项资产管理计划等金融产品。而"娱乐宝"未直接采用信托计划为影视项目融资的根本原因在于集合信托计划作为非公开募集产品，其要求投资人为合格投资者，最低投资门槛为 100 万元。因此，普通网络投资者无法参与到信托计划中。于是，"娱乐宝"利用投资连结型保险产品，巧妙规避了监管对信托投资门槛的要求，实现了普通投资者投资高风险文化娱乐项目的目的。

2014 年 9 月，百度作为消费券发行机构，与电影项目合作方中影股份、中信信托、北京德恒律师事务所合作发布了电影大众消费平台"百发有戏"。其第一期产品选定影片《黄金时代》，最低投资额仅为每份 10 元，期限 180天。该项目与"娱乐宝"采用的固定预期收益率不同，根据《黄金时代》电影票房情况分为六档（低于 2 亿元、2 亿~3 亿元、3 亿~4 亿元、4 亿~5 亿元、5 亿~6 亿元、高于 6 亿元），分别对应预期权益回报为 8%、9%、10%、11%、12%、16%。除此之外，用户还可获得多项影片消费特权，例如明星见面会、参加庆功晚宴、定制视频、电影票等。

与"娱乐宝"采用的"保险＋信托＋文化产业"模式不同，"百发有戏"强调的是消费权益，而非投资收益。消费者向"百发有戏"认购相关影视消费权益（制片人权益和各种消费特权，如获得免费电影票、演员签名、参加庆功宴等）后，"百发有戏"作为委托人将该消费权益注入百度消费权益财产信托，受托人中信信托作为独立第三方，发挥信托财产的独立性和破产隔离的功能，对所投资的影视项目进行监督管理，确保资金的专款专用。

8.3.6 "江北科投－绿色担保灵雀知识产权"特定信托收益权资产支持专项计划

2022 年 4 月，深圳证券交易所成功发行首单"特定信托"知识产权资产支持专项计划——"江北科投－绿色担保灵雀知识产权资产支持专项计划"。该项目储架规模 4 亿元，首期发行 1 亿元，期限为 1 年，以 105 件专利作为基础资产，参与融资企业 16 家企业为江北新区"灵雀计划"名单内企业，均属于拥有发明或者实用专利的"专精特新"科技型企业，所处行业涵盖化工、通信、医药、高端制造、新材料、节能环保等国家政策重点支持的领域，各笔贷款规模均根据企业需求合理定制，从 200 万元到 1000 万元不等。①

该资产支持计划以南京鑫欣商业保理公司持有的特定信托受益凭证为基础，从社会投资人处募集资金，通过信托公司设立单一资金信托向借款人发放信托贷款，发行利率为 3.61%，参与该计划的"灵雀计划"企业融资综合成本仅为 3.8%，显著低于同类相关产品，有效减轻了科技型实体企业的融资成本。

该计划的交易架构如图 8.5 所示。原始权益人鑫欣保理委托紫金信托设立单一资金信托向借款企业发放贷款，借款人以知识产权质押增信，并由南京江北新区绿色融资担保有限公司提供保证担保，江北新区管委会下属的科技创新投融资发展平台南京江北新区科技投资集团有限公司提供差额补足承诺。鑫欣保理将持有的信托受益权转让给资产支持专项计划，天风资管以此为基础资产发行资产支持证券，从社会投资者处募集资金。该计划以商业保理公司为贷款发放主体，资金信托为通道，直接从社会投资人募集资金支持科技型企业发展，是对银行为主体的融资服务体系的有益补充。②

---

① 南京自由贸易试验区网站，http：//njna. nanjing. gov. cn/zmq/zmqdt/202206/t20220602_3436586. html。

② 根据 CNABS 披露数据整理。

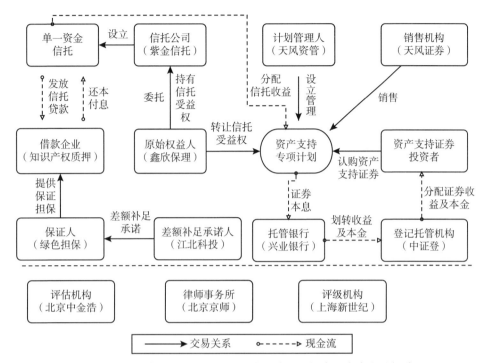

图 8.5 合肥市高新区中小企业知识产权收益权投资集合资金信托计划

| 第 9 章 |

知识产权融资租赁

9.1　知识产权融资租赁的概念与特征

9.1.1　知识产权融资租赁的概念

《中华人民共和国民法典》（以下简称《民法典》）第十五章对融资租赁合同进行了规定。融资租赁是指出租人根据承租人对租赁物件的特定要求和对出卖人的选择，出资向出卖人购买租赁物，并提供给承租人使用，承租人则分期向出租人支付租金的交易行为。《民法典》未对不同模式下的融资租赁合同进行特别规定。例如，在售后回租模式下，出卖人和承租人为同一人，由出租人对承租人指定的租赁物进行购买并出租。

知识产权融资租赁是指将传统的融资租赁交易模式运用到以知识产权为交易客体的融资交易模式。传统融资租赁以有体实物为交易客体，而知识产权金融以无形的专利权、商标权、著作版权为交易客体，在租赁物管理、租赁物价值评估、租赁物风险缓释上有很大的差异。

2020 年由中国银行保险监督管理委员会出台的《融资租赁公司监督管理暂行办法》（以下简称《暂行办法》）第十四条规定，融资租赁公司应当合法取得租赁物的所有权。而在知识产权融资实践中，融资租赁公司也有通过获得租赁物的独占实施许可权和转许可权，并向承租人进行二次许可的方式开展知识产权融资租赁业务。《暂行办法》第十七条明确融资租赁合同约定的租金水平应当根据租赁物的价值、其他成本和合理利润确定。因此，知识产权的价值评估是知识产权融资租赁交易中的关键环节之一。也意味着，在售后回租模式中，如融资租赁公司与承租人合谋，以低值高买的形式增加承租人融资额度，出租人通过不合理利润获取超额回报的行为违反了《暂行办法》的相关规定。

9.1.2　知识产权融资租赁的特征

与传统的融资租赁相比，知识产权融资租赁从交易客体、交易主体、交易构造上都有很大的差异。

1. 知识产权融资租赁标的物的无形性

融资租赁的标的物又被称为融资租赁的客体，是承租方租赁的对象，《民法典》要求将租赁物的名称、数量、规格、技术性能、检验方法写入融资租赁合同。由此可见，一般情况下融资租赁的标的物多为客观存在的实体。例如，机器设备、研发器材、运输交通工具等固定资产，也包括了基础设施、房地产等不动产。知识产权融资租赁与传统的融资租赁在交易对象上有很大的不同，其所有权的转让需在有权部门履行登记备案手续，但由于知识产权的无形特征，知识产权受让方（出租人）仍面临转让方违规向第三方许可的风险。同时，承租方通过支付租金获取的知识产权的许可使用权，知识产权作为交易客体并未发生物理空间的转移，承租人面临出租人擅自将获取的知识产权向除承租人外第三方许可的风险。同时，传统融资租赁的客体一般为固定资产，其有成熟的折旧计算方法。相对比而言，知识产权作为无形资产一般有法律规定的有效期限，具有可复制性、非损耗性的特点，在有效期限内并没有形成普遍被市场接受的折旧计算方法，而且还有因第三方诉讼面临知识产权被撤销或宣告无效的情形，其价值不确定性远高于固定资产。

2. 知识产权融资租赁交易构造的独特性

从交易构造来看，传统融资租赁的主体包括"三方"：出租方、承租方和供货方。其法律关系体现为"三方两约"的形式，即出租方和供货方签订买卖合同，出租方和承租方签订融资租赁合同。知识产权融资租赁中，虽然也有"三方两约"的形式，但在交易构造上有所不同。首先，传统融资租赁中的租赁物为有体实物，需要转移所有权方可供承租人使用，而知识产权融资租赁中的知识产权所有人通常情况下更倾向于通过向出租人授权许可获得长期许可费用而非一次性转让收益。例如，在计算机信息软件领域，通常采用的融资租赁模式为出租人先从软件著作权人处获取软件的许可权而非所有权，再将获取的被许可软件版权向承租人进行再许可。其次，知识产权融资租赁主体关系与传统融资租赁有所不同。在传统融资租赁交易中，出租人购买租赁物后，通常要求租赁物卖方提供在承租人不能按时履约时回购担保，除此以外租赁物卖方退出融资租赁关系。而在知识产权租赁的情况下，原知识产权所有人与出租人、出租人与承租人两两之间均是许可关系，如果出租人通过分期的方式向原知识产权人支付许可费用，则知识产权人始终出现在融资租赁业务的生命周期中。一旦出租人不能按时向原知识产权人支付许可费，则出租人与承租人之间的许可关系也将受到影响。

知识产权融资租赁与知识产权质押均有融资的功能，并以知识产权保障债权的实现，但知识产权融资租赁不仅有融资的功能，还能满足融资方融物的需求。知识产权在融资租赁和质押借款中均有融资担保的功能，但其作用机制与法律效果却大相径庭。首先，在融资担保中的法律地位不同，融资租赁交易中，知识产权作为租赁物，其所有权发生转移，即使是售后回租的模式中，知识产权所有权也从承租方转移至出租方；而在质押借款模式下，知识产权所有权在质押期间不发生转移，仍归债务人所有，仅发挥担保作用，在债务人违约时债权人获得已质押知识产权的处置权。其次，债权保障法律效果上存在一定差异。融资租赁出租方在承租人违约时可收回知识产权的授权许可，并可立即对知识产权进行处置；而在质押借款中，债务人违约时，债权人则依据质押物的担保物权获得知识产权的优先受偿权。因此，知识产权在融资租赁的业务模式中具有更强的担保功能，能够为出租人提供更具优势的资金安全保障。

9.1.3　知识产权作为融资租赁标的物的适格性

《中华人民共和国合同法》（以下简称《合同法》）第二百三十七条规定："融资租赁合同是出租人根据承租人对出卖人、租赁物的选择，向出卖人购买租赁物，提供给承租人使用，承租人支付租金的合同。"《中华人民共和国民法典》颁布后，《合同法》同时废止，但《民法典》第七百四十四条沿用了《合同法》对融资租赁合同的界定。因此，从租赁物的性质来看，《民法典》虽未明确知识产权等无形资产作为租赁物的适格性，但也并未对租赁物的性质加以限定，亦无法律或行政法规对知识产权作为租赁物的适格性进行否定。

从司法实践来看，《最高人民法院关于审理融资租赁合同纠纷案件适用法律问题的解释》（以下简称《司法解释》）第一条第一款规定："人民法院应当根据合同法第二百三十七条的规定，结合标的物的性质、价值、租金的构成以及当事人的合同权利和义务，对是否构成融资租赁法律关系作出认定。"由此可见，司法实践关注的是融资行为的确定以及融资租赁合同租金的合理性。

2020 年 6 月 9 日，中国银行保险监督管理委员会出台的《融资租赁公司监督管理暂行办法》（以下简称《暂行办法》）第七条对融资租赁交易的租赁物界定为："适用于融资租赁交易的租赁物为固定资产，另有规定的除外。"同时，该办法还对融资租赁标的资产作出了禁止性规定，即融资租赁交易的租赁物不得以下三类资产：一是已经设置抵押且在有效期内的财产；二是权属存在争议或所有权存在瑕疵的财产；三是已被司法机关查封、扣押的财产。根据《暂行办法》的规定，租赁物虽然原则上应为固定资产，但并未完全将没有违反禁止性规定的知识产权排除在租赁物范围之外。

然而，在具体的司法实践中，关于以知识产权为租赁物的租赁合同关系是否成立仍然存在分歧。有法院认为，相关法律并未对知识产权作为租赁物的适格性进行明确否定，合同双方是否构成融资租赁关系需按照当事人合同权利义务的具体内容进行判定。笔者以天津市滨海新区人民法院 2020 年对原告远东宏信（天津）融资租赁有限公司与被告大业创智互动传媒股份有限公司、大业传媒集团有限公司、北京大业良辰影视传播有限公司、苏某、刘某融资租赁合同纠纷一案的判决为例。

该案为原告（出租人）远东宏信（天津）融资租赁有限公司与被告（承租人）大业创智互动传媒股份有限公司、（保证人）大业传媒集团有限公司、北京大业良辰影视传播有限公司、苏某、刘某之间的融资租赁合同纠纷，原告与被告大业创智互动传媒股份有限公司签订了《售后回租合同》及《所有权转让协议》，约定被告将其所有的某电视栏目著作权转让给原告并通过许可的方式租回使用。该传媒股份有限公司对涉案租赁物价值委托评估机构进行了评估，双方另就上述著作权在国家版权局进行了转移登记备案。被告在合同生效后支付部分租金后未再继续履行合同对租金进行按期支付。原告诉至法院要求承租人支付全部租金、留购价款及违约金并要求保证人承担保证责任。

到庭被告（保证人大业传媒集团有限公司、苏某）则以本案实际上是借款合同关系，不存在真实的融资租赁关系为由，辩称不应承担连带清偿责任。

首先，法院一审认为该案《售后回租合同》以真实存在的电视栏目著作权作为租赁物符合"融资""融物"双重特性，不违反法律、行政法规的强制性规定。其次，从租赁物的价值来看，被告委托第三方评估机构对涉案著作权的市场价值进行了评估，合同双方对该估值未有异议，亦无明显证据证明租赁物的价值存在被高估或低估的情形。从租金的构成与合理性来看，《民法典》第七百四十六条规定："融资租赁合同的租金，除当事人另有约定外，应当根据购买租赁物的大部分或者全部成本以及出租人的合理利润确定。"根据涉案《所有权转让协议》及《售后回租合同》约定，法院认为租金真实反映了租赁物购买价款与预期利润，收取的利润具有合理性，并未违反相关法律规定。最后，从双方的合同权利义务来看，《所有权转让协议》约定被告大业创智互动传媒股份有限公司将涉案著作权转让给原告，且双方已在国家版权局办理了权利转移变更登记，故涉案作品著作权已转移至原告；被告则享有涉案著作权的使用权并依约向原告支付了部分租金，符合融资租赁权利义务关系。综上所述，经法院一审认定涉案以电视栏目著作权为标的的《售后回租合同》系双方当事人的真实意思表示，内容不违反法律法规效力性强制性规定，符合融资租赁法律关系的特征，合法有效。

而在2019年上海市浦东新区人民法院对浩瀚（上海）融资租赁有限公司与上海皆悦文化影视传媒股份有限公司、程某某融资租赁合同纠纷一审民事判决中，则裁定以著作权为租赁物的"融资租赁合同"不构成融资租赁合同关系，该案中原告与被告签订的《售后回租合同》的性质属于借贷合同。①

在该案中，原告与被告皆悦文化传媒公司于 2016 年 8 月 12 日签订《著作权转让合同》，合同约定被告皆悦文化传媒公司将自己享有的作品著作权（评估价值为 1460 万元，转让地域范围全世界范围，协议转让价 300 万元）转让给原告，同时原告与被告皆悦文化传媒公司签订《售后回租合同》，以融资租赁的形式将该著作权许可给被告皆悦文化传媒公司使用。其中，租赁物转让价款及租赁本金均为 300 万元，租赁期间 36 个月，自 2016 年 8 月 12 日起至 2019 年 8 月 11 日止；租金总额 3288000 元，每期应付租金 91333.33 元。被告皆悦文化传媒公司逾期支付任何一期租金，视为违约。被告皆悦文化传媒公司出现违约情形时，原告有权要求被告皆悦文化传媒公司付清全部到期及未到期租金和其他费用；要求被告皆悦文化传媒公司支付逾期违约金，逾期支付租金及其他应付款的，每超过一天按逾期金额的千分之一计算逾期违约金；原告采取诉讼手段，追究被告皆悦文化传媒公司的民事责任、刑事责任等法律责任，并要求被告皆悦文化传媒公司支付原告实现债权所发生的费用，包括但不限于诉讼费、保全费、保全服务费、执行费、鉴定评估费、律师费及其他合理费用。2016 年 8 月 12 日，原告向被告皆悦文化传媒公司支付租赁价款 150000 元及 80000 元；2016 年 8 月 15 日，原告向被告皆悦文化传媒公司支付租赁价款 2770000 元，上述共计 3000000 元。2016 年 8 月 16 日，原告与被告皆悦文化传媒公司就上述融资租赁办理了动产权属统一登记。经上海市浦东新区人民法院查明，被告皆悦文化传媒公司自第二十五期租金支付日即 2018 年 9 月 11 日起开始逾期。截至 2019 年 8 月 11 日，被告皆悦文化传媒公司尚欠原告本金 999999.96 元、以每期逾期本金为基数按年利率 24% 计算的逾期利息 109917.80 元。

在该案中，原告认为，根据现行法律规定，以著作权为租赁物的"融资租赁合同"不构成融资租赁关系，因此在诉讼过程中变更诉讼请求，将涉案融资租赁合同按照借贷合同关系处理，即将原诉讼请求"判令被告皆悦文化传媒公司向原告支付全部未付租金人民币 1095999.96 元、逾期付款违约金（以合同项下已到期未付的各期租金金额为基数，按年利率 24% 的标准，自

---

① 上海市浦东新区人民法院判决书（2019）沪 0115 民初 13365 号。

逾期之日起计算至实际清偿之日止，暂计至 2018 年 12 月 4 日的逾期付款违约金 9668.82 元）"变更为"判令被告皆悦文化传媒公司归还原告本金 999999.96 元、截至合同到期日 2019 年 8 月 11 日的逾期利息 109917.80 元以及自 2019 年 8 月 12 日起至实际清偿之日止的逾期利息（以 999999.96 元为基数，按年利率 24% 计算）"。该案中，法院认为原告与被告皆悦文化传媒公司签订的《售后回租合同》的性质应属于借贷合同，原告已履行其出借资金义务，被告皆悦文化传媒公司未归还原告借款，显属违约，应依据借贷关系承担相应还款责任。

9.2　知识产权融资租赁的业务模式与风险

9.2.1　知识产权融资租赁的业务模式

从传统融资租赁实践来看，其业务模式可按照出租人类型划分为银行租赁业务、厂商租赁业务、第三方租赁业务；如按照交易结构和交易特征进行分类，则可划分为直接租赁、售后回租、杠杆租赁、项目融资租赁、融资转租赁等模式。

银行租赁业务是指银行发起设立的租赁公司依托股东银行的资金优势和客户资源优势开展的融资租赁业务，国内比较有代表性的银行系租赁公司有国银租赁、工银租赁、交银租赁等；厂商租赁公司一般由设备制造商所代表的产业资本所创建，比如中联重科租赁、卡特彼勒租赁等，借助制造商对设备操作和维护的专业程度及其发达的销售网络，为其准客户提供融资租赁服务；第三方融资租赁服务主要由缺乏银行或制造商背景的独立第三方融资租赁公司提供，其在客户选择、租赁物获取、租赁方式上都更加灵活，能够较好地满足承租人多元化、差异化的服务需求。

直接租赁是指出租人根据承租人的要求，向卖方购买租赁物并在使用期内出租给承租人使用的一种行为，在直接租赁模式中，融资和融物对于承租人而言同等重要。而售后回租则更加体现了融资租赁业务中的融资功能，一般是指承租人与出租人约定，将租赁物出售给出租人，再从出租人手中租回继续使用，并在租赁期满时以一个象征性的约定价格将租赁物购回。杠杆租赁是面对大型租赁项目而设计的一种具有杠杆属性的交易模式，出租人通过"组团"的方式设立特殊目的机构，而后通过向银行等金融机构融资获取购买大型租赁物的资金。融资转租赁一般指为解决跨境租赁中遇到的法律和程序问题而设计的业务模式，而后演变为租赁公司为解决自身资金问题的一种手段。

知识产权融资租赁是一项新型的融资租赁交易业务。由于知识产权的商业价值化需要具备特定的转化环境和组合条件，且知识产权具有价值波动大、评估难、处置难等特点，知识产权租赁业务多由独立的第三方融资租赁公司提供，如 2012 年中关村发展集团设立的中关村科技租赁和 2014 年在北京设立的北京市文化科技融资租赁股份有限公司。现阶段常见的知识产权融资租赁可按照交易结构划分为知识产权直接租赁、知识产权售后回租、知识产权融资租赁资产证券化三种模式。

在知识产权直接租赁中，根据出租人获取租赁物的不同方式分为"购买所有权 – 出租"和"购买许可使用权 – 再许可"两种模式，如图 9.1 与图 9.2 所示。在第一种模式下，知识产权所有权经历了两次转移，第一次由

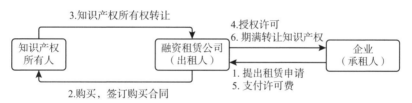

图 9.1　知识产权直接租赁模式（购买所有权 – 出租）

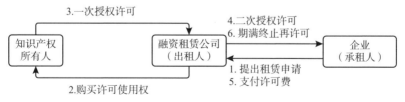

图 9.2　知识产权直接租赁模式（购买许可使用权 – 再许可）

融资租赁公司按照承租人提出的租赁物要求向指定知识产权所有人购买其所有权。而跟传统融资租赁不同的是，融资物为知识产权等无形资产，实际并不发生融资物向承租人交付的环节，而是由承租人与出租人签订授权许可合同，在合同期满时，承租人支付一笔象征性费用获取知识产权所有权。

在第二种直接租赁模式下，知识产权通过二次许可的方式使得承租人获得知识产权许可使用权。在这种模式下，融资租赁公司根据承租人提出的租赁申请，先行支付授权许可费用获得实施许可，并在许可合同中约定允许出租人将知识产权再许可给他人。在第一次授权许可的实际操作中，出租人既可以签署独占实施许可合同，也可以签署普通许可合同，后者可为承租人降低租赁成本，但也意味着不能排除第三方同时获得实施许可权。出租人还可通过分期方式向知识产权所有人支付实施许可费用，在这种情况下，如承租人未能按照约定向出租人支付实施许可费用，则出租人也可能出现违约，最终导致知识产权所有人终止许可使用关系。在第二次许可中，承租人与出租人签订第二次知识产权许可合同，并按照约定频率支付知识产权许可使用费，期满时许可合同自然终止，并不会发生知识产权所有权的转移。

售后回租是指知识产权所有人将其拥有的知识产权出售或将其拥有的知识产权独占实施权许可给出租人，再与出租人签订租赁合同，并支付租金以获得知识产权实施许可的模式（如图 9.3 所示），是目前知识产权融资租赁实践中普遍采用的模式。售后回租模式受到知识产权密集型企业和租赁公司认可的原因有以下几点。首先，知识产权售后回租是盘活无形资产的一种有效形式，尤其是对缺乏抵质押物且研发费用投入高的科技型中小企业而言，售后回租融资门槛相对银行较低，且除知识产权自身抵押外一般不要求提供

图 9.3　知识产权售后回租模式

其他抵质押物，可以有效提升知识产权密集型中小企业的融资能力。其次，售后回租模式在不影响企业承租人对知识产权的实施与使用的基础上，还能保留承租人对知识产权的所有权。最后，与直接租赁采用的"三方两约"的形式不同，售后回租采用的是"两方两约"的形式，具有简单高效成本低的优势。

在传统的售后回租模式下，承租人需先与出租人签订协议，将知识产权转让给对方，再由融资租赁公司将知识产权独占许可使用权出租给承租人。在二次许可模式下，知识产权所有权不发生转移，无须在国家知识产权局办理转让登记，仅需办理许可登记，提高了融资效率，降低了出租人同时将知识产权向第三方转让或许可的风险。

知识产权融资租赁证券化指的是融资租赁与知识产权证券化两者的结合，即融资租赁公司以知识产权实施许可费（租金）为基础资产委托计划管理人发起资产支持专项计划，并由销售机构向投资者募集资金，而融资租赁公司通过转让基础资产快速地回笼资金，以达到融资的目的。

9.2.2　知识产权融资租赁的业务风险

1. 租赁物灭失或减损风险

知识产权融资租赁与传统融资租赁在租赁物属性上截然不同，知识产权作为无形资产面临提前终止、无效、侵权、强制许可申请致使租赁物灭失或价值减损的风险。

以专利为例，根据《专利法》第四十四条规定，如有发生没有按照规定缴纳年费或者专利权人以书面声明放弃其专利权的，专利权在期限届满前将提前终止。专利无效风险一般是指专利侵权方认为该专利的授予不符合《专利法》有关规定的，通过请求专利复审委员会宣告该专利权无效以免除其侵权责任。如该专利权被宣告无效，则专利融资租赁业务中所涉及的专利权转让与专利实施许可合同不具有追溯力。专利作为租赁物还面临侵权风险，如有第三方未经专利权人许可，实施该专利引起纠纷，则出租人（发生专利权转移）或承租人（未发生专利权转移）面临专利侵权诉讼，其间支付的案件受理费、其他诉讼费、律师费等将对融资租赁主体造成损失。此外，如承租人实施专利权的行为被认定为垄断行为，已对同业竞争产生不利的影响，又或者在国家出现紧急状态或者非常情况时以及为了公共利益的目的，国务院专利行政部门可以依法给予实施发明专利或实用新型专利的强制许可，专利租赁物的价值将遭受减损，或将影响承租人继续支付租金的意愿。

2. 承租人信用风险

相比传统融资租赁业务，知识产权融资租赁的出租人面临的承租人信用风险更为复杂多变。首先，在售后回租模式下承租人如未向出租人披露其已将作为租赁物的知识产权许可给第三方，且未将该存量许可对应的许可合同在国家知识产权局备案，则可能给出租人带来存量许可无法查明的风险。例如，《中华人民共和国著作权法》未对著作权转让登记作出规定，而《中华人民共和国专利法实施细则》《专利实施许可合同备案办法》《中华人民共和国商标法》虽然有实施许可合同登记备案的规定，但也明确办理合同备案并非许可合同的生效条件。因此承租人向出租人隐瞒的存量许可不因未办理备案而丧失法律效力，出租人可能因此遭受知识产权价值分离带来的损失。其次，承租人违约不偿还租金的风险比传统融资租赁高。由于知识产权自身价值的不确定性高、波动大，其价值辨识度存在异质性，即原始知识产权所有人更易辨认知识产权的价值变化，而出租人因缺乏对知识产权实施环节的了解无法及时辨识其价值的变化。因此，在承租人内外部经营环境恶化，知识产权价值灭失时，可能采用专利许可费延迟支付的手段来对冲知识产权价值损失的风险。

3. 知识产权价值评估的风险

融资租赁公司为开展知识产权融资租赁业务，一般采取聘用第三方评估机构对拟租赁的知识产权及其许可使用价值进行评估。从当前已开展的融资租赁业务来看，第三方评估机构一般采用收益现值法对知识产权价值进行评估，而收益现值法取决于经济年限、技术产品未来各期收益额、折现率、技术分成率等预测数据，部分知识产权仍未有上市销售产品与之对应，实际数据可能与预测数据发生较大的偏离，导致知识产权被高估或低估的情形。若知识产权被高估，则出租人要求支付过高的知识产权许可转让费，则可能出现承租人知识产权转化收益不足以支付转让许可费的情形，从而增加了弃置知识产权，拒不支付租金的风险；若知识产权被低估，则租赁业务的融资功能被削弱，承租人通过知识产权融资租赁实际获得的资金低于合理水平。

4. 其他风险

在知识产权租赁业务中，如若承租人未能按照约定及时支付租金，则出租人可将处置剩余期限的知识产权许可使用权及质押物（如知识产权本身）所获款项用于抵偿承租人未偿还的知识产权租赁费用。但在现实情况下，知识产权交易市场活跃程度低，知识产权所有权转让、知识产权再许可的难度大，其变现能力差，变现价值折扣大，可能导致知识产权变现价值大幅低于未偿还租金的情形，从而给出租人带来巨大损失。

融资租赁的主体还将面临利率定价风险。利率环境随着宏观经济环境的变化而波动，而融资租赁交易双方在租金计算时多采取固定利率而非浮动利率，当市场利率上升时，出租人的相对收益降低，当市场利率下降时，承租人的相对成本增加。

租赁公司需满足 2020 年 5 月银保监会发布的《融资租赁公司监督管理办法》，如违反融资租赁企业监管规定受到监管处罚，融资租赁公司可能丧失持续经营能力。《融资租赁公司监督管理办法》从资产、投资、客户集中度、关联方风险对融资租赁公司设定了监管指标，如表 9.1 所示。

表 9.1 知识产权售后回租模式

指标名称	监管要求
融资租赁和其他租赁资产/总资产	≥60%
风险资产总额/净资产	≤8 倍
固定收益类证券投资/净资产	≤20%
单一客户融资集中度	≤30% 净资产
单一集团客户融资集中度	≤50% 净资产
单一关联客户融资租赁余额	≤30% 净资产
全部关联方融资租赁业务余额	≤50% 净资产
单一关联股东融资余额	≤该股东出资额

如融资租赁企业未能满足上述监管要求，则可能面临丧失经营资质的风险。

9.3　知识产权融资租赁的发展实践与案例

9.3.1　直接租赁模式

直接租赁具有融资和融物双重目的，两者同等重要。而在我国现阶段承租人更为关注融资租赁交易的融资功能，融物功能为辅。因此更常见采用售后回租、知识产权二次许可等模式，知识产权直接租赁实践并不常见。而在美国、日本等国家，计算机软件著作权主要采用直接融资租赁的模式进行交易，其主要原因是著作权人由于缺乏资金、相关设备和市场运作能力，一般不会自行对计算机软件著作权进行商业化运用，而是在保留软件所有权的前提下，将计算机软件的使用许可权转让给融资租赁公司，再由融资租赁公司将该使用许可出租给承租人使用。为此，日本成立租赁协会，由该协会制定专门的软件租赁合同范本和交易流程；美国则出台了《统一计算机信息交易法》，规定融资租赁公司在获得计算机软件版权的许可后，可以向承租人就被许可的软件版权进行再许可。

9.3.2　售后回租模式

售后回租采用"两方两约"的交易架构，比直接租赁采用的"三方两约"交易架构更为简单，更容易为出租人和承租人所接受，这一形式简单高效，实际融资成本比直接租赁更低，因而在实践中广受企业和租赁公司认可，成为知识产权融资租赁的主流模式。其中，2012年成立的中关村科技租赁股份有限公司（以下简称"中关村租赁"）和2014年成立的北京文化科技融资租赁有限公司（以下简称"文科租赁"）是国内最早一批开展知识产权售后回租业务的融资租赁公司。2015年4月，文科租赁与北京华夏乐章公司签订售后回租协议，成为国内首个著作权售后回租的案例，通过该笔交易北京华夏乐章公司将《纳斯尔丁·阿凡提》和《冰川奇缘》出售给文科租赁成功获得融资 500 万元后又推出了 4 部原创音乐剧作品，为后期知识产权售后回租业务开展提供了样板。[①] 而中关村租赁则采用"知识产权二次许可"这种更为便捷的售后回租模式。2021 年底，中关村租赁与天津某医疗装备制造企业合作开展"知识产权二次许可"业务，该企业将其所有的知识产权许可使用权转让给中关村租赁获得融资近千万元，再以租赁的方式返租实施许可，顺利完成了可移动医疗车的生产下线，为北京冬奥会提供了有力的医疗保障。[②]

本节以上市公司江苏长电科技股份有限公司（以下简称"长电科技"）与芯鑫融资租赁（天津）有限责任公司（以下简称"芯鑫天津"）签订的专利组合售后回租协议为例，阐释知识产权售后回租的交易结构与流程。[③]

长电科技是全球领先的集成电路制造和技术服务提供商，提供全方位的芯片成品制造一站式服务，包括集成电路的系统集成、设计仿真、技术开发、产品认证、晶圆中测、晶圆级中道封装测试、系统级封装测试、芯片成品测试，并可向世界各地的半导体客户提供直运服务。

长电科技分别于 2016 年 12 月 8 日、2017 年 2 月 23 日发布《关于开展固定资产及无形资产售后回租》的公告，与芯鑫天津签订专利售后回租协议，标志着我国上市公司知识产权融资租赁迈入实践时期。

如表 9.2 所示，在 2016 年签订的融资租赁协议中，长电科技将拥有的 58 项发明及实用新型专利权组合出售给芯鑫天津，芯鑫天津再将该 58 项专利权组合通过独占实施许可的方式返租给长电科技，长电科技以专利使用费的形式向芯鑫天津支付租金；同时，芯鑫天津配合长电科技办理专利权独占许可登记。

表 9.2　　　　　　　　长电科技专利组合售后回租协议主要内容

项目	发生时间	
	2016 年 12 月 8 日	2017 年 2 月 23 日
融资额度	人民币 3.8 亿元	人民币 4 亿元

① 谢黎伟. 知识产权融资租赁的现实困境与发展路径 [J]. 大连海事大学学报（社会科学版），2022，21（6）：38-46.
② 根据中关村科技租赁公开披露数据整理。
③ 根据江苏长电科技股份有限公司公开披露数据整理。

续表

项目	发生时间	
	2016 年 12 月 8 日	2017 年 2 月 23 日
租赁物	长电科技 QFN/DFN 产品系列 26 项发明专利与 32 项实用新型专利	长电科技 BGA 产品系列对应的 16 项发明专利与 12 项实用新型专利。
租赁方式	售后回租	售后回租
租赁期限	3 年	3 年
租赁利率	5.639%	5.639%
担保措施	长电科技持有的长电国际（香港）贸易投资有限公司 20000 万元人民币资本金（折算成同等金额港币）所对应的股权（225530000 股）	长电科技持有的长电国际（香港）贸易投资有限公司 20000 万元人民币资本金（折算成同等金额港币）所对应的股权（225530000 股）

资料来源：江苏长电科技股份有限公司临 2017 - 11 号公告；北方亚事评报字［2017］第 01 - 020 号；江苏长电科技股份有限公司临 2016 - 094 号公告；北方亚事评报字［2016］第 01 - 655 号。

由长电科技与芯鑫天津共同委托北京北方亚事资产评估事务所对涉及本次交易的 58 项专利权组合进行价值评估。58 项专利对应长电科技 QFN/DFN 产品系列 26 项发明专利与 32 项实用新型专利。本次评估的专利技术已经产业化应用于集成电路封装，对应的技术产品具有良好的市场前景，具备成熟的客户群体，经数据验证后发现技术产品与经营收益之间存在较为稳定的比例关系，未来收益可以预测。因此，北方亚事资产评估事务所采用收益法对相关 58 项专利进行评估，最终的评估价值为 38491 万元。

在租赁合同中，58 项专利权组合融资总额确定为 3.8 亿元人民币，租期 36 个月，租赁利率为 5.639%，并根据租金日约定每 3 个月支付一次。在租赁期内，长电科技按季向芯鑫天津支付租金，继续保持对该专利权组合的独占实施许可权、分许可权及转授权；租赁期满，长电科技以留购价 1170 元人民币回购前述专利权组合所有权。

为降低出租方风险，长电科技同意将其持有的长电国际（香港）贸易投资有限公司 20000 万元人民币资本金（折算成同等金额港币）所对应的股权（225530000 股）质押给芯鑫天津，为前述固定资产及无形资产售后回租交易项下所有公司应付的任何租金、违约金、租赁物件留购价款及其他应付款项向芯鑫天津提供质押担保。

2017 年 2 月 23 日,长电科技再次将其持有的 28 项专利出售给芯鑫天津,融资 4 亿元人民币,并以租赁的方式继续保持对该专利组合的独占实施许可权、分许可权及转授权。

在两次融资租赁交易中,长电科技提供的租赁物均为已经产业化应用且有对应产品的专利组合,其价值可以通过收益法合理评估,且长电科技提供其全资子公司长电国际股权为融资租赁交易提供质押担保增信,有效保障了融资租赁交易的实施。在不影响对知识产权使用的前提下,长电科技通过专利权售后回租融资业务,盘活无形资产,拓展融资渠道,优化债务结构,有效降低了公司的财务压力,为公司经营提供了长期资金。

9.3.3 知识产权融资租赁资产证券化模式

早在 2015 年,北京市文化科技融资租赁股份有限公司(以下简称"文科租赁")以其知识产权租金收入为基础资产,委托恒泰证券股份有限公司为管理人发起了文科租赁一期资产支持专项计划。随后在 2017 年和 2018 年,文科租赁又分别发起了文科租赁二期资产支持专项计划、文科租赁三期资产支持专项计划,开启了我国知识产权融资租赁证券化的先河。2018 年,深交所和上交所为规范融资租赁证券化业务发展,分别发布了《融资租赁债权资产支持证券挂牌条件确认指南》《融资租赁债权资产证券化业务尽职调查工作细则》《融资租赁债权资产支持证券信息披露指南》,对基础资产入池标准、租赁物标准、原始权益人与增信机构资质等做出规定,为知识产权融资租赁证券化业务的发展提供了制度保障。随后,广州凯得融资租赁、上海浦创龙科融资租赁、科学城(广州)融资租赁、广东耀达融资租赁、苏州融华融资租赁、烟台业达融资租赁、南京江北新区扬子科技融资租赁、安徽兴泰融资租赁、中关村科技租赁先后发起了近 20 起知识产权融资租赁资产支持证券计划,知识产权融资租赁证券化已成燎原之势。为规范基础资产的准入规则(包含 3 大类 7 小类),对交易规则、现金流预测和资产支持计划参与方的要求进行细化和完善,深交所和上交所于 2022 年分别发布了《资产支持证券挂牌条件确认规则适用指引》,进一步引导市场夯实资产信用,强化质量控制。

以业达智融－烟台开发区知识产权（人力资本）资产支持专项计划为例，笔者对知识产权融资租赁证券化的业务流程进行解析和介绍。① 在本例中，知识产权融资租赁交易未采取专利转让后回租的方式，而是采取两次方向相反的专利许可方式（如图9.4所示）。采取专利许可的优势在于专利的所有权未发生变更，无须就权属进行备案登记，提升了专利客户的融资便捷度。在第一次专利许可中，业达租赁与专利权人签订为期5年的独占实施许可，并允许业达租赁将该独占实施许可再许可给他人，业达租赁按照评估价值一次性支付5年专利独占实施许可使用费。

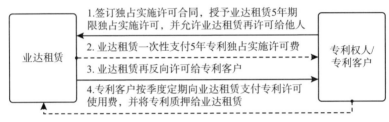

图9.4　业达租赁二次许可模式

在第一次专利许可交易中，业达租赁聘请了第三方专业评估机构北京中金浩资产评估有限责任公司（以下简称"中金浩"）对专利客户拟授权许可的专利在5年期间内的价值进行评估。后者采用收益现值法进行评估，在具体操作中引入技术分成率概念，对未来收益额以适当的分成率分成，再以合理的折现率将未来现金流折成现值得出专利的评估价值。本次融资租赁交易共涉及专利组合16笔，其中"发明专利"组合1笔，"实用新型专利"组合1笔，"发明专利＋实用新型专利"组合14笔，涉及国企客户5笔，民企客户11笔。如表9.3所示，大部分专利组合评估价值在3000万元以下，仅两笔专利组合价值超过5000万元，其中一笔为5380万元，另一笔为7080万元，16笔专利组合评估价值共计31219万元。

① 《业达智融－烟台开发区知识产权（人力资本）资产支持专项计划说明书》。

表9.3 专利组合价值分布

价值	第一次专利许可评估价值（万元）	合同笔数（笔）	余额占比（%）
1000 万元以下	2165.00	5	6.93
1000 万~2000 万元	9180.00	6	29.41
2000 万~3000 万元	7414.00	3	23.75
5000 万~6000 万元	5380.00	1	17.23
7000 万~8000 万元	7080.00	1	22.68
合计	31219.00	16	100

在第二次专利许可中，业达租赁作为许可方与专利客户（被许可方）签订《专利独占许可协议》。在第二次专利许可合同项下，业达租赁基于其根据第一次专利许可合同取得的对16笔专利组合享有的再许可权利，以独占许可的方式授予专利客户实施专利的权利，专利客户按照合同约定向专利权人按季度支付对应的专利许可费。同时专利客户以质押、抵押以及实控人连带责任保证担保的方式给第二次专利许可合同增信，其中"专利质押"增信9笔，余额占比75.67%，"专利质押+实控人连带责任保证担保"增信6笔，余额占比19.33%，"专利质押+资产抵押"增信1笔，余额占比5%。

如表9.4所示，第二次专利许可应收款余额共计35167.34万元，高于第一次专利许可评估价值，业达租赁从第二次专利许可中获取了合理利润。

表9.4 二次专利许可应收款余额分布

价值	第二次专利许可应收款余额（万元）	合同笔数（笔）	余额占比（%）
1000 万元以下	2110.04	5	6.00
1000 万~2000 万元	8088.49	5	23.00
2000 万~3000 万元	10550.20	4	30.00
6000 万~7000 万元	6212.90	1	17.67
8000 万~9000 万元	8205.71	1	23.33
合计	35167.34	16	100

同时，为确保专利组合在第二次专利许可期限内有效，合同约定专利客

户应按时足额支付相关专利年费，并要求专利客户向业达租赁指定账户支付一定的保证金，如专利客户未按照法律规定足额缴纳专利年费，则业达租赁将从保证金中扣除等额款项代替专利客户缴纳专利年费。

1. 资产支持计划的设立与交易结构

2021 年 1 月 15 日，业达租赁将第二次专利许可应收款打包委托兴业证券资产管理有限公司设立资产支持专项计划，专项计划设置优先级资产支持证券和次级资产支持证券，其中优先级资产支持证券按季度付息，还本方式为过手摊还型。如表 9.5 所示，该资产支持专项计划共募集人民币 3 亿元，其中优先 A 档资产支持证券的目标募集规模为 9000 万元，优先 B 档资产支持证券的募集规模为 19500 万元，次级资产支持证券的目标募集规模为 1500 万元。

表 9.5 资产支持计划募集规模

类别	预期到期日	还本付息方式	评级	规模（万元）	比例（%）
优先 A 档证券	2022 年 4 月 6 日	过手摊还本金，按季度付息	AAA	9000	30
优先 B 档证券	2024 年 10 月 12 日	过手摊还本金，按季度付息	AA +	19500	65
次级证券	2026 年 1 月 6 日	——	——	1500	5
总计				30000	100

该资产支持计划通过差异化的证券到期日设置，有效降低了优先级资产支持证券投资者的投资风险。优先 A 档资产支持证券的预期到期日为 2022 年 4 月 6 日，优先 B 档资产支持证券的预期到期日为 2024 年 10 月 12 日，次级资产支持证券的预期到期日为 2026 年 1 月 6 日。为进一步降低资产支持证券投资者的投资风险，该计划为投资者提供回售选择权，即在计划成立 3 年后，存续的优先级资产支持证券持有人有权选择将所持有的优先级资产支持证券全部或部分售回给原始权益人。

该计划的交易结构如图 9.5 所示，兴业证券资产管理有限公司为计划发起人，兴业证券股份有限公司为销售机构向投资者募集资金，中诚信国际信用评级有限责任公司为优先级资产支持证券提供评级，原始权益人业达租赁作为资产服务机构通过转让资产获得募集资金，同时负责基础资产对应的专利许可使用费的回收和催收，以及违约资产处置等基础资产管理工作，并按照相关协议的约定，在回收款转付日将其划入托管银行账户。计划管理人根据发起文件的约定，向托管银行（民生银行）发出分配指令，托管银行根据分配指令将相应资金划拨至登记托管机构（中证登）的指定账户用于支付资产支持证券本金和预期收益。

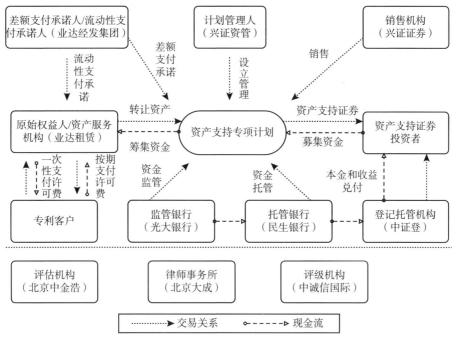

图 9.5 业达智融–烟台开发区知识产权（人力资本）资产支持专项计划交易结构

2. 资产支持证券信用增级方式

该项目专利承租客户支付入池资产涉及的风险金总额为 1270 万元，占资产池第一次专利许可使用费的 4.23%，其中风险金比例为 5% 的专利 10 笔，余额占比 55.33%，其中风险金比例为 10% 的专利 3 笔，余额占比 14.67%（见表 9.6）。在专利许可合同履行期间，如果发生专利客户未能按期支付专利许可费等事项时，资产服务机构业达租赁有权在风险金中扣除相应部分抵作专利许可使用费。

表 9.6 专利许可应收账款风险金分布

风险金比例（%）	专利许可应收款余额（万元）	合同笔数（笔）	余额占比（%）
0	10550.20	3	30.00
5	19459.26	10	55.33
10	5157.88	3	14.67

根据基础合同分析，基础资产每期的现金流回款高于优先级资产支持证券每期应支付的利息和本金，为优先级资产证券提供了一定的信用支持。

同时，业达租赁母公司业达经发集团作为流动性支付承诺人和差额支付承诺人，承诺对业达租赁的持股比例不低于70%，在承诺期拥有对业达租赁的实际控制权和管理控制权，将促使业达租赁有足够的流动资金以确保其按时支付专项计划文件下应付的任何金额；在监管账户内用于售回和购回的款项金额不足以支付当期售回和购回所需支付现金金额，以及专项计划账户内资金金额不足以支付当期兑付兑息日专项计划应付相关税金、相关费用和优先级资产支持证券应付预期收益和应付本金时，业达经发集团承诺负责补足差额补足款。

在本例中，差额支付承诺人业达经发集团2017~2019年度及2020年1~9月的毛利润分别为 -5225.48 万元、-8065.02 万元、-13015.83 万元和 -4085.65 万元，毛利率分别为 -7.22%、-10.17%、-19.66% 和 -45.36%。业达经发集团主营业务中热电业务占比较大，由于煤炭价格上涨和电力价格政府管控的原因，其盈利能力受到了一定的影响，如果未来业达经发集团毛利率持续为负，则有可能影响其偿债能力，进而削弱其差额支付和流动性支付承诺效力。

值得注意的是，我国现阶段知识产权融资租赁证券化业务与欧美市场通常采用的证券化业务模式具有明显的不同之处。主要表现在基础资产转让的对象及其法律地位不同。在欧美市场，通常以信托形式设立具有独立法人资格的特殊目的机构（SPV）作为基础资产的转让对象，特殊目的机构具有风险隔离的作用，使得投资人的利益不因计划管理人的破产而遭受损失。而在本例中，原始权益人（业达租赁）将基础资产转让给资产支持专项计划，计划说明书中明确了该资产支持专项计划的发起人和管理人，但并未明确其是否具有独立法人地位。因此，出租人将基础资产转让给资产支持专项计划仅实现了基础资产与出租人破产风险的隔离，并未有效阻隔专项计划管理人破产风险对基础资产的影响。此外，不具有独立法人资格的资产支持计划在我国现行税法规定下无法开具增值税发票①，需由融资租赁公司为承租人提供增值税专用发票，但该增值税专用发票无法用于增值税抵扣。

---

① 庄序莹，张海舰. 浅析融资租赁资产证券化涉税问题及优化对策 [J]. 税务研究，2020，420（1）：31 – 33.

| 第10章 |

知识产权出资入股

10.1　知识产权出资概念与政策法规

　　知识产权出资是指知识产权所有人以转让知识产权所有权或以知识产权使用许可的方式向公司投入注册或增资的资本，并获得股东资格和相应股权的一种出资行为。

　　与知识产权出资相关的法律法规主要包括了《公司法》、《中华人民共和国促进科技成果转化法》、《公司法》司法解释、《实施〈促进科技成果转化〉若干规定》、《专利法》、《商标法》、《著作权法》、《计算机软件保护条例》等，而《公司法》及其司法解释是知识产权出资入股的主要法律依据。

　　1993年12月29日，中华人民共和国第八届全国人民代表大会常务委员会第五次会议通过了《公司法》，该法第二十四条规定有限责任公司股东可以用货币出资，也可以用实物、工业产权、非专利技术、土地使用权作价出资。对作为出资的实物、工业产权、非专利技术或者土地使用权，必须进行评估作价，核实财产，不得高估或者低估作价。土地使用权的评估作价，按照法律、行政法规的规定办理。以工业产权、非专利技术作价出资的金额不得超过有限责任公司注册资本的 20%，国家对采用高新技术成果有特别规定的除外。同时该法第八十条对股份有限公司股东出资作出了类似的规定，但并未对采用高新技术成果出资限额进行特别规定。1997 年，国家科委、国家工商行政管理局发布的《关于以高新技术成果入股若干问题的规定》明确了高新成果出资所占股份比例最高可达公司注册资本的 35%，扩大了知识产权入股的比例。

1999 年《公司法》修订后，仍保留了 1993 版《公司法》第二十四条和第八十条对股东出资方式的规定。1993 版和 1999 版《公司法》均未明确专利权、商标权、著作权等知识产权出资的适格性。2005 年 10 月 27 日第十届全国人民代表大会常务委员会第十八次会议对《公司法》进行了再次修订，该版《公司法》对股东出资制度进行了重大修改。该法第二十七条规定，股东可以用货币出资，也可以用实物、知识产权、土地使用权等可以用货币估价并可以依法转让的非货币财产作价出资，并将非货币出资所占股份最高比例提升至 70%。2013 年 12 月 28 日，第十二届全国人民代表大会常务委员会第六次会议通过了《公司法》的修订，该版《公司法》删除了非货币出资金额不得高于注册资本 70% 的规定，并取消了股份有限公司注册资本的最低限额，出资人可以完全以知识产权出资设立股份有限公司。2018 年 10 月 26 日，中华人民共和国第十三届全国人民代表大会常务委员会第六次会议通过了《公司法》的再次修订，而该版《公司法》主要对有关资本管理制度进行了修改完善，赋予公司更多自主权，并未涉及知识产权出资制度调整。

根据最新版《公司法》规定，以知识产权出资入股需重点关注以下三个方面：

1. 知识产权的评估合理性

《公司法》第二十七条明确对作为出资的非货币财产应当评估作价，核实财产，不得高估或者低估。同时，《公司法》司法解释（三）的第九条规定：出资人以非货币财产出资，未依法评估作价，公司、其他股东或者公司债权人请求认定出资人未履行出资义务的，人民法院应当委托具有合法资格的评估机构对该财产评估作价。评估确定的价额显著低于公司章程所定价额的，人民法院应当认定出资人未依法全面履行出资义务。由于知识产权价值的影响因素包括权利类型、权属形式、经济寿命、使用情况、市场预期性等复杂因素，即便是专业的资产评估机构也很难保证其预测性评价能够做到完全科学公正。在实践中，公司在接受知识产权出资时，应当聘请经过相应备案且具有知识产权评估经验的专业评估机构对知识产权进行评估，在评估过程中还应督促评估机构严格按照评估规则，履行现场调查程序，合理设定评估假设，如果认为所做知识产权评估报告存在瑕疵的，还应重新聘请其他专业评估公司进行复核评估，否则评估结果可能存在不被法院认可的风险。如，在无锡市中级人民法院（2021）苏02民终6539号对秦少勇与江阴华飞稀土金属矿有限公司上诉案的判决中，对知识产权出资不实进行了认定。在该案中，中绿有限合伙将其持有的"泥浆不落地智能环保一体化钻井固控系统"发明专利权作价5600万元作为认缴华油投资公司股东货币出资。后经北京市财政局审理发现，北京东鹏资产评估事务所（普通合伙）在对该发明专利权评估中未履行现场调查程序、使用不合理的评估假设、未对被评估单位的经营条件和生产能力进行调查了解、未分析营业收入、营业成本和净利润的可预测性，属重大遗漏评估报告。故法院判定中绿有限合伙将发明专利作价5600万元出资入股不实。

2. 知识产权使用权出资的适格性

《公司法》第二十七条明确了知识产权可用于出资，但并未明确知识产权使用权用于出资的适格性。而在司法实践中，已有知识产权使用权作价出资的先例。江苏省高级人民法院（2008）苏民三终字第0136号对无锡先迪德宝电子有限公司与金德成专利实施许可合同纠纷案件进行判决。在该案中，金德成作为专利所有权人，先将专利使用权作价出资给九鼎公司，之后又与先迪德宝公司签订了专利独占许可使用协议。而先迪德宝公司认为金德成已将其涉案专利使用权作价入股九鼎公司，因此金德成无权许可他人使用涉案专利，继而拒支付专利使用费。金德成认为本案专利独占许可使用协议具有法律效力，遂起诉先迪德宝公司应按照协议支付专利使用费。江苏高院认为，在知识产权出资入股时，应明确是以权利的整体转让出资还是使用权出资，如以权利的整体转让出资，则出资人只对其知识产权享有股权，不再享有处分权，不能再将该知识产权转让或许可给其他人。而如果仅以知识产权的使用权出资，则出资人对该知识产权仍享有最终处分权，在不违反出资协议的情况下，出资人可以自己使用或许可给其他人使用该知识产权。所以，法院判定本案专利独占许可使用协议具有法律效力。

该司法实践对知识产权使用权作价出资的适格性给予确认，同时也明确了以知识产权使用权作价出资时，被投资公司并不拥有对该知识产权的完全处置权，知识产权人仍可将该知识产权许可给他人使用，或将对被投资公司的经营造成不利影响。

3. 出资后发生知识产权贬值时的处理

《公司法》第三十条规定，有限责任公司成立后，发现作为设立公司出资的非货币财产的实际价额显著低于公司章程所定价额的，应当由交付该出资的股东补足其差额，公司设立时的其他股东承担连带责任。笔者认为第三十条规定中提到的非货币财产实际价额并非指出资后该非货币财产价值的不利变动，而是指在出资时评估价值显著高估的情形。此观点可从《公司法》司法解释（三）第十五条得到验证，该条规定，出资人以符合法定条件的非货币财产出资后，因市场变化或者其他客观因素导致出资财产贬值，公司、其他股东或者公司债权人请求该出资人承担补足出资责任的，人民法院不予支持。但是，当事人另有约定的除外。在司法实践中，也有出资人因无形资产贬值被股东起诉被法院驳回的案例。

例如，2009 年 11 月 27 日，北京威德公司委托北京大正评估公司对其拥有的发明专利及相关全套工业生产技术、注册商标等 3 项无形资产作出评估报告，评估结果为人民币 1300 万元。2010 年 4 月 9 日，青海威德公司作出股东会决议，同意北京威德公司以上述 3 项无形资产向青海威德公司增资，并以评估结果 1300 万元认定增资数额，并随后完成了无形资产的增资并依法变更工商登记。2014 年 12 月 30 日，国家工商行政管理总局商标评审委员会作出商标无效宣告请求裁定书，宣告上述商标无效并进行了公告。2016 年 2 月 25 日，国家知识产权局专利复审委员会作出无效宣告请求审查决定书，宣告上述发明专利权无效并进行了公告。青岛威德以北京威德公司增资没有到位为由向北京威德公司及两名关联方提起诉讼。而一审和二审均认为，北京威德公司的出资方式、出资评估符合法律规定，并进行了权属变更登记，其出资义务已经履行完毕，且青海威德公司未提交证据证明北京威德公司在上述无形资产出资时存在主观恶意，双方当事人也未对出资后发生无形资产贬值的情形另行约定。因此，依据《公司法》司法解释（三）第十五条，法院判决驳回青海威德公司的诉讼和上诉请求。[①]

10.2　知识产权出资入股流程

根据我国《公司法》《专利法》《促进科技成果转化法》《企业国有资产法》等法律及国务院有关知识产权转化的法规和规范性文件，知识产权出资大致可以分为四个步骤（如图10.1所示）。第一步是签订出资协议，出资人与企业签订知识产权出资入股协议，并就知识产权的范围、类型、权属情况、授权情况、法律状态、存续期限等情况进行商议，双方对拟作价出资的知识产权清单进行确认，并协商确定知识产权价值评估机构。第二步是对知识产

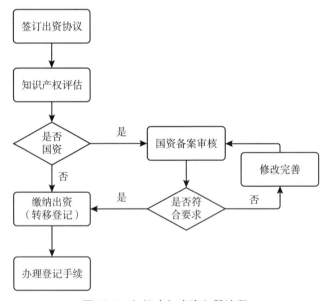

图 10.1　知识产权出资入股流程

---

① 青海省高级人民法院民事判决书（2018）青民初 123 号。

权进行评估。通常情况下，先由知识产权出资人与企业约定聘请具有相应资质且信誉良好的第三方知识产权评估机构对拟出资的知识产权进行估价，在第三方评估的基础上，再根据双方在知识产权转化过程中承担风险的程度，按照一定比例确定最终的价值。评估机构则应当按照知识产权所处应用阶段与实际市场状况，在系统审阅知识产权相关文件资料的基础上，在市场法、成本法、收益法等评估方法中合理选择一种或多种评估方法，并选取合理的评估参数，在专业的计算分析后形成知识产权评估报告。

如果知识产权归属国家设立的研究开发机构或高等院校，则需要严格按照国家相关规定，对拟出资入股的知识产权进行国资备案管理。备案管理单位收到科研机构或高等院校提交的知识产权作价入股备案申请材料后，应当组织专家对知识产权评估对象、评估范围、评估方法、评估参数确定依据、评估结论等内容进行专业的论证和评审。在评估对象与评估范围审核中，重点关注知识产权的法律权属状态，是否存在有"共同持有权"，关注知识产权范围是否与知识产权出资入股协议中约定的清单一致，其法律状态有无显著变化等。在评估方法审核中，重点关注评估方法的选择是否符合现实情况。例如，在市场法评估审核中，从行业属性、技术领域、法律状态、有效期限、技术成熟度、创新程度、经济价值等不同维度对所选择用于对比知识产权的合理性进行审核；在收益法评估审核中，重点关注收益情况的预测是否考虑了不同经济前景下的差异，折现率的选取是否合理等。如选择了两种以上方法进行评估的，需重点关注不同评估方法下知识产权估值的差异及其原因，最终评估结论的依据是否具有合理性。

科研机构、高等院校应按照备案管理单位反馈的专业意见对知识产权评估报告进行补充和完善，并将修改后的备案申请材料及时报送备案管理单位，经审核符合要求后即可进入缴纳出资环节。第三步缴纳出资，知识产权人需在约定期限内按照出资协议完成知识产权转移登记手续。第四步是办理登记手续，按照规定对公司章程、股东名册等信息到工商部门进行变更登记。

10.3 知识产权出资入股的风险及税收处理

10.3.1 知识产权出资入股的风险

1. 知识产权出资中的适格性风险

一般认为，知识产权出资入股需满足五个要件：确定性、价值性、可评价性、有益性、可转让性，其中可评价性和可转让性被认为是不可或缺的两个要件。[①] 因此，知识产权自身出资的客体适格条件并无太大争议。在实践中，知识产权所有权往往价格较高且具有排他性，对于不需要完全占有知识产权的公司而言，往往希望以获得知识产权许可使用权的方式引进技术投资，这样既能够降低公司原有股东股权被稀释的风险，又有利于知识产权价值利用最大化。

在司法实践中，知识产权许可权出资具有适格性风险。如，湖北省武汉市蔡甸区人民法院（2009）蔡民二初字第 2 号在海信科龙电器股份有限公司与武汉市万欣机械有限公司承揽合同纠纷上诉案判决中未认可专利使用权出资的效力。知识产权许可分为独占许可、排他许可和普通许可。独占许可后许可人只能准许一个被许可方实施该知识产权，且许可人也不得使用该知识产权，因而笔者认为以独占许可出资满足可评价性和可转让性两大要件，具备客体适格性。而以普通许可出资后，被投资公司并不能约束出资人的后续授权许可行为，也无法对后续授权对象进行约束，如出资人后续将知识产权再向被投资公司同行进行许可，则将对被投资公司造成重大不利影响，普通许可出资价值的可评价性存在争议。与普通许可类似，以排他许可出资无法排除出资人对该知识产权的实施，如后续出资人决定对该知识产权进行转化，并使得被投资公司处于不利地位，则排他性许可出资价值的可评价性也存在

---

① 赵朝霞. 知识产权出资风险及其法律规制 [J]. 北华大学学报（社会科学版），2019，20（6）：80 - 86.

争议，其客体适格性存疑。

2. 知识产权价值稳定性带来的风险

知识产权价值的稳定性带来的风险主要体现在两个方面：一是可能发生出资不实的责任风险，二是知识产权保护期届满失去经济价值的风险。

第一，我国《公司法》第二十七条明确要求对非货币财产出资应当评估作价，核实财产，不得高估或者低估作价，且《公司法》第三十条规定，如发现在公司成立后其出资的非货币财产的实际价额显著低于公司章程所定价额的，应当由交付该出资的股东补足其差额，公司设立时的其他股东承担连带责任。知识产权作为典型的非货币财产，其价值的不稳定性可能给出资人和其他股东带来出资不实的责任风险。

例如，专利、商标、著作权、计算机软件都可能在实施或使用过程中面临侵权风险，知识产权因侵权带来的价值损失与侵权诉讼案件受理费、其他诉讼费、律师费等都将对知识产权的实际价值产生影响。更甚者，如果公司侵权诉讼败诉，则公司实际生产经营将遭受显著影响，同时知识产权也面临价值大幅贬值的风险。除此之外，专利、计算机软件等知识产权还面临被宣告无效的风险。如果专利的实施被认定为垄断行为，且对同业竞争产生不利的影响，又或者在国家出现紧急状态或非常情况时，为了国家与公共利益的目的，国务院专利行政部门可以依法给予实施该专利的强制许可，即该专利对公司技术的保护失效，专利基本上丧失了市场价值。

第二，根据《专利法》《商标法》《著作权法》《计算机软件保护条例》对专利、商标、著作权、计算机软件等知识产权的保护期限进行了规定。如，发明专利的期限为二十年、实用新型专利权的期限为十年、外观设计专利权的期限为十五年；商标的有效期为十年（可办理续展手续）；著作权的保护期为五十年；计算机软件的保护期为开发者终生及其死后的五十年。除著作权和计算机软件的保护期较长外，专利与商标的有效期均在二十年以内，如保护期届满，则该项知识产权将面临失去经济价值的风险。

3. 国有单位确定知识产权出资人的法律风险

《促进科技成果转化法》第十九条规定，国家科研机构、高等院校所取得的职务科技成果，完成人和参加人在不变更职务科技成果权属的前提下，可以根据与本单位的协议进行该项科技成果的转化，并享有协议规定的权益。该单位对上述科技成果转化活动应当予以支持。根据《促进科技成果转化法》第十九条，包括专利、计算机软件等技术成果的完成人和参加人可以按照协议对以该成果出资获得的股权享有权益。同时，根据《促进科技成果转化法》第四十五条第二款，如果科技成果完成单位未规定，也未与科技人员约定奖励和报酬的方式和数额的，对完成、转化职务科技成果作出重要贡献的人员从该科技成果形成的股份中提取不低于50%的比例。可以看出，《促进科技成果转化法》通过对参与研发的科技人员给予奖励和报酬，以此激励科技人员开展研发工作的积极性。

然而，知识产权出资入股实践与立法之间存在一定的冲突。例如，《专利法》第六条对职务发明创造专利权归属是否可以通过合同约定仍存在争议。该法第六条将职务发明创造归类为两类：第一类为执行本单位的任务所完成的发明创造；第二类为利用本单位物质技术条件所完成的发明创造。对于第二类职务发明，第六条第三款规定，单位与发明人或设计者可以通过订立合同对专利的权利和专利权的归属进行约定，而第一类职务发明则没有明确单位与发明人是否可以对专利权的归属进行约定。在司法实践中，也有判定执行本单位任务完成的技术成果归属不能由当事人约定的先例。[①]

又如，《计算机软件保护条例》第十三条虽然明确了在三种情形（a. 针对本职工作中明确指定的开发目标所开发的软件；b. 开发的软件是从事本职工作活动所预见的结果或者自然的结果；c. 主要使用了法人或者其他组织的资金、专用设备、未公开的专门信息等物质技术条件所开发并由法人或者其他组织承担责任的软件）下，单位可以对开发软件的自然人进行奖励，但在规定情形以外的职务开发仍存在争议。

此外，尽管股权激励体现了"共有产权"的正向意义，但在推行国有单位知识产权出资中采用股权激励措施仍然存在一些制度上的障碍。如，国务院发布的《实施〈中华人民共和国促进科技成果转化法〉若干规定》明确了

---

① 朱晓娟，赵勇. 专利权出资及其在国有单位适用的特殊性研究［J］. 知识产权，2020，231（5）：81-88.

国有单位（含高等院校等事业单位）正职领导，以及国有单位所属具有独立法人资格单位的正职领导，可以按照促进科技成果转化法的规定获得现金奖励，原则上不得获取股权激励。

国有单位与技术开发人员之间的知识产权界定不清晰容易导致单位与个人对知识产权转化的意愿下降，因此，笔者认为应该建立允许国有单位与职务发明人通过约定的形式，赋予职务发明人对其知识产权的"共同所有权"，以产权激励国有单位技术人员。

4. 国有单位知识产权出资面临的国有资产流失风险

我国对国有资产有保值增值、防止国有资产流失的要求，如《事业单位国有资产管理暂行办法》第八条第四款明确事业单位负责本单位对外投资的保值增值，第二十条明确事业单位对本单位的专利权、商标权、著作权等无形资产要加强管理，防止无形资产流失。在对国有资产的管理约束下，国有单位领导在知识产权出资入股决策时将面临国有资产流失责任风险，不利于推进技术成果的转化工作。

例如，在专利出资入股的过程中，如果定价过高，而后期专利转化不成功，则表现为已按评估价值计入国有资产账簿的专利价值将面临贬值，或存在不能实现国有资产保值增值责任的风险。又例如，按照《公司法》第三十条规定，如果专利的实际价值在出资后显著低于公司章程所定价额，国有单位还面临因补足差额带来的财务风险责任。如果定价过低，而后期专利转化非常成功，则面临未来专利入股评估时的原始评估价值远低于专利实际市场价值的后续审计风险，后期随着社会资本的进入，专利投资获得的股权权益将被进一步稀释，从而存在一定的国有资产流失的风险。在实践中，后期专利技术转化越成功，则意味着前期专利作价入股的估值偏离度越高，单位领导的决策责任风险就越大。虽然在《实施〈中华人民共和国促进科技成果转化法〉若干规定》中第十条已经明确，单位领导在履行勤勉尽责义务、没有牟取非法利益的前提下，可免除其在科技成果定价中因科技成果转化后续价值变化产生的决策责任，但在实践中是否履行了勤勉尽责义务并无可依的操作指引与认定细则，第十条的可操作性存在争议。

10.3.2 知识产权出资入股的税收处理

1. 增值税

财政部、国家税务总局于 2016 年 3 月 23 日发布《关于全面推开营业税改征增值税试点的通知》，自 2016 年 5 月 1 日起，在全国范围内全面推开营业税改增值税试点。其中，附件 1《营业税改增值税试点实施办法》第十条明确将销售无形资产纳入征税范围，而销售无形资产是指有偿提供服务、有偿转让无形资产，第十一条还规定有偿是指取得货币、货物或者其他经济利益。而个人、企业、科技机构和高等院校使用知识产权出资时，获得了被投资企业相应的股权，属于"其他经济利益"范畴，因此应当按照规定申报缴纳增值税。

同时，《关于全面推开营业税改征增值税试点的通知》附件 3《营业税改征增值税试点过渡政策的规定》第一条第二十六项将技术转让、技术开发和与之相关的技术咨询、技术服务列入免征范围。因此，以专利、软件著作权、集成电路布图设计出资入股可以免增值税，而一般情况下以商标、著作权作价入股则需要申报缴纳增值税，个人转让著作权投资入股例外，按照《关于全面推开营业税改征增值税试点的通知》附件 3《营业税改征增值税试点过渡政策的规定》第一条第十四项，个人转让著作权可免增值税。

出资人对符合条件的知识产权申请免征增值税时，应履行备案程序，须持知识产权出资入股书面合同，到出资人所在地省级科技主管部门进行认定并出具审核意见证明文件，再持有关的书面合同和科技主管部门审核意见证明文件报主管税务机关备查。

2. 企业所得税

按照《企业所得税法实施条例》第九十条规定，符合条件的技术转让所得免征、减征企业所得税，即一个纳税年度内，居民企业技术转让所得不超过 500 万元的部分，免征企业所得税；超过 500 万元的部分，减半征收企业所得税。按照上述规定，企业以专利、软件著作权、集成电路布图设计出资入股可享受不超过 500 万元的部分免征企业所得税，超过 500 万元部分减半征收企业所得税的优惠政策，而以商标、著作权出资入股则不能享受该优惠政策。

企业法人以知识产权出资入股，还可根据财政部、国家税务总局发布的《关于非货币性资产投资企业所得税政策问题的通知》享受分期缴纳企业所得税政策。该通知第一条规定，以非货币性资产对外投资确认的非货币性资产转让所得，可在不超过 5 年期限内，分期均匀计入相应年度的应纳税所得额，按规定计算缴纳企业所得税。

同时，按照财政部、国家税务总局发布的《关于完善股权激励和技术入股的有关所得税政策的通知》（以下简称《通知》），企业或个人以技术成果投资入股到境内居民企业，被投资企业支付的对价全部为股票（权）的，企业或个人可选择继续按现行有关税收政策执行，也可选择适用递延纳税优惠政策。根据该规定，公司以专利、软件著作权、集成电路布图设计出资入股可以选择递延纳税，经向主管税务机关备案后，作价入股当期可暂不纳税，并选择递延至转让股权时，按照股权转让的股权市场价值减去技术成果原值和合理税费后的差额计算缴纳企业所得税。

按照递延纳税政策，企业选择技术投资入股递延纳税时可能面临更高的纳税基数。例如，A 公司 2020 年 1 月以专利技术对 B 公司投资并取得该公司 10% 股权，专利技术摊销后的计税基础为 500 万元，专利技术出资入股时第三方评估公允价格为 1000 万元，按照《通知》规定，A 公司选择投资入股递延纳税。2022 年 10 月份 A 公司在公开市场转让 B 公司股权取得 1500 万元收入。如果 A 公司在入股当期纳税，则以专利技术所得 500 万元（1000 万元 – 500 万元）纳税，此时 A 公司已选择递延纳税，则以股权转让所得扣除按技术成果原值计算的股权转让成本所得 1000 万元（1500 万元 – 500 万元）进行纳税。

3. 个人所得税

财政部、国家税务总局发布的《关于个人非货币性资产投资有关个人所得税政策的通知》规定，个人以非货币性资产投资，属于个人转让非货币性资产和投资同时发生。个人以知识产权出资入股属于转让非货币性资产所得，应依法计算缴纳个人所得税。如出资人一次性纳税有困难的，可自发生上述应税行为之日起不超过 5 个公历年度内（含）合理确定分期缴纳计划，在报主管税务机关备案后，对知识产权作价出资收入分期缴纳个人所得税。

如果作价入股的知识产权属于技术成果的，可依据财政部、国家税务总局发布的《关于完善股权激励和技术入股的有关所得税政策的通知》，选择在入股当期暂不纳税，递延至股权转让时，按照股权转让收入减去技术原值和合理税费后的差额计税。

例如，2019年李某申请的发明专利获得授权，该专利的开发成本为30万元（以相关费用发票和支出记录为基础核算），2020年李某将该项专利作价100万元出资A公司，持股比例为20%。2022年，李某将持有的20%股份作价300万元转让，则需要缴纳个税：（300 - 30）×20% = 54（万元）。

4. 印花税

按照《印花税法》的规定，知识产权出资实缴需要按照产权转移书据所载金额的万分之五缴纳印花税，一般纳税人按照减半征收，小规模纳税人在一般纳税人的减半征收的基础上再减半，即万分之一点二五。知识产权出资实缴涉及的印花税是比较少的。

| 第 11 章 |

知识产权交易市场

11.1　知识产权交易市场建设的政策指引

我国自改革开放以来，制定了《商标法》与《商标法实施细则》、《专利法》与《专利法实施细则》、《著作权法》与《著作权法实施条例》、《合同法》、《反不正当竞争法》等法律法规，对知识产权的转让、许可使用、质押和保护进行了明确规定，为知识产权交易市场建设提供了制度保障。同时，政府相关部门围绕知识产权强国战略相继出台了系列的指导意见、规划和纲要（如表 11.1 所示），为知识产权的转让与交易提供了政策指引。

早在 2007 年 12 月 6 日，国家发展和改革委员会、科学技术部、财政部、原国家工商行政管理总局、国家版权局、国家知识产权局在对部分省市产权交易市场调研的基础上联合印发了《建立和完善知识产权交易市场的指导意见》（以下简称《指导意见》），旨在通过政府引导和市场推动，逐步构建以重点知识区域知识产权为主导，与国际惯例接轨，布局合理，功能齐备，充满活力的多层次知识产权交易体系。该指导意见从知识产权交易市场体系建设、知识产权交易行为规范、知识产权交易配套服务等方面为我国知识产权交易市场建设提供了政策指引。

表 11.1　　　知识产权交易市场建设的相关法律法规与政策制度

时间	政策文件	部门	涉及主要内容（目的）
2007 年 12 月 6 日	《建立和完善知识产权交易市场的指导意见》	国家发展和改革委员会、科学技术部、财政部、国家工商行政管理总局、国家版权局、国家知识产权局	通过政府引导和市场推动，逐步构建以重点知识区域知识产权为主导，与国际惯例接轨，布局合理，功能齐备，充满活力的多层次知识产权交易体系
2008 年 6 月 5 日	《国家知识产权战略纲要》	国务院	充分发挥技术市场的作用，构建信息充分、交易活跃、秩序良好的知识产权交易体系。简化交易程序，降低交易成本，提供优质服务
2015 年 12 月 22 日	《国务院关于新形势下加快知识产权强国建设的若干意见》	国务院	构建知识产权运营服务体系，加快建设全国知识产权运营公共服务平台
2016 年 12 月 30 日	《"十三五"国家知识产权保护和运用规划》	国务院	将知识产权交易运营体系建设列为四大专项工程之一，内容包括完善知识产权运营公共服务平台、创新知识产权金融服务、加强知识产权协同运用
2021 年 9 月 22 日	《知识产权强国建设纲要（2021—2035 年）》	国务院	建立规范有序、充满活力的市场化运营机制，健全版权交易和服务平台，打造全国版权展会授权交易体系。规范知识产权数据交易市场，处理好数据开放与数据隐私保护的关系，充分实现知识产权数据资源的市场价值

《指导意见》明确了知识产权交易品种和交易方式。交易品种主要包含专利权、技术秘密、著作权、商标专用权、名称标记权、集成电路布图设计专有权、植物新品种等各类知识产权，并允许具备条件的市场交易以知识产权为主要载体的有限责任公司或未上市股份有限公司的股权等品种。在交易

方式上，可采取转让、许可使用、合资入股等方式。

此外，《指导意见》对知识产权交易市场的组织形式与功能进行了说明。明确了知识产权交易市场是由各省（区、市）人民政府批准设立或认定，并需报相关业务主管部门备案的常设交易机构。从机构性质上看，既可以是事业法人，也可以是企业法人。其功能主要是提供信息审核、信息发布、组织交易、交易鉴证、结算交割等服务。由此形成由国家交易市场、区域性市场和专业化交易市场组成的多层次市场交易体系。

在交易行为的规范方面，《指导意见》首次提出了通过现代信息技术手段建立参与知识产权交易主体的信用信息平台，完善交易市场信用信息数据库，促进企业自主知识产权信息的互联互通。

2008 年 6 月 5 日，国务院发布了《国家知识产权战略纲要》，明确知识产权交易市场为知识产权中介服务的重要组成部分，并对交易程序、交易秩序、交易成本与服务质量作出了要求。

2015 年 12 月 22 日，《国务院关于新形势下加快知识产权强国建设的若干意见》发布，明确提到要加强知识产权交易平台建设，构建知识产权运营服务体系，加快建设全国知识产权运营公共服务平台。2016 年 12 月 30 日，国务院制定了《"十三五"国家知识产权保护和运用规划》，规划提及了六项重点工作和四个重大专项，而加强知识产权交易运营体系建设被列为第一个重大专项任务，其中提到要发挥中央财政资金引导作用，建设全国知识产权运营公共服务平台，依托文化产权、知识产权等无形资产交易场所开展版权交易，审慎设立版权交易平台。

2021 年 9 月 22 日，国务院发布了《知识产权强国建设纲要（2021—2035 年)》，对知识产权交易市场功能和服务机制进行了明确。例如，该纲要提到要打造集资产评估、登记认证、交易、转化与托管、投融资于一体的综合性知识产权运营服务枢纽平台，对知识产权交易市场功能进行了完善；纲要还提到要规范知识产权数据交易市场，推动知识产权信息开放共享，处理好数据开放与数据隐私保护的关系，既要充分实现知识产权数据资源的市场价值，又要保障知识产权数据的安全。

11.2　国外知识产权交易市场发展实践与经验借鉴

11.2.1　美国知识产权交易市场实践

美国知识产权交易市场以知识产权供需为导向，通过市场化的服务模式，既与技术需求方的深入合作，为其技术需求进行精准画像，匹配技术解决方案，同时又通过激励与奖励机制，为核心知识产权与技术供给方建立技术"信用体系"，打造完备的知识产权供给网络。Yet2 和 InnoCentive 是美国知识产权交易市场化服务的先锋和典型代表。

Yet2 是一个以开放创新服务为主的全球性技术交易服务平台，公司成立于 1999 年，由 Venrock 公司、3I 集团、杜邦、宝洁、霍尼韦尔、卡特彼勒、NTT 租赁、拜耳和西门子共同投资创建，提供来自全球各产业类别的技术供应与技术需求资讯，提供技术交易过程中的技术咨询、技术开发、技术价值评估、交易决策等全流程服务，为企业突破发展困境提供创新支持，为技术开发者实现技术价值提供渠道。

在技术供给侧，Yet2 为企业提供技术价值评估，帮助企业构建知识产权池实现技术价值的最大化，协助企业对技术进行信息披露并提供全球展示机会，在交易中为企业提供技术转让和授权服务，以实现技术的真实价值。

在技术需求侧，Yet2 为企业提供各领域技术前沿与发展趋势等资讯，协助企业梳理技术开发需求，并在全球范围内为企业征集技术解决方案，通过技术定制开发、技术交易等服务帮助企业快速突破技术发展瓶颈。

当前，Yet2 主要为客户提供开放创新咨询、技术搜索、技术授权、开放创新门户管理、专利交易、技术市场等 6 项技术服务内容（如表 11.2 所示）。而 Yet2 与传统的交易场所最大的区别在于，Yet2 不仅是交易的撮合者和资金清算方，更是技术创新开发、技术转化与授权的推动方，其通过自身在技术领域多年的数据和经验积累，能够为客户提供不限于供需匹配的增值服务。

表 11.2   **Yet2 公司主要服务项目与服务内容**

服务项目	服务内容
开放创新咨询服务 （open innovation consulting）	一方面，Yet2 利用自身专业的技术侦察和技术审查，将各领域技术趋势和新兴市场机会分享给服务成员，持续为客户提供感兴趣的创业公司和新的技术；另一方面，Yet2 利用高级过滤与技术审查对客户提供的新技术方案进行预筛选，并为其提供与全球合作伙伴点对点接触与展示的机会
技术搜索服务 （technology scouting）	当用户发布一个技术需求时，Yet2 与客户密切合作，利用它的全球联盟网络和十万级用户数据库来寻求解决方案，通过与解决方案的提供者开展有针对性的互动，筛除不符合客户需求的方案，为客户节省查询和测评时间，最后经过滤评选出最优结果
技术授权服务 （technology licensing）	对全球各技术领域进行透视分析，协助企业评估其所拥有的技术价值，将有转让需求的技术进行在线发布和推广，为技术所有者找到匹配的需求方进行专利授权。在技术授权后，Yet2 也会给客户在技术定位、销售目标、前景识别等方面给出相应的建议
开放创新门户管理服务 （open innovation portals）	为企业提供的开放创新门户管理服务，根据用户的创新需求制定筛选标准，阐明客户对特定领域的技术需求，通过过滤垃圾信息与低相关度信息，帮助客户更加高效地找到技术合作方
专利交易服务 （patent transactions）	在帮助客户出售专利时，Yet2 会帮助客户评价其专利价值，准备有效的市场材料，并为客户寻找合适的买家；在帮客户寻找专利时，Yet2 会运用自身多年的服务经验为客户提供接洽、谈判、估值定价、购买服务条款等一揽子服务，帮助客户以更合理的价格成交，实现客户利益最大化
技术市场服务 （marketplace）	在技术市场上，Yet2 通过发布技术授权、开放创新门户、技术搜索等项目需求的背景、技术标准与具体要求，为客户提供专业服务

资料来源：根据 Yet2 公司网站（https：//www.yet2.com）披露信息整理。

　　InnoCentive 是美国市场上另一家提供技术开发、转让与交易服务的开放创新平台。InnoCentive 由美国知名制药企业礼来公司的三名科学家创建，其公司名称源于"innovation（创新）"与"incentive（激励）"，最初致力于通过开放式创新的方式解决医药研发领域的难题。经过 10 余年的发展，公司已经和美国航空航天局、宝洁公司、自然出版集团、罗氏公司、洛克菲勒基金会等知名公司和机构开展合作，其创新服务已不局限于医药领域。① 与 Yet2 采用的开放创新模式不同，InnoCentive 并不主动介入创新过程，而是基于互联网在技术需求方（公司）与技术提供者（科学家）之间搭建沟通的桥梁，由技术需求公司在保密的互联网信息平台上匿名发布挑战书，而世界各地的科学家都有资格在该公司信息平台注册成为技术难题"解决者"，InnoCentive 通过雇用不同领域的科学家帮助技术需求公司分析其所面临的技术难题，并将技术挑战用科学的语言准确地描述出来。其运作模式如图 11.1 所示。

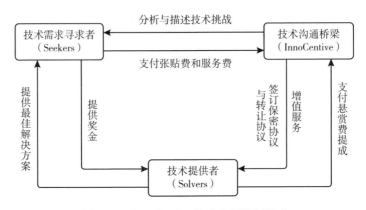

图 11.1　InnoCentive 技术交易服务模式

有技术需求的公司与 InnoCentive 签订合作协议，由后者提供技术挑战张贴服务，并提供技术问题分析与准确描述方案，前者则为后者提供大约 2000 美元的服务费，为技术解决者提供 5000 美元到 10 万美元的奖金额。技术提供者在平台注册后与 InnoCentive 签订合作协议、保密协议与知识产权转让协议，并为技术提供者提供增值服务，被技术寻求者采纳的科学家将获得丰厚的奖金并将知识产权转让给技术寻求者，其简历将在开放创新平台公开，有利于优秀的技术提供者获得更多的研究机会，而作为补偿，InnoCentive 将从获得采纳的技术提供方抽取部分悬赏金作为服务费。

截至 2021 年底，已有来自全球 200 余个国家近 40 万人注册成为 Inno-

---

①　中国国际科技交流中心. 2020 全球百佳技术转移案例 29：InnoCentive 开放创新平台［R］. 2021.

Centive 的技术提供者，超过 2000 项挑战在开放创新网络平台上获得了解决方案，技术寻求者为技术提供者支付了超过 2000 万美元的奖金。目前 Inno-Centive 已和中国的多所科研型大学建立了合作关系，向大学教师、科研工作者和学生提供奖金和解决技术难题的机会。①

11.2.2　爱尔兰知识产权交易市场实践

与美国采用的市场化模式不同，爱尔兰采取政府主导的方式推动技术转移转化，在政府就业和企业创新部门下设爱尔兰企业局、科学基金会、投资发展局等部门，为科研机构技术转移转化提供资金支持和政策指引。2013 年爱尔兰在企业局设立国家技术转移中心办公室（Central Technology Transfer Office，CTTO），2014 年 CTTO 正式更名为爱尔兰知识转移中心（Knowledge Transfer Ireland，KTI），旨在将政府、大学、研究机构、企业等多方信息进行互通，引导研究人员开展高价值技术创新，并促进技术和相关知识产权向企业转移转化。

如图 11.2 所示，KTI 在政府部门、研究人员和企业之间搭起沟通的桥梁，其向研发人员传递政府政策指引，从企业广泛收集技术需求信息，为研发人员开展技术研究提供咨询服务。研发人员通过 KTI 向政府部门申请资金支持，并通过 KTI 面向企业开展技术合作和知识产权授权、转让，甚至和投资人合作孵化创新型企业。KTI 发布爱尔兰政府创新扶持政策、研究能力分布图、研究机构目录和研究人员名录等信息，将研发机构技术供给与企业技术需求匹配过程中遇到的问题和困难向上级政府部门反馈，打通人才链、产业链、资本链和技术链，形成"科技＋资本＋商业化"的创新闭环。

11.2.3　德国知识产权交易市场实践

与美国和爱尔兰不同，德国在推进知识产权转移转化与交易上采用"双元机制"，既设立政府主导的科技创新协作平台，开展科技成果转移转化与

---

① 根据 InnoCentive 网站披露信息整理；2020 年，Wazoku 收购了 InnoCentive，网站变更为 www. wazokucrowd. com。

交易合作，又以市场引导的方式，通过税收优惠等政策扶持知识产权市场化转移转化体系。

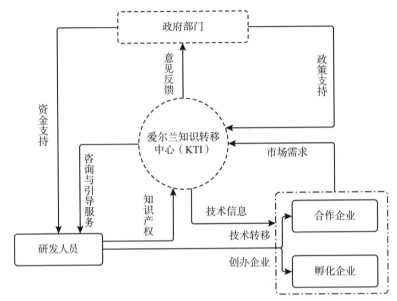

图 11.2　爱尔兰知识转移中心技术转移转化服务模式

亥姆霍兹联合会（Helmholtz Association）是德国政府设立的大型科研团体和科技成果转移转化平台，成立于 1995 年，取名于德国著名自然科学家赫尔曼·冯·亥姆霍兹。亥姆霍兹联合会由德国由德国联邦教育和研究部（BMBF）设立和资助，每年获得的政府经费资助超过 50 亿欧元，其科研活动依托德国 19 个国家级科研中心，与国际和德国高校、科研机构、创新企业密切合作，主要研究集中在六个领域：能源、地球与环境、生命科学、关键技术、物质结构、交通与航天。[①]

在开放创新的工作体系下，联合会一方面通过联合自身体系内科学家团队开展技术攻坚合作，同时也跨越学科、机构、组织和外部科研团体与企业合作，充分发挥合作各方优势，使得德国在竞争激烈的科技发展中取得优势，为德国科学、工业与经济社会发展提供科技支持。

[①]　根据亥姆霍兹联合会网站（www.helmholtz.de）资料整理。

在知识产权转移转化上，亥姆霍兹联合会搭建桥梁，促使科研人员与产业伙伴紧密开展科技成果转移转化合作，主要通过向合作企业技术授权、与合作企业联合创办初创企业等方式实现专利技术的商业转化，并为转化过程中的关键环节提供必要的资金和基础设施支持。联合会按照技术成熟度将创新研究分为 4 个类别、9 个阶段（如图 11.3 所示），并对不同类别与阶段的研究项目设置了专项基金、实验室计划、验证组织、企业合作等差异化支持措施。

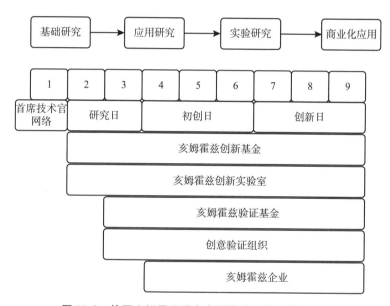

图 11.3　德国亥姆霍兹联合会科技成果转移转化模式

统计数据表明，亥姆霍兹联合会每年申请约 400 项知识产权，截至 2020 年已形成知识产权超过 13000 项，每年签订的专利许可、专利转让协议超过 1000 项，商业转化生产的高科技新产品约 20 项，创办科技型初创企业近 200 家，约有三分之一的专利实现了许可转化。①

德国史太白（Steinbeis）知识产权转移与交易网络始于史太白经济促进

① 中间国际科技交流中心.2020 全球百佳技术转移案例 5：德国亥姆霍兹联合会——建立从科研到创新的全链条技术转移转化体系［R］.2021.

会，该促进会成立于 1968 年，为非营利性组织，旨在搭建企业界与学术界之间的沟通桥梁，促进创新合作与创新信息交流。在早期阶段，史太白基金会主要为科研机构与创新企业提供技术咨询服务，并不涉及知识产权的开发、转移与转化。自 1983 年开始，史太白基金会开始在德国高校设立专业化的技术转移中心，德国政府给予政府采购项目与研究经费资助。1998 年，史太白基金会为了扩大科技研发服务的领域和规模，设立了隶属于基金会的史太白技术转移有限公司，由其专门负责所有专业技术转移中心的管理，并对技术转移中心提供支持，而德国政府也由之前的完全资助向税收优惠政策引导过渡，史太白平台逐渐由完全依赖政府经营向市场化运作迈进，慢慢形成了现有的史太白知识产权转移转化模式（如图 11.4 所示）。

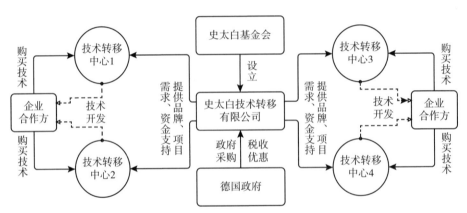

图 11.4　史太白知识产权转移转化模式

史太白市场化知识产权转移转化平台的组织体系由史太白基金会、史太白技术转移公司、技术转移中心、企业合作方构成。史太白技术转移公司是该体系的核心，一方面该公司保持与政府、创新型企业的密切联系，向政府争取项目与资金支持，寻找合适的企业作为转移中心知识产权的受让方，同时向合作企业争取技术开发项目资源；另一方面，史太白技术转移公司为其管理的史太白技术转移中心争取科研项目，协助有资金困难的转移中心进行项目融资，帮助转移中心争取政府专项资助，同时负责对转移中心进行考核与激励，对没有盈利能力或技术成果无法满足市场需求的转移中心进行关停并转，对项目转移成效显著的中心进行奖励，以提升转移中心的经营绩效。[①]

史太白技术转移中心是史太白知识产权转移转化平台的基石和主要收入来源，目前史太白技术转移公司已经在全球 50 多个国家和地区建立了史太白技术转移中心，各地的史太白转移中心多由大学研究中心、独立研究机构、研究团队或个人自愿申请加入而形成，具有独立法人地位，均可独立对外与企业签订合同，合作进行技术研发。[②]

史太白知识产权转移转化平台在管理模式、经营模式、人才培养模式上特色鲜明，其做法为其他国家开展市场化知识产权转化与交易提供了经验启示。

1. 集中化与分散化相结合的"1 +N"管理模式创新

与集团管理模式不同，史太白知识产权转移转化平台对其下属的史太白转移中心采取的是松散的管理模式，既最大程度压缩了管理成本，又赋予各转移中心较大程度的经营自主权。史太白基金会统一平台宣传，统一制定技术和服务标准，为下属转移中心提供财务、人事、行政等附加服务，对转移中心开展定期考核，但不干涉转移中心的日常经营管理活动。转移中心的成立既依托高校、科研机构与技术开发公司，也接受拥有技术或知识产权的大学教授、科研机构研究员向史太白平台提出设立转移中心的申请。转移中心具有独立的法律地位，具有人事自主权，自主经营，自负盈亏，可独立与合作企业签订技术项目开发合同，也可接受来自史太白平台的委托项目，每年需将年收入的 10% 上缴史太白技术转移平台。

2. 成熟的市场化经营模式

史太白知识产权转移转化平台从最早的政府完全资助模式，逐步向政府扶持模式转换，最后形成了成熟的市场化经营模式。在成立初期，技术交易市场对民间知识产权转移组织缺乏了解，史太白知识产权转移转化平台较难从市场获得技术开发合同，政府在推动史太白平台的市场化进程中扮演了重要的角色，在其发展初期通过政府采购项目、提供经费资助的形式扶持史太

[①] 根据史太白官方网站（www.steinbeis.de）资料整理。

[②] 中国国际科技交流中心 . 2020 全球百佳技术转移案例 6：德国史太白技术转移中心［R］. 2021.

白平台发展。在史太白平台逐步建立起市场品牌并享有一定市场知名度后，政府慢慢地改变扶持模式，由最开始的完全资助向以提供税收优惠为主的引导模式转变，为史太白平台的发展赢得了时间和空间。

1983年约翰勒恩出任史太白基金会执行委员会主席，其提出自主决策、自主经营的管理理念，向转移中心下放管理权限，拥有技术和知识产权的专家在申请设立转移中心后即可成为中心负责人，转移中心运作获得的利润大部分归转移中心所有，可推广复制的市场化经营模式初步成形。

3. 独特的技术转移人才队伍培养模式

知识产权的转移和转化能否成功不仅取决于知识产权自身的技术价值，还取决于知识产权转化为商业价值的可行性。比如，原创性度高、具有突破性的专利在技术上具有很高的价值，但可能因为其生产难度高，衍生产品价格贵、性能不稳定等问题难以实现大规模商业化应用。因此，史太白技术转移平台于1998年成立了史太白大学，采用"双元教育"模式，不仅让学生在学校学习技术开发相关的课程，而且要求学生进入企业实践，通过实操企业技术转移项目，熟悉知识产权商业价值转化的流程。只有把科研成果成功转移到企业才能顺利拿到学位证书。

另外，史太白平台吸引了众多大学教授与科研机构的专家加入，既能够对客户在特定领域的需求快速作出反应，又能够通过跨转移中心协同工作组建合作团队，独立完成大型综合性技术开发项目。

11.3 我国知识产权交易市场发展实践

11.3.1 我国知识产权交易市场发展概况

经过多年的探索与实践，我国多层次的知识产权交易市场体系已基本形成。在设立方式上，我国知识产权交易市场总体呈现国家知识产权局批复成立的知识产权运营平台（中心）、省级人民政府批复成立的区域性知识产权交易场所和企业自发设立形成的民间知识产权交易市场三种形式。

其中，国家知识产权运营公共服务平台是基于国家"十三五"规划的工作部署，由国家知识产权局、财政部共同发起的试点项目，是国家知识产权运营体系的重要载体。截至 2022 年，全国共设立有 16 个知识产权运营公共服务平台（如表 11.3 所示）。其中，国家知识产权运营公共服务平台是国家知识产权运营体系的核心载体，金融创新（横琴）试点平台和军民融合（西安）试点平台是国家知识产权运营体系的两个特色试点分平台，与其余 13 个知识产权运营公共服务平台共同组成国家知识产权运营体系的主体。国家知识产权运营公共服务平台从 2014 年开始建设，起步晚于地方知识产权交易市场，但此类市场权威性强，具有政策和资金支持优势，既立足重点区域，又聚焦特定领域和特色产业，具有市场引领作用。

表 11.3　　　　　　　　国家知识产权运营平台（中心）名单

平台名称	建设/批复时间	所在地区
国家知识产权运营公共服务平台	2014 年	北京昌平
国家知识产权运营公共服务平台军民融合（西安）试点平台	2014 年	陕西西安
国家知识产权运营公共服务平台金融创新（横琴）试点平台	2014 年	广东珠海
中国（南方）知识产权运营中心	2017 年 12 月	广东深圳
中国汽车产业知识产权投资运营中心	2017 年 12 月	北京海淀
国家知识产权运营公共服务平台国际运营（上海）试点平台	2018 年 4 月	上海浦东
中国智能装备制造（仪器仪表）产业知识产权运营中心	2018 年 5 月	宁夏吴忠
国家知识产权运营公共服务平台高校运营（武汉）试点平台	2018 年 6 月	湖北武汉
国家知识产权运营公共服务平台交易运营（郑州）试点平台	2018 年 12 月	河南郑州
稀土产业知识产权运营中心	2020 年 9 月	江西南昌
电力新能源产业知识产权运营中心	2020 年 11 月	广东广州
汽车知识产权运用促进中心	2020 年 11 月	天津东丽
节能环保产业知识产权运营中心	2020 年 12 月	湖北武汉
新材料产业知识产权运营中心	2020 年 12 月	江苏南京
长春新区知识产权运营服务中心	2020 年 12 月	吉林长春
山东知识产权运营中心	2020 年 12 月	山东济南

资料来源：国家知识产权局网站披露信息，https://www.cnipa.gov.cn/art/2021/1/7/art_433_43299.html。

此外，为了服务地方知识产权转移转化，省级人民政府批复成立了一批区域性知识产权交易场所。2020 年 11 月，由广州知识产权交易中心发起，区域性知识产权交易场所组成了"全国知识产权交易场所联盟"，并采用轮值主席制度，广州知识产权交易中心为首任轮值主席单位，上海技术交易所、中国技术交易所分别担任 2022 年度、2023 年度轮值主席（如表 11.4 所示）。成员单位①包括上海技术交易所、中国技术交易所、安徽联合技术产权交易所、北方国家版权交易中心、北部湾产权交易所、成都知识产权交易中心、广州知识产权交易中心、贵州阳光产权交易所、海南国际知识产权交易所、湖南省知识产权交易中心、江苏国际知识产权运营交易中心、山东齐鲁知识产权交易中心、上海知识产权交易中心、山西省技术产权交易中心、陕西融盛知识产权平台、武汉知识产权交易所 16 家单位。联盟旨在更好地服务全国高校科技成果转移转化，搭建一个知识产权交易场所信息交流和业务互动平台，促进知识产权交易市场规范发展，从而让知识产权更好地服务实体经济。目前知识产权交易场所联盟单位除贵州阳光产权交易所，均能够提供知识产权类资产交易服务。

表 11.4 全国知识产权交易场所联盟主要成员单位

名称	成立时间	设立方式	服务范围
上海技术交易所	1993 年成立 2020 年 10 月 28 日正式开市	科技部和上海市人民政府共同组建的我国首家国家级常设技术市场	为技术交易方提供交易咨询、成果匹配、信息梳理、投融资对接等一揽子服务，嫁接金融资本，链接产业集群，创新引领全球科技成果转移转化
中国技术交易所	2009 年 8 月	科技部、国家知识产权局、中国科学院和北京市人民政府联合共建的国家知识产权和科技成果产权交易机构	围绕知识产权运营和交易，提供价值评估、交易对接、公开竞价、项目孵化、科技金融、政策研究等专业化服务
安徽联合技术产权交易所	2001 年	经合肥市人民政府批准设立，现为安徽公共资源交易集团有限公司控股子公司，其他股东为安徽创新馆服务管理中心	开展技术产权交易、科技成果转化、产权交易、知识产权交易、认证评估、政府采购、招标代理及技术合同登记等业务

① 根据中国技术交易所网站（https://us.ctex.cn/article/ctexnews/202311/20231100140805.shtml）披露信息整理。

续表

名称	成立时间	设立方式	服务范围
湖南省知识产权交易中心	2015 年 12 月 8 日	湖南省知识产权局、长沙市知识产权局和长沙高新区作为发起人。国有资本控股 80%，注册资金 1000 万元	以知识产权交易与运营为核心业务，向上延伸至知识产权资本服务，向下延伸至知识产权确权与保护
北方国家版权交易中心（北方知识产权交易中心）	2018 年 3 月	由辽宁省人民政府申请、国家版权局批准、国家工商总局核名，控股股东为辽宁出版集团控股的北方联合出版传媒（集团）股份有限公司，以及大连德泰控股有限公司	包括知识产权的基础服务、交易服务、运营服务、金融服务四大业务板块，提供专利信息咨询、专利申请代理、知识产权交易、知识产权维权援助、金融服务、IP 孵化、商标登记及众创空间等 8 项核心服务
北部湾产权交易所	2009 年	经广西壮族自治区人民政府批准成立，控股股东为广西宏桂运营集团有限公司、广西投资集团金融控股有限公司等	围绕农村权、林权、知识产权、文化权益、环境权益、旅游资源、大宗商品、数据资产开展交易撮合服务、融资配套服务、咨询服务等
成都知识产权交易中心	2019 年 2 月	经四川省人民政府批准筹建，于 2019 年 2 月经地方金融监管部门批准设立。控股股东包括成都交子金融控股集团、成都交易所投资集团、成都技术转移集团等	围绕知识产权交易、知识产权融资、知识产权运营提供创新型知识产权交易综合服务
广州知识产权交易中心	2014 年 12 月 31 日	由广东省交易控股集团、广东省粤科金融集团、国家知识产权局专利局专利审查协作广东中心、广州开发区控股集团共同发起设立	提供公开征集受让方、交易撮合、资金结算、组织签约等交易所业务
贵州阳光产权交易所	2002 年 12 月	由贵州市产业发展控股集团发起设立，是贵州省人民政府批准组建的公共资源（国有产权）交易中心	提供国有资产交易、招标采购代理、特许经营权转让、金融企业国有资产交易、农村资源资产交易、环境权益交易、知识产权交易等多种类资产交易服务
海南国际知识产权交易所	2022 年 2 月 21 日	经海南省政府批准设立	定位为以技术市场与金融市场高度融合为特色的国家级知识产权及数据资产交易市场，提供知识产权、数据及其衍生品交易服务，试行知识产权、数据资产证券化，开展相关增值服务
江苏国际知识产权运营交易中心	2016 年 10 月 8 日	注册资金 5000 万元人民币，由苏州产权交易中心有限公司、苏州高新创业投资集团有限公司、苏州科技创业投资公司、苏州市集合创业投资服务有限公司、苏州高新智慧产业发展有限公司等五家国资公司联合出资组建	围绕产业转型、企业创新需求、众创空间项目，为会员技术和知识产权需求、知识产权转让、许可、投资、入股、质押以及其他转化运用活动提供服务，实现技术、知识产权与产业的有效对接

续表

名称	成立时间	设立方式	服务范围
山东齐鲁知识产权交易中心有限公司	2016 年 11 月 29 日	山东省知识产权事业发展中心（原山东省知识产权局）与济南高新区管委会双方共建	提供集科技创新展览展示，知识产权申请受理服务、信息服务、展示交易服务、维权援助服务、金融服务、咨询服务、培训服务于一体，为公众提供知识产权"一站式"服务
上海知识产权交易中心	2017 年 1 月 13 日	经上海市政府批准设立，注册资本 1 亿元	围绕专利、技术秘密、版权、商标权、集成电路布图设计专有权等开展知识产权交易业务，及相对应的资本和权益类业务，提供知识产权交易定价、挂牌上市、交易鉴证、结算清算、托管登记、项目融资、政策咨询等一门式服务，以及知识产权相关的投资并购服务
山西省技术产权交易中心	2005 年	经山西省知识产权局批准设立	提供专利技术的转让交易、科技企业企业产权交易服务，为科技型企业提供投融资服务和咨询服务
陕西融盛知识产权平台	2019 年 12 月 10 日	注册资本 5000 万元，财政部、国家知识产权局在全国布局建设的首批三个国家级知识产权运营公共服务平台之一	通过构建知识产权运营生态链，以市场化手段为知识产权运营提供专业化服务支撑，为利用知识产权助力融合深度发展进行有益探索
武汉知识产权交易所	2010 年 12 月 23 日	经湖北省人民政府批准，由湖北省联合交易集团有限公司、武汉留学生创业园管理中心、武汉东湖新技术开发区生产力促进中心共同出资成立	以知识产权转移转化、委托开发和科技企业融资为核心，提供科技金融服务、交易服务、专利运营服务、科技咨询服务

资料来源：根据知识产权交易场所网站披露信息整理。

从服务内容和服务范围来看，上海技术交易所、中国技术交易所、广州知识产权交易中心、成都知识产权交易中心等一批知识产权交易机构开始从单一的提供交易相关的挂牌展示、交易鉴证服务转向集知识产权供需匹配、价值评估与尽职调查、知识产权金融服务、项目孵化、知识产权管理咨询为一体的多元化的知识产权运营管理服务模式。

企业自发成立的民间知识产权交易市场总体起步较早，呈现数量多、分布广、线上交易为主的特点，为我国知识产权交易体系建设积累了宝贵的经验。此类知识产权交易市场代表企业有高航网、盘古网、7 号网、橙智网、科易网、转知汇网、支典网、技大大网、鱼爪网等。由于经营规范性差、信息透明度低、市场监管力量不足等原因，民间知识产权交易市场存在较大的风险隐患，部分交易场所变相非法集资，对社会产生了不良影响，民间知识产权交易市场的整顿和改革不可避免。

11.3.2 上海技术交易所"核心＋增值"双轮服务模式

上海技术交易所成立于 1993 年，是由科技部和上海市人民政府共同组建的我国首家国家级常设技术市场，为国家级技术转移示范机构。2019 年 12 月 31 日，清理整顿各类交易场所部际联席会议复函上海市政府，同意上海技术交易所联席会议备案。2020 年 10 月 28 日，上海技术交易所正式开市，其技术服务体系设定为以技术交易服务为核心，咨询服务和金融服务为两翼的"1＋2（核心＋增值）"服务模式（如图 11.5 所示），通过打造核心交易体系，形成创新资源聚集效应，推动科技成果产业化。

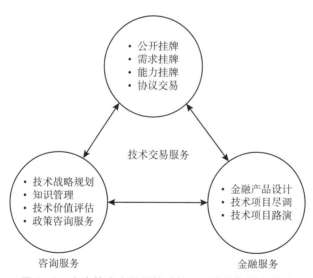

图 11.5 上海技术交易所的"核心＋增值"服务模式

在技术交易服务中，上海技术交易所分别对项目供给和项目需求进行挂牌展示，其项目供给涵盖了电子信息、航空航天、先进制造、生物医药和医疗器械、新材料及应用、新能源等科技前沿领域。以 2023 年 4 月 5 日上海技术交易所挂牌的一项"多功能智能化上肢功能训练器"技术转让项目为例，该技术成果归属电子信息与医疗器械领域，授权日为 2017 年 12 月 5 日，失效日为 2035 年 6 月 19 日，为中国人民解放军第二军医大学护师职务发明专利成果，除适用于官兵训练伤功能锻炼和骨科颈椎术后患者早期上肢功能康复训练外，还适用于临床输液患者的静脉炎防治、乳腺癌患者术后早期康复训练、脑卒中患者上肢功能训练及健康人群的日常锻炼等。中国人民解放军第二军医大学委托中国融通科学研究院集团有限公司代为处置该技术成果，入门交易费为 30 万元人民币，销售提成费在技术交易合同中约定，如征集到两个及以上符合条件的意向受让方则以竞争性谈判为组织交易方式。

除技术转让外，上海技术交易所还提供技术服务挂牌服务。如，2023 年 2 月 9 日，上海技术交易所挂牌了一项由中国水产科学研究院东海水产研究所提供的"贝类净化与预制菜开发"的技术服务。挂牌信息介绍了技术服务提供单位中国水产科学研究院东海水产研究所及其贝类净化及加工技术课题组的具体情况，对该课题组的技术能力和相关服务案例进行了披露。

从披露信息①中可以了解到该课题组具有较强的海水贝类净化及质量控制技术服务能力。课题组先后主持或参加国家农业科技成果专项资金项目"海水贝类安全生产与质量控制关键技术示范"、农业部项目"贝类健康化生产技术体系示范"、科技部项目"滩涂贝类高效健康化养殖技术"、"主要养殖水产品养殖水体安全限量的研究"、江苏省水产三项工程项目"贝类净化加工技术开发与产业化"、科技部公益性基金项目"贝类中诺瓦克病毒净化机理研究"等研究课题，获省部级科研奖励 9 项，主持或参与制定水产标准 6 项，发表科研论文 50 余篇，主持设计水产品加工园区 3 座和贝类加工生产线 5 条。在具体技术能力方面，该课题组拥有牡蛎、文蛤、青蛤、菲律宾蛤仔等双壳贝类的快速净化工艺和净化贝类活体流通贮藏等核心技术，已实现贝类净化时间小于 18 小时，净化贝类货架期大于 120 小时，净化产品卫生指标达到欧盟要求。在贝类预制菜加工技术方面，课题组已形成无砂脱除、低

---

① 上海技术交易所意向技术服务挂牌项目"贝类净化与预制菜开发"（项目编号 20230008）。

温杀菌等核心技术，最大限度锁住了贝类汁液鲜美、肉质细嫩的特质，实现了连续化加工能力。

上海技术交易所对该课题组在海水贝类加工与预制菜开发方面的成功案例进行了介绍。[①] 例如，2018 年江苏省某公司引进该课题组开发的海水贝类净化及加工技术，并建立了生产示范线。实施内容为：建立 10200 亩贝类安全生产示范区，制定示范区监控方法，实现原料分类生产；改进 3 套海水紫外线杀菌设备和 600 个贝类净化筐；优化文蛤、牡蛎的净化工艺参数；确定贝类净化生产加工工序；建立一条 5 吨/次规模的贝类净化加工生产示范线；建立净化贝类产品冷链流通体系，活体贝类产品货架期大于 120 小时，冻品大于 1 年；制定贝类安全生产与质量保持成套成熟技术体系。当年实现贝类净化加工 682.4 吨，销售收入 940 万元、出口创汇 161.3 万元、利润 230 万元、税收 60 万元。该课题组还曾与江苏省南通市某公司开展贝类净化技术合作，应用低温杀菌、无砂脱除等核心技术，开发出文蛤预制菜产品，最大限度锁住了贝类汁液鲜美、肉质细嫩的特质，产品出口美国、日本等国。

在征集到意向受让方后，上海技术交易所根据技术服务的具体内容组织双方签订技术交易合同或合作协议。

在发布技术转让、技术服务、技术开发等项目供给信息的同时，上海技术交易所还提供项目需求发布平台，为有技术需求的企业主体提供了开放式创新服务。如，2022 年 12 月 5 日，上海技术交易所发布了一项"PCB 板背钻孔盲孔深度检测关键技术研发"项目需求，发布主体为苏州工业园区产业技术研究院有限公司。交易所披露了该项技术研发的背景：随着 5G 技术的兴起和高速背板产品的发展，对 PCB 板信号传输的要求越来越高。高速通信背板对盲钻、背钻等控深钻的工艺需求将会越来越强烈，育孔数也会越来越多。其中，背钻多余支柱残留长度对信号传输的影响越来越突出，通常要求多余支柱残留长度能够达到 2 ~ 10 密耳[②]水平。否则，可能会出现显著的信号传输损耗，甚至会破坏信号传输的完整性，这就需要对背钻孔深度进行精确测量，通常深度测量精度要求在 ±0.005 毫米内。孔径最小一般在 0.3 毫米，孔深度通常可以高达 6 毫米。目前，主流的背钻孔深度测量方案，仍然

---

① 根据上海技术交易所意向技术服务挂牌项目"贝类净化与预制菜开发"项目简介内容整理。

② 密耳（mil），即千分之一英寸，等于 0.0254mm（毫米）。

基于人工切片后显微测量方式，低效费时。对背钻孔深度指标质量管控环节带来了巨大压力。同时，由于盲孔深宽比极大，对各种基于光学原理的孔深测量技术（包括结构光和白光干涉等）也带来了严峻挑战。因此，迫切需要一种高效精准的盲孔深度测量技术。在此背景下，苏州工业园区产业技术研究院希望通过交易所需求发布平台找到意向合作单位对该项技术进行合作开发。

从知识产权交易服务模式上看，上海技术交易所从供给和需求匹配出发，探索科技成果市场化转移转化与开放式技术创新模式。但与美国 Yet2、Inno-Centive 的市场化知识产权交易服务模式相比，仍存在一定的差距。首先，上海技术交易所发布的知识产权服务项目集中于技术供给侧，技术需求侧发布的项目偏少，"买方少，卖方多"的现象不利于实现知识产权高效的转移转化。其次，在交易服务的过程中，上海技术交易所主要提供信息发布和交易中介的作用，缺乏与知识产权需求方和供给方的深度合作经验，自身的技术积累不足导致在知识产权交易服务中能够提供的高附加值服务较少，难以为知识产权转让方快速精准地匹配意向受让方提供技术支持，也难以为技术开发需求方征集到合意的技术服务提供者提供高效的信息供给。

11.3.3 广州知识产权交易中心"知识产权 + 金融 + 产业"服务模式

广州知识产权交易中心是经广东省政府批准，于 2014 年 12 月 31 日注册成立，由广东省交易控股集团、广东省粤科金融集团、国家知识产权局专利局专利审查协作广东中心、广州开发区控股集团共同发起设立，部、省、市、区四级共建的全国性交易平台，纳入清理整顿各类交易场所部际联席会议办公室监管和地方金融监督管理局监管的合规交易场所。2015 年，广州知识产权交易中心成功申报国家知识产权运营服务机构，成为国家"1 + 2 + 20 + N"知识产权运营服务体系的重要组成部分，承担国家知识产权运营试点任务，获广东省工信厅认定为"广东省中小企业创业创新服务示范平台"，为全国知识产权交易场所联盟 2021 年轮值主办单位。

广州知识产权交易中心以"知识产权 + 金融 + 产业"为导向，围绕知识产权交易、知识产权金融及知识产权运营三大业务，打造了知鉴证、知挂牌、知登记、知运营、知经纪、知融通、知信保、知科创、知调查等 9 项知识产权服务，构建了集知识产权开发、知识产权申请（注册登记）、知识产权评估、挂牌交易、知识产权许可转让、知识产权融资服务、知识产权托管为一体的知识产权全生命周期一站式服务体系。

在知识产权开发环节，广州知识产权交易中心为科技型企业提供储备型、防御性、对抗型专利布局咨询，以产品为核心、产品市场化为目的，帮助企业构建基础知识产权体系。在知识产权申请与注册环节，广州知识产权交易中心对技术输出方申请认定登记的合同、专利从形式上、技术上进行核查。在知识产权评估环节，广州知识产权交易中心在知识产权接受挂牌申请后，从技术、法律、市场三个价值维度对交易标的进行综合性的价值分析，评估知识产权的潜在价值。其中技术价值主要对专利的技术领先程度等方面进行评估，包括体现先进程度的被引用次数、申请人数量、发明人数量，体现技术成熟度的自引用专利情况，体现技术应用宽度的分类号等；法律价值主要对专利的权利要求数量、权利保护范围、保护地域以及剩余有效期方面进行评估；市场价值主要关注市场当前应用以及未来预期的情况，如市场当前规模、增长趋势等。

在知识产权挂牌交易环节，广州知识产权交易中心就服务对象的知识产权对外转让、实施许可、作价入股，为交易双方提供包括展示、挂牌、线上线下征集匹配、交易撮合、网络竞价、资金结算、组织签约、出具交易凭证等进场交易服务。广州知识产权交易中心经多年的探索与实践，制定了《广州知识产权交易中心知识产权交易规则》《广州知识产权交易中心受理交易申请操作细则》《广州知识产权交易中心知识产权进场交易工作手册》《广州知识产权交易中心网络竞价实施办法》等 10 余项业务制度，形成了一套成熟的交易业务体系及规则制度，为有效地规范知识产权进场交易活动、维护交易秩序、保障交易各方的合法权益提供制度保障。

广州知识产权交易中心依据其指定的网络竞价实施办法，创新性地采用"动态递增式"竞价方式将两项挂牌专利项目成功交易。该竞价方式将网络竞价分为自由竞价和限时竞价两个阶段，将自由竞价的最高价设定为限时竞价阶段的起步价，最终报价最高者为确认受让方。2022 年 3 月，中国科学院广州生物医药与健康研究院的"一种制备诱导多能性干细胞的方法以及该方法中所使用的组合物及其应用"和"一种培养基添加剂及其应用"两个专利项目在广东省交易控股集团下属广州知识产权交易中心挂牌。前者起拍价格为 37100 元，经过 3 小时、91 轮次的限时竞价，最终以 712100 元成交，溢价率为 1819%；后者起拍价为 19100 元，经过 1 小时的激烈竞价，最终以 479100 元成交，溢价率为 2408%。

在知识产权运营环节，广州知识产权交易中心聚焦人工智能、高端制造、纳米新材料等知识产权密集型产业和广东战略性新兴产业，联合高校、科研机构对专利进行标引，构建产业可转化专利技术供需平台数据库，为企业提供维权、开放许可、市场化手段转让等运营服务。

在知识产权融资环节，广州知识产权交易中心采用"科创企业 + 平台 + 金融机构"模式，为申请融资企业提供知识产权质押融资政策咨询、融资方案定制、知识产权评估、质押登记和补贴申请全流程一站式服务，为科技型企业提供多渠道、便捷的融资服务，通过综合利用知识产权质押融资补贴政策有效降低企业融资成本。同时，广州知识产权交易中心为金融机构提供知识产权尽职调查服务，针对知识产权质押融资过程中质押物处置问题，为出质方和质权方设计前置处置方案，当违约发生时，双方约定将质押物通过交易中心进行公开转让，有效避免了漫长的知识产权诉讼程序导致的知识产权贬值给金融机构带来的质押物贬值风险。截至 2022 年，广州知识产权交易中心累计办理知识产权质押项目 255 项，融资金额 38.24 亿元，为企业节约成本超过 5000 万元。[①]

11.3.4　江苏知识产权资产数字化交易实践

2021 年 4 月，全国首个一站式知识产权数字化交易平台（简称 DPex 平台）在南京江北新区落地，该平台以区块链技术为支撑，以在线交易为核心，通过在线确权公证、在线交易登记备案实现挂牌、金融、结算、公证、司法全闭环，通过数字化手段降低了知识产权维权、交易的时间成本和人力成本，提升了知识产权转化和管理效率。

在实际业务操作中，DPex 主要以发明专利、实用新型专利为主要标的物，通过区块链技术将专利等知识产权资产进行数字化处理和在线认证，并

---

① 根据广州知识产权交易中心网站（www.gipx.com.cn）披露的产品与服务信息整理。

对数字化处理后的知识产权进行哈希值运算，生成唯一的哈希校验码，形成电子存证凭证，确保电子数据的真实性和防篡改。通过电子存证技术，引入公证处为交易过程进行线上公证，交易便捷化程度得到提升，交易的安全性大大增加。该知识产权交易平台支持微信小程序和电脑端交易，可一次性付款购买，也可通过买方支付锁定金的形式锁定独占购买权。在安全性方面，平台引入江西裕民银行为指定托管银行，买方购买知识产权前，必须先完成托管银行开户，买方通过托管银行向卖方预支付购买知识产权款（在预支付期间，支付款被冻结），待知识产权权利人变更为买方，并获得知识产权局线上审核通过后，买方登录平台将冻结款划转至卖方账户以完成交易流程。

在待售知识产权储备上，DPex 平台通过与高等院校、知识产权服务与中介机构合作，截至 2023 年 3 月上线了待售专利 6 万余件。笔者对 DPex 在售专利的价格与类型进行统计，其分布见表 11.5。从专利价格区间看，DPex 上线销售的专利价格普遍不高，绝大部分专利价格在 5 万元以下，其中 1 万元以下的专利占比高达 83.8%。从专利类型来看，DPex 在售专利主要为实用新型和发明专利，其中实用新型专利 55019 件，占比 84.06%，发明专利 10408 件，占比 15.9%。[①]

表 11.5   **DPex 在售专利价格与类型分布**

专利价格	发明专利（件）	实用新型（件）	外观设计（件）	总计（件）	占比（%）
1 万元以下	7	54804	9	54820	83.8
1 万~2 万元	6081	176	15	6272	9.6
2 万~5 万元	4251	1	0	4252	6.5
5 万元以上	69	38	0	107	0.1
总计	10408	55019	24	65451	100

资料来源：根据 DPex 披露的专利交易信息整理。

---

① 根据 DPex 网站（https：//dp. ipfx. net/#/client/patent/buy？name =）披露的专利交易数据整理。

11.4 我国知识产权交易实践中
存在的问题与建议

11.4.1 我国知识产权交易实践中存在的问题

1. 知识产权供需信息不对称

我国知识产权交易服务平台与机构数量多、分布广,在交易市场服务与运营模式上以知识产权挂牌展示、技术供需双方自主对接为主,交易场所主要提供签约、清算与鉴证等配套性服务。而知识产权交易市场与证券交易市场不同,知识产权购买方或受让方多为知识产权运营和实际转化机构或企业,其对知识产权所涉及技术内容的匹配性有很高的要求,挂牌交易的知识产权自身并不像可交易证券一样可以提供利息或股息收益,因此知识产权交易市场买方参与者数量与证券市场相比在量级上有很大的差距,知识产权交易市场的成交率不高。

我国知识产权交易市场与美国、德国等发达国家相比,其市场认可度仍处于较低的水平,尤其是知识产权需求方对知识产权交易服务的接受度偏低,其原因主要有三点。一是知识产权的价值评估是供需双方交易谈判过程中的焦点,目前交易市场对知识产权价值的评估仍依赖于专家主观的判断,缺乏被广泛认可的基于客观数据的价值评估体系和评价模型;二是知识产权需求方普遍缺乏知识产权运营管理领域的专业人才,在知识产权布局与储备上缺乏战略性思考,对知识产权的重要性认识不够,造成知识产权交易市场需求不足;三是知识产权在成功转化为产品前仍需要进一步开发与试制,知识产权原始权利人在转让知识产权后不实际参与知识产权的转化,知识产权受让方在缺乏知识产权转化所需信息的情况下,其购买意愿将大幅下降。

从知识产权交易市场的实践来看,我国知识产权交易平台与机构在挂牌展示环节多集中于对专利、技术服务等知识产权供给的推介,而在知识产权需求侧的挂牌展示项目则相对较少,这与美国 InnoCentive 以需求侧为牵引模式有很大的差异。知识产权交易市场上供需的失衡不利于交易市场信息交流，难以通过市场交易促进知识产权流通与转化的效果有限。

2. 知识产权交易与转移转化服务质量不高

我国在知识产权交易实践中逐渐形成了多元化的服务体系，服务内容涵盖了知识产权挂牌、撮合、价值评估、融资与运营多个环节。然而，我国知识产权交易市场服务在数据和经验积累、智能化技术运用、技术领域关系网络与资源等方面仍有明显的短板。

首先，我国知识产权交易机构普遍缺乏在特定技术领域与技术提供方和技术需求方的合作，而交易机构的从业人员通常缺乏科学技术研究背景和技术开发经验，对科学研究范式和相关方法论比较陌生，从而导致在知识产权交易、转移转化对接中仅能提供初级的撮合服务，总体服务水平不高。一方面，交易平台和机构缺乏与知识产权需求方的深度合作，并不能精准掌握知识产权需求的动态特征，导致难以为其匹配适合的知识产权提供者；另一方面，交易市场对技术供给方提供的知识产权缺乏深度了解，难以通过构建知识产权池等方式实现知识产权价值的最大化。由于知识产权交易服务机构并未真正理解和掌握知识产权相关领域的技术前沿与发展趋势，其并不能为客户带来供需简单匹配之外的增值服务。

其次，笔者了解到，目前我国知识产权交易机构平均薪资普遍不高，具有特定领域知识产权专业背景与行业经验的高素质人才短缺，交易机构对待售知识产权的介绍缺乏针对性，对技术需求的描述不准确，对已有交易数据的分析与挖掘不充分，难以实现对技术供需双方的正确指引。

3. 服务的标准化与规范性有待加强

知识产权具有无形性和公益性的特点，因此受交易区域的限制远远小于有形资产，而我国知识产权交易市场仍处于发展早期，民间自发设立的知识产权交易机构众多，在国家知识产权局与地方政府的推动下，区域性知识产权交易中心的数量增长较快，因而我国知识产权交易市场在地域上过于分散，交易服务标准不一、规范性差，部分地区交易市场出现无序竞争的情形，存在一定的交易风险。

4. 知识产权交易与运营保障能力不足

我国现行的法律法规并未明确规定知识产权交易市场的监管主体，知识产权交易市场的监管制度不完善，知识产权交易市场的公信力因此受到影响，知识产权交易存在一定的风险隐患。在实践中，知识产权局负责对其批复设立的知识产权交易机构进行管理和监督，地方金融监督管理局对地方批复设立的知识产权交易机构进行监管，而交易场所部际联席会议办公室为临时设立机构。监管主体的多元化不利于知识产权交易市场的规范管理，其交易流程和交易标准难以统一。

11.4.2　我国知识产权交易市场的发展建议

1. 以供需为导向打造市场化运营模式

美国、德国、爱尔兰的知识产权交易市场实践经验表明，以知识产权供需双方为核心服务对象，基于供需双侧的运营和服务模式是知识产权交易市场发展的大势所趋。首先，交易机构应针对知识产权提供方建立卖方市场，借鉴德国史太白技术转让中心的运营设计，为核心知识产权供给方建档立卡，并对供给方进行定期评价，对优秀的知识产权供给方给予更多的研究机会和现金奖励，以此打造完备的知识产权供给网络。其次，针对知识产权需求方建立买方市场，通过与买方的深入合作，挖掘买方潜在需求，对买方现实需求进行精准画像，为买方建立快速的技术供需匹配通道。最后，对买方市场和卖方市场进行匹配，设计多种形式的个性化交易服务，打造功能完备、服务高效的市场化知识产权交易服务体系。

2. 推动形成多层次有序发展的市场格局

笔者认为，我国知识产权交易市场可借鉴证券与期货交易市场建设经验，通过对现有知识产权交易市场的整合重组，提高市场集中度，优化知识产权交易市场结构。在具体做法上，按照知识产权类型，整合各地交易场所，在不同地区设立专利权、商标权、著作权、集成电路布图设计、植物新品种、地理标志等特色知识产权交易场所。对于专利权，则可按照专利所属行业类别进行大块状划分，根据我国产业分布特点，在我国京津冀、长三角、珠三角、中部和西部各设立一个全国性的专利交易中心。引导各类知识产权交易场所在实践中总结经验，不断强化对特定类型知识产权、特定领域专利的价值识别和趋势判断能力，逐渐形成知识产权专业管理能力。通过混改的方式，将民间设立的知识产权交易机构进行整合吸收，减少无序竞争，同时提高交易市场的交易效率和规范性。

3. 强化知识产权交易市场的运营保障体系

首先，加强司法立法，完善现行的知识产权交易市场相关法律法规和配套政策，促进交易市场的制度化和法治化，提升知识产权交易市场的法律地位和权威性。同时，强化知识产权保护，提高知识产权执法能力，完善知识产权司法审判能力，对知识产权交易过程中出现的争议进行妥善解决，对非法侵害知识产权的行为依法追究法律责任。

其次，完善知识产权交易市场监管体系。探索由国家发展改革委、市场监管总局、国家知识产权局等部门共同建立部际联席监管会议制度，完善知识产权交易活动的监管和审查制度，统筹国家和地方知识产权交易市场监管力量，明确主要监管主体，对知识产权交易市场进行依法和动态监管。同时，建立知识产权交易市场自律组织，发挥自律组织在服务标准、技术规范制定、业务交流与合作等方面的作用，提高交易市场的服务水平。

再次，优化知识产权经纪人才培养体系，注重复合型知识产权经纪人才培养，为知识产权交易市场建设提供人才保障。一方面，加强知识产权专业学位人才培养体系建设，课题体系设置要综合考虑法律、经济金融、管理、科学技术等不同学科在知识产权领域的交叉融合，探索"工＋法律""工＋经管"本硕培养模式，培育知识结构合理的知识产权经济人才；另一方面，推动设立知识产权交易市场行业协会，鼓励协会与高校合作，对从业人员加强继续教育与知识产权相关技能提升培训，构建知识产权人才队伍建设的长效机制。

参考文献

1. 陈浩洋. 百度推出"百发有戏"挑战阿里巴巴"娱乐宝"[N]. 金华晚报，2014-09-30.

2. 陈俊凯，林秀芹. 知识产权售后回租模式的法律风险及其应对 [J]. 上海金融，2022（12）：30-40.

3. 陈蕾，徐琪. 知识产权交易市场发展的国际镜鉴 [J]. 高科技与产业化，2019（11）：66-71.

4. 陈蕾，徐琪. 知识产权交易市场建设态势与路径找寻 [J]. 改革，2018（5）：119-130.

5. 初海英. 科技型中小企业知识产权质押融资问题探究 [J]. 财会通讯，2018，772（8）：9-12，129.

6. 崔惠绒，江锐，李慧，等. 科研机构知识产权作价出资国资备案全流程探析 [J]. 国有资产管理，2021（6）：50-53.

7. 范建永，丁坚，胡钊. 横空出世：知识产权金融与改革开放40年 [J]. 科技促进发展，2019，15（1）：45-53.

8. 广东省市场监督管理（知识产权局）. 广东知识产权质押融资及保险典型案例、政策与金融产品汇编 [R]. 2020.

9. 郭晓珍，陈楠. 重点产业知识产权运营基金的发展现状及建议 [J]. 厦门理工学院学报，2019，27（4）：14-20.

10. 国家知识产权局知识产权发展研究中心，中国人民财产保险股份有限公司. 中国知识产权保险发展白皮书（2022）[R]. 2022.

11. 韩玲，曹文婧. 知识产权交易场所版权业务现状及发展建议［J］. 新闻研究导刊，2022，13（22）：247 – 249.

12. 韩颖梅. 我国知识产权保险法律制度研究［J］. 法制与经济，2019，454（1）：32 – 34.

13. 胡冰洋. 大力发展知识产权金融　推动经济高质量创新发展［J］. 宏观经济管理，2021，447（1）：73 – 77，90.

14. 胡锴，熊焰，梁玲玲，等. 数据知识产权交易市场的理论源起、概念内涵与设计借鉴［J］. 电子政务，2023（7）：27 – 42.

15. 黄光辉. 我国发展知识产权证券化的制约因素研究［J］. 中国科技论坛，2009（4）：113 – 118.

16. 黄光辉. 知识产权证券化风险的模糊综合评价［J］. 科技进步与对策，2011，28（18）：114 – 118.

17. 贾沛. 知识产权出资入股法律问题研究［J］. 法制博览，2021（13）：163 – 164.

18. 金春阳. 信托在知识产权运用中的地位与作用［J］. 电子知识产权，2009（12）：47 – 50.

19. 蓝天. 知识产权质押融资模式的国际借鉴与启示［J］. 中国农村金融，2019，470（16）：89 – 91.

20. 黎四奇. 知识产权质押融资的障碍及其克服［J］. 理论探索，2008（4）：139 – 142.

21. 黎向丹. 武汉科技型中小企业知识产权质押融资的风险分散机制［J］. 财会通讯，2015（14）：14 – 16，129.

22. 李莉. 知识产权质押风险补偿基金中补偿规则的法律完善：以珠海市规范性文件为例的分析［J］. 重庆大学学报（社会科学版），2021，27（2）：166 – 175.

23. 李林启，史佳妹. 知识产权质押融资风险补偿机制域外经验与启示［J］. 管理工程师，2020，25（5）：36 – 42.

24. 李林启，宋燕. 知识产权质押融资风险补偿基金问题及对策探讨［J］. 河南科技，2020（9）：11 – 13.

25. 李林启，孙晓阳. 知识产权质押融资风险补偿基金运作及管理模式探悉［J］. 河南科技，2020（6）：21 – 24.

26. 李秋. 知识产权证券化的中国模式探讨 ［J］. 商业时代，2012
（11）：77 – 78.

27. 李小荣，刘晴. 文化企业知识产权评估方法研究 ［J］. 中国资产评
估，2017（3）：21 – 27.

28. 李增福，郑友环. 中小企业知识产权质押贷款的风险分析与模式构
建 ［J］. 宏观经济研究，2010（4）：59 – 62，67.

29. 凌士显，凌鸿程. 专利执行保险与上市公司创新行为研究 ［J］. 科技
进步与对策，2019，36（7）：17 – 25.

30. 刘汉霞. 我国知识产权融资租赁的现实困惑与法律规制 ［J］. 知识产
权，2017（8）：70 – 77.

31. 刘静. 我国中小企业专利信托法律问题研究 ［D］. 北京：中国人民
大学，2012.

32. 刘沛佩. 谁来为知识产权质押融资的"阵痛"买单：兼论知识产权
质押融资的多方参与制度构建 ［J］. 科学学研究，2011，29（4）：521 – 525.

33. 刘伟. 数字经济时代下的技术与知识产权交易运营 ［J］. 产权导刊，
2022（7）：38 – 41.

34. 龙小宁，林菡馨. 专利执行保险的创新激励效应 ［J］. 中国工业经
济，2018（3）：116 – 135.

35. 陆铭，尤建新. 地方政府支持科技型中小企业知识产权质押融资研
究 ［J］. 科技进步与对策，2011，28（16）：92 – 96.

36. 罗勇. 日本知识产权金融政策研究：以知识产权融资型信托为例
［J］. 法制与经济，2018，451（10）：31 – 33.

37. 马忠法，谢迪扬. 专利融资租赁证券化的法律风险控制 ［J］. 中南大
学学报（社会科学版），2020，26（4）：58 – 70.

38. 南星恒，田静. 知识产权质押融资风险分散路径 ［J］. 科技管理研
究，2020，40（4）：206 – 211.

39. 彭绘羽，胡伟，刘思其，等. 我国知识产权质押融资模式及案例浅
析 ［J］. 中国发明与专利，2020，17（8）：79 – 86.

40. 彭建峰，张友棠. 科技型企业知识产权质押融资风险分散机制创新
［J］. 财会月刊，2015（9）：30 – 32.

41. 邵永同，王常柏. 科技型中小企业知识产权证券化中的资产组合构

建［J］．科技管理研究，2014，34（3）：157－160．

42．沈坚．政府股权投资基金设立方式研究：以湖南省重点知识产权运营基金为例［J］．城市学刊，2018，39（4）：43－49．

43．宋光辉，田立民．科技型中小企业知识产权质押融资模式的国内外比较研究［J］．金融发展研究，2016（2）：50－56．

44．宋河发，廖奕驰，郑笃亮．专利技术商业化保险政策研究［J］．科学学研究，2018，36（6）：991－999．

45．宋伟，胡海洋．知识产权质押贷款风险分散机制研究［J］．知识产权，2009，19（4）：73－77．

46．孙习亮，任明．专利技术质押融资模式案例探析［J］．财会通讯，2021，866（6）：147－150．

47．谭文俊，陈菊红，史童．知识产权证券化资产池构建的影响因素［J］．科技管理研究，2018，38（7）：206－209．

48．唐恒，孔漤婕．专利质押贷款中的专利价值分析指标体系的构建［J］．科学管理研究，2014，32（2）：105－108．

49．陶然．论企业视角下知识产权保险法律制度的构建［J］．法制与经济，2019，462（9）：25－26．

50．万小丽，朱雪忠．专利价值的评估指标体系及模糊综合评价［J］．科研管理，2008（2）：185－191．

51．汪海粟，曾维新．科技型中小企业的知识产权证券化融资模式［J］．改革，2018（4）：120－129．

52．王子焉，刘文涛，倪渊，等．专利价值评估研究综述［J］．科技管理研究，2019，39（16）：181－190．

53．夏建国．知识产权信托的价值及其实现障碍与克服［J］．电子知识产权，2011（11）：59－64．

54．夏轶群，张梦瑶．基于智能合约的知识产权数字化交易信任机制探析［J］．科技管理研究，2022，42（9）：152－161．

55．谢黎伟．知识产权融资租赁的现实困境与发展路径［J］．大连海事大学学报（社会科学版），2022，21（6）：38－46．

56．徐磊．"粉丝经济"时灵时不灵　百发有戏对垒娱乐宝［J］．投资与理财，2014（18）：56－57

57. 杨晨，陶晶. 知识产权质押融资中的政府政策配置研究 [J]. 科技进步与对策，2010，27（13）：105 - 107.

58. 杨建锋，张磊. 知识产权交易市场发展的国际经验及对我国的启示 [J]. 科技进步与对策，2013，30（19）：6 - 8.

59. 尹夏楠，鲍新中，朱莲美. 基于融资主体视角的知识产权质押融资风险评价研究 [J]. 科技管理研究，2016，36（12）：125 - 129.

60. 原晓惠. 中美知识产权质押融资实践比较分析及启示 [J]. 国际金融，2020，471（9）：52 - 60.

61. 苑泽明，李海英，孙浩亮，等. 知识产权质押融资价值评估：收益分成率研究 [J]. 科学学研究，2012，30（6）：856 - 864，840.

62. 张伯友. 知识产权质押融资的风险分解与分步控制 [J]. 知识产权，2009，19（2）：30 - 34.

63. 张诚. 我国知识产权质押融资的主要模式及启示 [J]. 时代金融，2017（17）：34 - 35，41.

64. 张珂. 论中小企业专利权质押融资法律风险的防范 [J]. 企业经济，2014（9）：184 - 188.

65. 张玲，王果. 论专利使用权出资的制度构建 [J]. 知识产权，2015（11）：38 - 44.

66. 张峣. 知识产权可融资租赁的适格性及制度回应 [J]. 学习论坛，2020（11）：84 - 91.

67. 章洁倩. 科技型中小企业知识产权质押融资风险管理：基于银行角度 [J]. 科学管理研究，2013，31（2）：98 - 101.

68. 赵朝霞. 知识产权出资风险及其法律规制 [J]. 北华大学学报（社会科学版），2019，20（6）：80 - 86.

69. 赵蓉，朱晓力. 专利出资评估途径的多层次选择机制研究：以现行强制评估制度的局限性为视角 [J]. 知识产权，2012（4）：65 - 71.

70. 郑鲁英. 知识产权基金的中国实践及其发展应对 [J]. 管理现代化，2021，41（4）：1 - 5.

71. 郑素丽，宋明顺. 专利价值由何决定？：基于文献综述的整合性框架 [J]. 科学学研究，2012，30（9）：1316 - 1323，1332.

72. 周衍平，赵雅婷，陈会英. 基于区块链的知识产权交易探索与机制

设计 [J]. 经济体制改革, 2021 (6): 112 - 119.

73. 朱晓娟, 赵勇. 专利权出资及其在国有单位适用的特殊性研究 [J]. 知识产权, 2020, 231 (5): 81 - 88.

74. Alcacer J, Beukel K, Cassiman B. Capturing value from intellectual property (IP) in a global environment [M]. Geography, Location, and Strategy. Emerald Publishing Limited, 2017: 163 - 228.

75. Chang J R, Hung M W, Tsai F T. Valuation of intellectual property: A real optionapproach [J]. Journal of Intellectual Capital, 2005, 6 (3): 339 - 356.

76. Fischer T, Ringler P. What patents are used as collateral?: An empirical analysis of patent reassignment data [J]. Journal of Business Venturing, 2014, 29 (5): 633 - 650.

77. Greenhalgh C, Rogers M. The value of intellectual property rights to firms and society [J]. Oxford Review of Economic Policy, 2007, 23 (4): 541 - 567.

78. Hagelin T. Competitive advantage valuation of intellectual property assets: A new tool for IP managers [J]. IDEA, 2003, 44: 79.

79. Heller J, Zlachevskaia D. Is it possible to improve methods of intellectual property valuation? [J]. Theoretical Journal of Accounting, 2021, 45 (2): 161 - 186.

80. Odasso M C, Ughetto E. Patent-backed securities in pharmaceuticals: What determines success or failure? [J]. R&D Management, 2011, 41 (3): 219 - 239.

81. Osinski M, Selig P M, Matos F, et al. Methods of evaluation of intangible assets and intellectual capital [J]. Journal of Intellectual Capital, 2017, 18 (3): 470 - 485.

82. Parr R L. Intellectual property: Valuation, exploitation, and infringement damages [M]. John Wiley & Sons, 2018.

83. Rivera K G, Kline D. Discovering new value in intellectual property [J]. Harvard Business Review, 2000, 55: 1 - 14.

84. Wirtz H. Valuation of intellectual property: A review of approaches and methods [J]. International Journal of Business and Management, 2012, 7 (9): 40.

后　记

在本书编撰过程中，刘方标、李方艳、周晟宇、邹宜君、廖姝琼、唐婷等通过线上与线下渠道收集了大量宝贵的资料和数据，人力资源和社会保障部高层次留学人才回国资助项目"企业创新、知识产权金融和资产定价研究"、江西省科技厅管理科学项目"知识产权质押融资，保险和证券化等知识产权金融工作研究"、江西理工大学高层次人才科研启动项目为本书撰写提供了经费保障。在此，作者向关心和支持本书撰写的单位和相关人员表示衷心的感谢！

由于部分资料和数据缺失，本书仍存在不尽如人意之处，请读者谅解，并予以批评和指正。